开明教育书系
蔡达峰 ○ 主编

学生至上
霍懋征教育文选

霍懋征 ○ 著
朱永新　李怀源 ○ 选编

开明出版社

"开明教育书系"丛书编委会

主　　任　　蔡达峰

副 主 任　　朱永新

委　　员　　张雨东　　王　刚　　陶凯元
　　　　　　庞丽娟　　黄　震　　高友东
　　　　　　李玛琳　　刘宽忍　　何志敏

丛书主编　　蔡达峰

"开明教育书系"
总　序

中国民主促进会（以下简称民进）是以从事教育、文化、出版工作的高、中级知识分子为主的参政党。民进创立以后，在中国共产党的指引和帮助下，积极投身爱国民主运动，在这个过程中，发挥自身优势，举办难民补习培训，创办中学招收群众，参加妇女教育活动，在解放区开展扫盲教育，培养青年教师。

新中国成立以后，民进以推进国家教育事业发展为己任，贯彻党的教育方针，倡导呼吁尊师重教。

一方面，坚持不懈地为教育发展建言献策。从马叙伦先生在任教育部长时向毛泽东主席反映学生健康问题，得到了毛主席关于"健康第一"的重要批示，到建议设立教师节、建立健全《教师法》《职业技术教育法》《民办教育促进法》等法律法规、深化教育改革、促进学前教育发展、义务教育均等化、加强教师队伍建设、中小学教材建设、减轻学生课业负担等等，提出了一系列高质量的意见建议。

另一方面，坚持不懈地开展教育服务。改革开放以来，围绕"四化"建设的需要，持续举办了大量讲座和培训，帮助群众学习，为民工子女、下岗职工、贫困家庭子女、军地两用人才、贫困地区教师等提供教育服务，创办了文化补习学校、业余职业大学、专科学校、业余中学等大批学校，出现了当时全国第一所民办高中、规模最大的民办高校、成人教育学院、民办幼儿教育集团等；不断开展"尊师重教"的慰问、宣传和捐赠等活动，拍摄了电视片《托着太阳升起的人》；举办了一系列教育服务的研讨会和交流会。

在为教育事业长期服务的过程中，民进集聚了越来越多的教育界会员，现有的近19万会员中，约60%来自教育界，其中大部分是中小学教师。广大会员怀着崇高的使命感和责任感，爱岗敬业、默默奉献、积极作为，在教育事业和党派工作中取得了卓越的成就，涌现出无数感人的事迹，赢得了无数的赞誉，涌现出大量优秀教师、校长和著名教育家、专家学者、教育管理者等，他们共同写就了民进的光荣历史，铸就了民进的宝贵财富，是民进的自豪和骄傲。

系统地收集和整理民进会员的教育论著和教育贡献，是民进会史研究和教育的重要任务，对于民进发扬优良传统、加强自身建设、激励履职尽责具有积极的意义，对于我们深入学习多党合作历史、深入开展我国现当代教育历史研究，也具有重要的理论和现实意义。民进中央对此高度重视，组织编辑"开明教育书系"，朱永新副主席和民进中央研究室的同志们辛勤工作，邀请会内外专家学者共同参与，历时数年完成了编写工作。谨此，向各位作者和编辑同志，向开明出版社，向所有关心和支持本书编撰工作的同志，表示诚挚的感谢。

全国人大常委会副委员长 蔡达峰

民进中央主席

2022年12月

前言

献身教育的实践家

朱永新　赵萱

教育家小传

霍懋征（1921—2010），中共党员、民进会员、全国首批特级教师。1921年9月18日生于山东省济南市。1943年毕业于北京师范大学数理系，长期在北京第二实验小学担任数学教师、语文教师、班主任、副校长等职。曾被借调至中央教育部、北京丁字胡同小学工作。先后担任过北京市妇联副主任，全国妇联执行委员，中国教育科学规划领导小组成员，中国教育学会常务理事，全国小学语文教学研究会常务理事，民进中央常务委员，第五届全国政协委员，第六、七、八届全国政协常委等职务。从教60年，为国家培养了大批卓越人才，为中国的教育事业做出了卓越的贡献。在第一次全国教育工作会议上被评为"中国现代百名教育家"，荣获北京市"模范教师"，北京市"三八红旗手"、全国"三八红旗手"等多种荣誉称号。被周恩来总理称为"国宝"，是教育界享有盛名的"一代师表"。

霍懋征老师是我国当代著名教育家，被誉为"中国教育的一面旗帜，人民教师的优秀楷模，全社会的一代师表"。她一生倡导和实践"爱的教育"，用"爱"诠释了教书育人的真谛，并将"爱"融入了中国教育的长河。周恩来总理称她为"国宝"，胡锦涛总书记盛赞她"把自己一生献给了教育事业"，温家宝总理为她题词"把爱献给教育的人"，刘延东国务委员称她是"德高望重的教育大家"。霍老师说，这绝不仅仅是她个人的荣誉，而是党和政府对教育事业以及对教师的关怀和鼓励，荣誉属于大家。她曾无限深情地说："我一生从教的体会，那就是六个字：光荣、艰巨、幸福。"[①]

一、备受瞩目的教育名家

霍懋征老师是我国基础教育领域的名家。1943年从北京师范大学毕业之后，她放弃了留在大学任教的机会，直接来到小学教书。

霍老师爱教乐业，与时俱进，勇于创新，用自己一生的实践证明了忠于事业的高学历教师对推动基础教育改革发展的重大意义。她躬耕于小学教育园地，孜孜不倦、矢志不渝。她始终热爱着基础教育，无论顺境逆境，无论国家、学校、家庭发生什么变化，她都坚守在教学第一线。她始终生活在学生中间，痴心不改，无怨无悔。她几十年如一日地辛勤耕耘，无私奉献。勤奋，使她的业绩在日积月累中逐渐丰厚起来，直至达到卓尔不群的境界。[②] 1949年10月1日，刚刚29岁的她作为教师代表参加开国大典，此后多次在国庆期间受邀登上天安门城楼观礼。

[①] 赵萱、曾曙春主编：《把爱献给教育的人——霍懋征》，人民教育出版社2011年版，第22—23页。

[②] 赵萱、曾曙春主编：《把爱献给教育的人——霍懋征》，人民教育出版社2011年版，第18页。

新中国成立后,她接连被北京第二实验小学和相关教育部门委以重任,不仅承担了小学"五年一贯制"实验工作,而且被调到中央教育部、人民教育出版社等部门从事小学教学大纲的编写和教材的改编等工作。1954年,她主动申请调回学校,把在教育部工作期间学到的理论知识和自己的教学实践进行了完美结合,创造了当时教学工作的辉煌,1956年被评为新中国首批特级教师之一。"文革"期间,面对一次次洗礼,她依然坚守讲台,践行一位人民教师的责任。改革开放后,她全心投入改革和实验,创立了自成一派的教育教学体系,影响遍及海内外。

霍老师是爱的教育的早期倡导者和实践者,爱的教育贯穿了霍老师的一生。"没有爱就没有教育"是霍老师教育思想的精髓,是她教育的动力和源泉,是她追求的目标和境界,也是她一生的座右铭。霍老师对学生的爱是高尚、纯粹而又无私的。她爱所有的学生,对特殊的学生给予特殊的关爱。她用"激励、赏识、参与、期待"的教育艺术,教育好了每个学生,给每个学生一个金色童年。她坚信"没有教不好的学生"。从教六十年,她的学生个个成才,从没有一个学生掉队,每届学生几乎都是全面发展的好学生。她是和谐先进班集体的创建者,对学生一视同仁,高干子女从无炫耀之举,市民子弟更无自卑之颜。她的学生都能和谐相处,亲如兄弟姐妹。几十年里,霍老师把她当过班主任的班级都建设成了团结友爱、和谐进取的先进班集体。她和学生的感情深似海,每个学生都能讲出霍老师爱他们的故事,他们把霍老师比作自己的妈妈。[①]

霍老师是新中国历次教育改革的带头人和成功经验的创造者。她运用创新思维,前瞻地思考教育教学问题。她秉持"以学生为本"的教育理念和"以学生为中心"的教学方法,提出育人必先育德、教人必

---

① 赵萱、曾曙春主编:《把爱献给教育的人——霍懋征》,人民教育出版社2011年版,第19—20页。

须教心以及家庭也是学校、社会是教学的大课堂等思想,不仅在她所带的班级取得显著成效,更对我国基础教育的改革起到了重要的引领作用。她把改革的着眼点放在提高课堂质量、开发学生潜能、培养学生创新意识和营造民主、宽松、和谐的课堂氛围上,在减轻学生负担的前提下,把课外时间还给学生。她在教改中坚持文道统一,寓德于教,加强学生创新思维的训练,鼓励学生质疑问难。她还制定了"速度要快,数量要多,质量要高,负担要轻"的教改方针,创造了独特的"讲读"教学法,继而发展为"读讲"教学法。霍老师具有高深的学养,是一位充满智慧的教师,她运用儿童心理学激发了学生学习兴趣,让学生变得聪明起来,学生不仅"学会"而且"会学",她的教学改革获得了巨大成功;她的数学实验创造了全班学生周周作业无错题,学期考试得满分的好成绩。在小学语文教学改革实验中,一学期可以讲授95篇课文,远远超过教材设定的24篇,学生的作业都在课堂上完成。三年实践后,全班的作文人人字迹工整,卷面干净,无错别字,全班平均成绩达到98.7分。她创造了教学改革的奇迹,专家公认她的课达到了炉火纯青的教学艺术水平。[1]

霍老师是党的教育方针和先进教改经验的积极宣传者,她的足迹踏遍了祖国大江南北。几十年里,她应邀在全国50多个省市地区讲学,上了百余节公开课,都获得了极高的评价。1998年,霍老师退离一线工作,但年逾古稀的她依然非常关心青年教师的成长,因为她深深地认识到未来的世纪是教育的世纪,只有教育上去了,国家才能繁荣富强。她要在自己的有生之年竭尽全力奉献。因此她到处去听课、讲课,经常到农村学校为老师们排忧解难,不辞辛苦地致力于青年教师的培训工作,常常一天工作十几个小时,身边的人都说她是一头不知疲倦的老黄

---

[1] 赵萱、曾曙春主编:《把爱献给教育的人——霍懋征》,人民教育出版社2011年版,第20页。

牛。她是青年教师的朋友和导师，培养出无数位优秀的青年教师。她在80高龄以后仍壮心不已，积极响应党中央的号召，支持西部教育，送教上门。她先后到新疆、甘肃、贵州、广西、内蒙古做教育考察，为学生捐赠图书、文具，为老师传经送宝，介绍先进的教育思想和教育手段，传递最新的教改信息、教改动态和国内外教育发展形势，交流教育教学的管理经验，宣传良好的师德典范。她为农村的孩子们亲自指导编著了全国第一套农村小学语文教材，把多年积累的教育教学的宝贵经验毫无保留地奉献给祖国西部的人民。①

霍老师在教育上的探索与贡献得到了社会广泛的关注。2001年9月15日，中国教育学会、中国民主促进会中央教育委员会、全国小学语文教学专业委员会、北京世纪和平文化教育交流中心等单位在北京第二实验小学召开了霍懋征教育思想研讨会，来自全国各地的300多名语文专家、教师参加了研讨。

2001年9月16日，庆贺霍懋征八十寿诞暨从教60周年纪念活动在北京钓鱼台国宾馆举行，各级领导、学生家长、学生代表和同事欢聚一堂，向其祝贺，中央和北京市有关媒体进行了报道。霍懋征八十寿诞前夕，全国人大常委会副委员长彭珮云、全国妇联主席陈慕华，以及雷洁琼、许嘉璐、叶选平、万国权、赵朴初等领导为其题词，教育部、北京师范大学等单位发来了贺信。

为了表彰霍懋征的模范事迹，2004年12月，教育部特邀请83岁高龄的她在人民大会堂向全国教师做师德报告。为了弘扬霍懋征的教育思想和实践经验，全国教育科学规划领导小组将"霍懋征教育思想与实践研究"作为"十五"规划教育部重点课题，在全国近20个地区展开了深入的研究。这一研究得到了国务院总理温家宝的大力支持，温总理批

---

① 赵萱、曾曙春主编：《把爱献给教育的人——霍懋征》，人民教育出版社2011年版，第21—22页。

示说"霍懋征老师的模范事迹充分说明高学历人才从事基础教育具有深远意义",并指示教育部"积极推动霍懋征教育思想与实践的研究工作"。

2006年7月18日,霍懋征应邀参加温家宝总理在北京中南海主持召开的教育工作座谈会,在会上提出"在当前教育形势下尤其要加强教师培训工作"。听说她还在给年轻教师上课,温总理很有感触地说,我们需要更多地把爱献给教育的人当老师,应该有更多让学生永久铭记的老师。①

2008年9月8日,教师节前夕,中共中央政治局委员、国务委员刘延东到霍懋征家中问候,并请其担任正在研究制定中的《国家中长期教育改革和发展规划纲要》专家顾问。②

霍懋征把一生中积累的经验撰写成多本专著,她崇高的师德、厚重的经验给教育界留下了宝贵的财富。有关方面为了介绍她的教学经验,录制了许多她授课的录音带和录像带,还拍摄了她讲授《月光曲》一课的彩色教学影片,不仅在全国各地,还在美国一些城市放映,受到普遍赞誉,反响很大。霍懋征是基础教育的骄傲,更是一座丰碑。

二、广受赞誉的模范教师

著名教育家叶圣陶先生在评价霍懋征时曾经说:她有高深的学养,而坚持从事小学教育工作,数十年如一日,为改进小学教学做出了成绩。著名语文教育家袁微子先生也指出:她从事小语教学几十年,实地

---

① 赵萱、张小武著:《霍懋征传》,中国大百科全书出版社2012年版,第293页。
② 赵萱、张小武著:《霍懋征传》,中国大百科全书出版社2012年版,第293页。

劳作，不尚叫嚣，取得了很大的成就。全国优秀班主任任小艾说：她从教 60 年，有四个"从没有"：第一是从没有和学生发过一次火；第二是从没有因为学生犯错把家长请到学校来，但是孩子们个个都成才；第三是从没有惩罚或变相惩罚过一个学生；第四是从没有让一个学生掉过队。她从教 60 年没让一个孩子留过级，而且把很多别人不要的孩子都要到自己班，培养成才。①

作为一位教育从业者，我和全国所有中小学老师一样，对霍老师仰慕已久。我知道，她是 1943 年北师大毕业的高才生，可毅然做起了小学老师；她是新中国第一批特级教师，在"文革"中受到了严重迫害，甚至失去了至亲，可她依然坚守讲坛。她爱教育，爱孩子，"以爱育人"，从教 60 多年，给了许多孩子最细致的培养与温柔的呵护，从来没有让一个孩子掉队……

作为一位教育研究者，我在自己的教育实践探索中，和霍老师神交已久。和她一样，我也认为爱的教育不是一个人独自高唱的孤高悲情，而是发自于无数同行者的共鸣。因为有爱，有了这样一个人类永恒的主题，有了这样一个为人师者永恒的主旋律，我们就能唤醒无数教师的爱和理想，就能唱出爱的教育的进行曲。霍老师无疑就是这样做的：在退休以后，她不顾高龄，依然孜孜不倦奔走于全国各地，培养青年教师，送教送书，更送去了关于教育的爱和理想。

霍懋征作为教育实践者和教育改革家，所有的改革理念和实践都是建立在对教学实践深入思考的基础上。她在与学生交往的过程中，充分认识到教师在教育教学中的作用。因此，她把提升教师素养作为提高教育教学质量的前提。她坚持做到三点：一是个人坚持学习，向书本学，向同行学，向后辈学，甚至向学生学；二是鼓励青年教师学习，为青年

---

① 赵萱、张小武著：《霍懋征传》，中国大百科全书出版社 2012 年版，第 4 页。

教师搭建成长平台；三是不遗余力地培养教师，不辞劳苦到全国各地讲学，进行示范教学。

霍懋征在《献身教育，终生无悔》中深情回顾自己的教育人生，指出终身从教的理想信念是教师素养的根基。她认为没有爱就没有教育，把仁爱之心作为教师素养的主干。她一直把减轻学生负担作为教师专业性的具体表现，这与当下的"双减"政策高度契合，也从实践的角度回应了这一话题。她认为，教师要具备规划设计教学的能力，具有扎实的教学基本功。同时，教师需要具备研究能力和实践能力，要立足学生的学习心理，研究学生的学习规律，从科学的角度对教育教学问题进行思考和判断。

霍老师总结提炼了一堂好课的标准，从教学目的到教学效果，进行了全面的总结。为了达到这样的好课标准，教师要掌握课堂教学的基本技能，并且能够不断地反思调控课堂教学。她对教师素养的认识，与有理想信念、有道德情操、有扎实学识、有仁爱之心的"四有好老师"高度吻合。她用一生来诠释了"大先生"的内涵，可以为新时代的教师专业发展提供很好的样本。

霍懋征在语文教学方面取得了令人瞩目的成就。她以"不仅要使学生学会，要使学生会学"为语文教学的最终目标，把学生的全面发展、整体提高作为语文教学的要求。在实践过程中，总结出"五多""三好"的实践策略。"五多"就是"多读、多听、多思、多问、多练"，"三好"是指"课前预习好，课上理解好，课后复习好"。"五多""三好"的主体都是学生，以学生在教学中多感官参与为基础，以学生发展为目标。

为了实现学生学会的教学目标，霍懋征重新组织课文，把教材中的课文和搜集来的诗文分组归类，把内容相近的、写法相似的、文体一样的，以及品德教育的、惜时劝学的、亲情友爱的诗文统统归类，分组讲授。在各组文章中，有的精讲，有的略讲，有的则让学生自学或讨论。

经过这样的改革，不但可以两节课讲三课的内容，甚至可以三节课讲六课的内容。就这样，教改的第一学期就讲了 95 篇课文，比教材设定的多讲了 71 篇，而且学生的课后作业每天不超过 30 分钟。这种数量多、速度快、作业少的教改实验，在三年多的时间里培养出了一批高素质的学生。1981 年，在北京市毕业生统考中，霍老师班的"303"号试卷获得了令人震惊的成绩：全班 46 个学生中除了两篇二类文，其余 44 人的作文都是一类文。语文总平均分达到 98.7 分，而且试卷卷面整洁，字迹端正清秀，令领导和阅卷老师们惊叹不已。① 成绩的取得是霍老师教改创新的成果，一是来自她深厚的学养，二是来自她对学生能力的信任，三是以科学的方法指导实践。当下教育教学改革面临诸多困难，霍老师的教学改革成果仍然具有借鉴意义，她立足潮头，锐意进取的精神更是广大一线教师学习的榜样。

在基础教育界，一直有"南斯北霍"（"南斯"指南京以母爱教育闻名的斯霞老师）之称。霍老师是"素质教育"的研究者与奉行者，她的素质教育实施的阵地就是班级。班主任工作是霍老师的重点工作之一，她在班级管理中，把行为习惯作为一个重要抓手，不对学生做"好与不好"的价值判断，而做"良好习惯养成"的行为矫正。

霍老师多次讲过"一块手绢"的故事，班级里每个学生都要随身携带小手绢，一块小手绢就解决了随地吐痰的问题。有很多学生毕业多年以后，去见霍老师时，还展示随身携带的手绢。霍老师著的《班主任工作札记》，赵萱、张小武编著的《每一个孩子都是我的骄傲——霍懋征和她的学生们》，梁星乔编著的《没有教不好的学生——一代名师霍懋征爱的教育艺术》等，详细记录了霍老师与学生的点点滴滴，也呈现了她的学生多年之后的回忆。霍老师以爱育爱，立足学生发展，以"学

---

① 梁星乔编著：《没有教不好的学生——一代名师霍懋征爱的教育艺术》，中国大百科全书出版社 2003 年版，第 80 页。

生至上"的原则"让孩子聪明起来",坚信"没有不可救药的学生",教师"精诚所至,金石为开"。

班级管理主要针对学生的日常行为,课堂教学主要针对学生的学习行为。在教学中,霍老师树立了"速度要快,数量要多,质量要高,负担要轻"的目标。霍老师上课时特别注意教学的目的性,对课文中重点要学的东西,除了教课时突出以外,有时还把目的明确地告诉学生,要学生注意。例如,教《麻雀》一课,课文写小麻雀怎样掉下来,猎狗怎样捕麻雀,老麻雀怎样救小麻雀……作者观察得很细致,描写得很逼真。霍老师把培养学生仔细观察事物的能力这一教学目的明确地告诉学生,并指导学生在课间十分钟观察打乒乓球的怎么打,跳猴皮筋的怎么跳,爬竿的怎么爬,在教室里洒水的同学怎么洒……完了以后,又要每一个学生写一个片段。由于目的性较强,学生观察得又细致,都写得比较好。①

除了努力培养学生有意注意以外,教师必须努力提高自己的教学艺术,使学生经常保持愉快的、积极好学的情绪。霍老师做了总结:如教态要和蔼可亲,使孩子们一见就喜欢你,愿意听你讲课;讲课要生动,口齿要清楚,不要有习惯性的语病;教学内容要丰富,要培养学生对学科的兴趣;教学方法要多样化,该用直观教具的要创造条件使用直观教具,该用色笔强调的要用色笔强调,低年级儿童有时还可以用必要的游戏来作为教学的辅助手段;提问要有启发性,能引导学生有目的地积极地思考;要善于察言观色,灵活而又严密地组织教学;要根据学生好动、好胜的心理特征,多让学生在相互竞赛中独立思考,在学习过程中自己动手,自己动口;要多鼓励少批评,等等。②

例如教《少年闰土》,霍老师让学生联系生活,联系课外阅读,想

---

① 霍懋征编著:《小学语文教学经验谈》,上海教育出版社1985年版,第126页。
② 霍懋征编著:《小学语文教学经验谈》,上海教育出版社1985年版,第127页。

象少年闰土的形象。不仅想象他静止的肖像，而且把瓜田看瓜和刺猹时的动态联系起来，进行想象性描述。学生们一般都能在读课文的基础上，想象性地勾画出画面来：金黄色的圆月，月光洒满大地，绿色的瓜田里，站着一个紫红色圆脸，手捏钢叉，颈上戴着银项圈的少年。猹溜出来偷瓜，闰土立刻手持钢叉，向猹刺去……把闰土刺猹的动作，讲得活龙活现。通过学生描述，再看放大着色的插图，在直观的基础上，加深了对课文的理解，同时发展了学生的思考力和想象力，也渗透了美育的教育。学生们轻声诵读课文，欣赏着月夜下大自然的美，对瓜田少年威风凛凛，英勇刺猹的美，表现出向往的神色。①

霍老师教《月光曲》时，学生对盲姑娘怎么知道是贝多芬在给自己弹琴，贝多芬为什么给盲姑娘弹了一曲又弹一曲不理解，她就补充了一个古时候俞伯牙和钟子期"知音"的故事。先在黑板上展示了俞伯牙弹琴，钟子期听琴的一幅画，俞弹"高山流水"的曲子，钟点头赞赏，似乎自己真正看到了高山，听到了流水声。于是两人结为好友。随着看画，她把钟子期赞赏琴音的重点句子标示出来，很有感情地加以描述。学生们听完之后，马上举手说：我明白了盲姑娘怎么知道是贝多芬在弹琴，贝多芬给盲姑娘弹了一曲又弹一曲，他遇到了知音了。学生们又举了生活中的例子，概括说：最知心、最了解自己的人就可以说是"知音"。可见学生们已经理解了知音的含义。②

霍老师教《桂林山水》时，学生看完彩色桂林山水图，结合板书，表情朗读。当读到有山如屏障，学生们似乎感到挡住了小船的去路，霍老师结合挂图，描述了几句，说绕过小路，有更美好的境界。作者又荡舟前行……学生们异口同声地说："山重水复疑无路，柳暗花明又一

---

① 霍懋征编著：《小学语文教学经验谈》，上海教育出版社1985年版，第40页。
② 霍懋征编著：《小学语文教学经验谈》，上海教育出版社1985年版，第42页。

村。"可见学生们已经身临其境,开始展开了想象的翅膀。①

霍老师强调,在教学过程中要充分发挥老师的主导作用。一是有目的、有重点、有计划;二是要及时引导,如画面、板书、朗读、描述等,怎样巧妙地结合,主要靠老师的引导;三是从生动的直观感受到抽象概念,要讲求方法,不能牵强。特别是教师的情感、态度、语言、动作,直接起着示范作用,比任何直观因素作用更经常、更有利。如果教师表达不出文章作者之所爱、所憎、所喜、所恶、所欢、所想,那就很难让学生既有所知又有所感了。当然,教师也不能一味迁就学生注意方面的兴趣、情绪搞些华而不实的"花色",重要的是要发展学生对学习的自觉的责任感,在发展有意注意的同时,充分利用无意注意这个可利用的条件。各种直观教具的使用,各种直观因素作用的发挥,起主导作用的,还在于教师。②

虽然年事已高,霍老师仍然能够与时俱进,积极应用直观教学手段。她主张,教师要有面向未来教育的智慧和勇气,要充分利用现代化的教学手段,为未来培养全面发展的人才。

三、投身社会的民进成员

霍老师的爱也体现在"爱民进"。民进是"教育党",霍懋征是1953年加入民进的老会员,在几十年的工作和生活中,她与民进老一辈的领导人、与民进组织结下了深厚友谊和不解之缘。时届91岁高龄的民进中央原主席叶圣陶先生曾亲自为她的专著《小学语文教学经验谈》撰写序言,民进中央常委、全国教育工会主席方明先生也曾多次和

---

① 霍懋征编著:《小学语文教学经验谈》,上海教育出版社1985年版,第42页。
② 霍懋征编著:《小学语文教学经验谈》,上海教育出版社1985年版,第42页。

她商讨"爱的教育"的实质、表现和具体教育方法,他们在接触和交往中加深了了解、增进了感情。霍懋征同志曾担任四届民进中央常委,在民进组织的支持和推荐下,她也曾担任第五届全国政协委员,第六、七、八届全国政协常委。无论教学工作多么繁忙,她总是认真履行参政议政、民主监督的职责,积极参与民进组织的各项工作,特别是为恢复教师节、制定教师法,促进西部边远地区教育教学的发展作出了积极的贡献。在霍懋征老师身上所体现的,正是老一辈民进人立会为公、参政为民的高尚风范。①

在为教育事业奔走呼号的路上,我们总能看见霍老师的足迹。大到作为民进中央常委、当时全国基础教育界唯一一位全国政协常委,从改善教师待遇,提高教师地位,到设立教师节,制定《教师法》,还有促进边远地区教育发展、减轻学生负担……她都深入一线调查并坚持不懈呐喊;小到从平顶山教育顾问、柳河县教育顾问,到东莞市长安镇教育顾问、平湖镇教育顾问,还有老君堂小学名誉校长、三元小学名誉校长……这一个个看似普通的头衔,从细微之处印证着她热爱教育事业并为之不懈努力的点点滴滴。2009年教师节,国务院副总理刘延东看望霍老师时,她曾骄傲地指着墙上一张自己70多岁骑着牦牛去四川山区讲课的照片说:"他们都说我'人生七十古来稀,骑上牦牛就十七'!"

霍老师不仅是著名教育家,而且是成绩卓著的社会活动家。她担任了许多社会职务,对每个职务都尽心尽责。民进中央的同志告诉我,霍老师曾说过,"只有知情,才能出力",所以她把随政协外出视察或参观、访问、讲学等,都看成是学习调查、掌握情况、了解民意的好机会。

全国政协常委中的小学教师凤毛麟角,她更加珍惜每一次建言献策的机会,多次在政协会议上积极发言反映问题,为基础教育改革发展和

---

① 赵萱、曾曙春主编:《把爱献给教育的人——霍懋征》,人民教育出版社2011年版,第4页。

中小学教师待遇鼓与呼。她经常与其他政协委员共同商讨有关教育和儿童健康等问题，认真书写提案和社情民意信息，为我国的教育事业献计献策。她不辞辛苦地到全国各地讲学、调研、编写教材，积极推动教育改革，在她身上充分体现出陶行知先生"爱满天下"这句话的精髓。①

1988年的全国两会上，霍老师对中小学生负担过重的情况非常痛心。于是，她一方面直接向教育部部长反映情况，一方面和民进中央妇委会的同志撰写了《为孩子们呼喊》一书。

1990年5月17日，霍老师和王企贤、段力佩、方明、葛志成、许嘉璐、郄禄和、吕敬先、张光瑛、孟雁君等十名多年从事教育工作的民进会员联名发出倡议书，呼吁民进全体教育界成员积极响应国家教委的号召，鼓励自己的学生、子女和亲友中的优秀青年报考师范院校，献身于人民教育事业。②

退休后，霍老师依然没停止她为教育事业四处奔走的脚步，足迹遍及大江南北，对边远地区的各种讲学指导的邀请，她几乎有求必应。无法统计有多少教育旅程中的困惑者因为她的点拨而豁然开朗，亦无法统计有多少艰难跋涉者因她的示范身教获取了前行的动力……

霍懋征积极响应党和国家的号召，深切关注着西部的教育事业。她身体力行并将一些曾在文化、教育、出版等各个行业和部门工作岗位上退下来、曾做出卓越贡献的老专家、老教授、老同志组织起来，深入西部贫困地区，到新疆、甘肃、贵州、广西、内蒙古等地进行教育考察。从调查中他们了解到，虽然这些地区生活工作条件非常艰苦，环境恶劣、交通不便、信息闭塞，但当地的老师们仍兢兢业业地工作，他们非

---

① 林蔚主编：《一代师表——纪念霍懋征从教60周年》，知识出版社2001年版，第29页。
② 赵萱、张小武著：《霍懋征传》，中国大百科全书出版社2012年版，第290页。

常渴望得到关怀、支持和帮助。为此，这些老专家、老同志行动了起来，以霍懋征老师为首的全国优秀教育世家成立了"北京世纪和平文化教育交流中心"。她聘请了方方面面的专家，组成了教育专家团，准备每年奔赴西部地区两次。通过送教上门、做报告、座谈以及开展省地县校长、老师培训等形式，向西部教育界人士介绍先进的教育思想和教育手段，传递最新的教改信息和动态，以及国内外形势的特点，交流教育教学经验和学校管理经验，宣传良好的师德、师范。同时，还专门成立了培训学校，计划每年将西部任教的校长和教师骨干分批请到北京来，组织他们参加各种交流活动，参观学校，听名师讲课，与名师座谈，以使他们接触先进教育思想，开阔眼界，提高自身素质，从而加快西部教育的发展。①

2009年3月26日，霍老师因肺炎住进北京大学第一医院。我（朱永新）代表民进中央去医院看望她。霍老师显得安详、宁静，尽管躺在病榻上，她还是对我们点头致意，我握着她的手，祝福她健康长寿。当时感觉她的身体恢复得不错。她的女儿赵萱拿着她最喜欢的一本影集给我看，其中有温总理看望她的合影，还有她与学生们的合影。赵萱告诉我，只要把这些照片给妈妈看，她就会露出欣慰的笑容。我还在想，等到春暖花开时再来看她，听她讲教育故事，向她请教教育问题。可没想到，这次见面，竟成永诀。

2010年2月11日0时35分，霍老师因病与世长辞，享年88岁。2月19日，霍老师的遗体告别仪式在北京八宝山革命公墓东礼堂举行，那天我很早便赶往参加，没想到温家宝总理和刘延东国务委员在日理万机的情况下，都亲自参加了告别仪式，为这位普通而伟大的老师送最后一程。他们含着泪水慰问霍老师的亲属，要求教育部门和新闻媒体大力

---

① 林蔚主编：《一代师表——纪念霍懋征从教60周年》，知识出版社2001年版，第64页。

宣传霍老师"以爱育人"的教育理念。民进中央严隽琪主席、罗富和常务副主席和原主席许嘉璐、原常务副主席张怀西等领导，也专程前来送别。

那一天，北京八宝山革命公墓东礼堂外聚集了上千前来送别她的人。他们中有已近期颐之年的老人，有她已年届古稀的同事，有她已年过花甲的学生，也有她的学生的子孙；有教育界的，有文化界的，有政经界的；有北京的，有外省市的，还有来自边远山区的，甚至有为了见她最后一面而从国外赶回来的；有她在物质上帮助过的，有她在精神上鼓励过的，有她在经验上传授过的，有她在具体工作中指导过的。悼念规模算不上最大，但涵盖的人群范围很广。她的爱已经超出了教育的范畴，洒向社会各界、各行业。

在告别仪式上看到的两副挽联，深深地感动着我："传道授业解惑躬耕一生，彰爱扬清懿德垂范千秋"，"爱心烛照千秋人人可得为尧舜，懿德师表万世缕缕不绝继圣贤"。我想，这不仅是霍老师一生的真实写照，也是国家和人民对她的最高褒奖。霍老师的一生是乐观向上的一生，是淡泊名利、勤奋耕耘的一生，是为教育事业无私奉献的一生，是忠于祖国教育事业的一生。霍老师的人生告诉我们，只要我们拥有爱心，只要我们用心做事，一个普通的灵魂，也可以走得很远很远。

霍老师去世后，她的家人和相关部门做了一系列整理工作，研究她的教育思想和教学经验。2011年9月教师节前夕，成立了北京霍懋征教育思想研究会，时任全国人大常委会副委员长、民进中央主席的严隽琪出席成立大会并做了重要讲话，教育部发了贺信，我也参加并见证了这一过程。此外，霍老师的女儿赵萱等编著了《把爱献给教育的人——霍懋征》等有关著作，我还写了《让爱陪教育一起走》的文章在媒体发表，呼吁"让我们与霍懋征老师一起，继续走在教育事业这条充满艰辛、任务艰巨的路上，享受幸福而完整的教育人生"。

《霍懋征教育文选》的出版是上述工作的延续。我相信,通过这本书我们会看到一个真实而生动的霍懋征。霍懋征教育思想会得到更好地传承和推广,霍懋征平凡而伟大的教师形象也会被更多人牢记,霍懋征爱心育人、用心教书的态度,以及不计个人利益,甘为教育事业献身的精神,也会更加激励更多的教师在教育的路上努力前行。

霍老师离开我们了,但她的思想、精神,早已融入她的学生们的血液中,融入中国教育的长河里,也融入中国民主促进会的传统中。

目录

第一辑 论教师素养

献身教育，终生无悔 …………………………… 003
没有爱就没有教育 ……………………………… 024
语文教师的修养 ………………………………… 030
语文教师的基本功 ……………………………… 035
减轻学生学习的负担 …………………………… 037
要善于安排自己的时间 ………………………… 041
胸中有全局　步步有计划 ……………………… 044
要在备课上下功夫 ……………………………… 047
合理使用教学参考书 …………………………… 052
掌握学生心理　上好每一堂课 ………………… 055
这不是奇迹 ……………………………………… 059
一堂好课的标准 ………………………………… 070
谈预习指导 ……………………………………… 072
设计好板书 ……………………………………… 076
利用电教手段　提高教学质量 ………………… 080
听课要讲求实效 ………………………………… 086
写好备课笔记和课后笔记 ……………………… 090

谈课堂提问	093
谈朗读训练	098
谈课堂多练	102
谈小小组的"议论"	107

第二辑　论语文教学

语文教学中要贯彻全面发展的方针	113
培养学生学习语文的兴趣	117
帮助学生掌握学习语文的方法	122
提高学生分析概括能力	125
培养学生说话的能力	129
提高后进生语文学习的能力	133
教会学生理清文章的思路	136
帮助学生积累词语	139
鼓励学生质疑问难	143
谈精讲	147
谈诗歌的教学	151
谈小学生要学点古诗	156
教给学生思考问题的方法	163
指导学生学会观察	167
谈合理地组织课文	171
谈常识性课文的教学	174
阅读教学要贯彻启发式原则	178
阅读教学要做到读写结合	184
阅读教学要做到深入浅出	189

阅读教学要注意直观性 …………………………………… 192
善教者，课外也生辉 ………………………………………… 197
指导学生课外阅读 …………………………………………… 206
谈对小学毕业考试语文命题的看法 ………………………… 210

第三辑　论班主任工作

班主任工作的几点体会 ……………………………………… 215
素质教育与"十学会" ……………………………………… 224
素质教育的金砖玉瓦（一）
　　——成语典故也育人 …………………………………… 235
素质教育的金砖玉瓦（二）
　　——诗文箴言见精神 …………………………………… 243
霍懋征老师谈素质教育 ……………………………………… 250
学生至上 ……………………………………………………… 256
手执"金钥匙"打开学生的心扉 …………………………… 261
让孩子们聪明起来 …………………………………………… 265
淘气未必不成才 ……………………………………………… 271
没有不可救药的学生 ………………………………………… 280
精诚所至，金石为开 ………………………………………… 287

霍懋征著述年表 ……………………………………………… 296

后记 …………………………………………………………… 305

第一辑

论教师素养

献身教育，终生无悔

1943年，我从北京师范大学数理系毕业以后，一直从事小学教育工作，并且，大部分时间是在北京第二实验小学，担任算术、语文教师，还兼做班主任。50年代，我在语文教学中，注意学习他人的经验，取长补短，不断改进教学方法，逐步形成了一套"讲读"的教学方法：在钻研教材的基础上，抓住规律，讲讲读读，以讲为主，以读为辅，效果较好，受到学生的欢迎。1956年，我被评为北京市小学特级教师。十年内乱期间，我被迫离开了实验二小。1978年，我又重新回到实验二小工作。当时，我的心情十分激动。在学校召开的欢迎会上，我说："我今年57岁，教学时间不会太长了。因此，我要争分夺秒，为祖国实现'四化'，培养更多更好的人才。我庆幸自己能坐上了末班车，不，我是赶上了新长征的头班车。我决心为党的教育事业奋斗终生。"

上下求索

重返工作岗位后，由于我承担了副校长工作，不得不放弃了我十分喜爱的数学教学，兼任了一个班的语文教学改革实验工作，开始了新的探索教育教学的征程。

针对当时小学语文教学中存在少、慢、差、费的弊端，我决定在一个普通三年级班进行语文教学改革试验。首先，我在总结过去多年行之有效的"讲读教学法"的基础上找出不足之处，并与世界科技发达国家的小学语文教材相比较，发现他们的阅读量比我们的多。对比中我感到，在教学中加大阅读量很重要。学生多读书不仅可以丰富知识，增长智慧，熏陶情感，激发兴趣，提高阅读能力，而且可以培养良好的学习习惯。于是我决心在语文教学中闯出条新路。

我提出了"速度要快，数量要多，质量要高，负担要轻"16个字的改革方针，准备从教材到教法全面进行改革，把着眼点放在开发学生潜能，使学生不仅学会更要会学的基点上。当时，有的老师觉得经济可以快速增长，教学工作哪能提"速度"呢。劝我不要乱来。但我考虑，一本教材只有24篇课文，课堂教学时间有限，教学要讲速度，讲效率，就要加大学生的阅读量。怎么才能让学生多读呢？我改变教学方法，充分利用有限的时间，尝试着在精讲、多练、合理地组织课文上下功夫。我认为：精讲可以为学生课上多练创造条件；课上多练则有利于保证增长学生智力，培养学生能力，减轻课外作业负担；合理地组织课文又为课上精讲多练创造了条件。

精讲。首先，我强调以学生为主体，教师为主导，让学生多读书，在读中发现问题、提出问题、探讨研究问题，最后设法解决问题。这样既能快速提高学生阅读能力，又能激发学生学习的兴趣。我注意在课堂上适时引导、点拨、启发、示范和讲解。如，教学记叙文《小马过河》，我从课题入手，以学生自学为主，引导学生正确理解小马为什么要过河，怎样过河，过去了没有。重点部分放在怎样过河上。讲《落花生》一课，我通过讲种花生、收花生、吃花生、议花生的过程，最后突出要学做"花生"这样的人。我用种、收、吃、议、学五个字概括了全文。课上精讲这些带有规律性的知识，从审题入手，让学生理清文章思路,抓住重点部分领会全文。同时,使学生学会如何写好一篇记叙文的方法,这样,随着学生读写能力和思维能力的提高,加快了语文教学的速度。

多练。课上一定要"多练"。学生只有大量练习,才能形成熟练的技能和技巧,就是熟能生巧。但是绝不是无目的地练。那么该练什么?怎么练呢?我的体会是,第一,要练得充分;第二,要形式多样,练得灵活;第三,要从实际出发,从学生实际,从教与学的实际出发;第四,引导学生在旧有知识的基础上学习新知识。例如,学了"看"的同义词以后,我引导学生把有关"看"的同义词望、瞅、瞧、盯、俯视、凝视、瞻仰等都说出来,然后引导学生归纳,再引导学生练习,"站在楼上往远处看用哪个词?""眺望";"从下往上看?""仰望";"从上往下看呢?""俯瞰";"到天安门广场去看英雄纪念碑呢?"要用"瞻仰",是怀着尊敬的心情去看。这种练习,不仅丰富了学生的词汇,还可以使学生学会准确灵活地运用文字。对于这种练习,我常常对学生进行由浅入深、由简至繁的训练,用较少的时间做大量的练习。比如,我引导学生练习形容"说",让学生先用一个字的词形容"说",再用两个字的词、三个字的、四个字的,一直练习到用五个字的词组形容"说";学生从"叙说、乱说……","跳着说、笑着说……","高兴地说、轻声地说……",一直说到"有气无力地说、兴高采烈地说……"。学生积极思考,踊跃发言,兴趣盎然。还可以引导学生分别说出关于"手"的动作的词,关于"脚"的动作的词,有关声音的词,有关天气的词,有关时间的词,有关心情的词……做类似的练习,内容十分丰富,形式非常灵活,趣味性强,学生乐于参与,而且用时不多,收效却很大,使学生的发散思维得到了训练。

另外,多练还要体现在多朗读与多背诵上。古人说:书读百遍,其义自见。朱熹主张:读书要"三到",即心到,眼到,口到。这都是有益的经验之谈。古诗是我国文化中的精品,诗人用高度凝练的语言,表达丰富的思想感情,字数虽少却合辙押韵,读起来上口。根据学生的年龄特点和学习的心理,可以通过读古诗提高学生阅读兴趣和能力。开始,为了使他们对读古诗感兴趣,给他们讲了"七步诗"的故事:曹丕想迫害曹植,要曹植当着众大臣的面,以他们兄弟二人为题材,走七步做出一首诗。如果做不出来,就要杀掉曹植。听到这,学生们瞪大眼睛举手问:"老师,曹植做出来没有?""做出来了,是后来很有名的'七步诗'。""您教给我们行吗?"我看到学生急于学习的样子,立即把课前写在小黑板上的"七步诗"挂出来。学生高兴地读起来了。他们提出"豆萁""燃""釜""泣"这几个词义不明白,我就只给他们讲解这几个词,他们明白后就愉快地读起来,很快就会背了。第二天上课,学生们要求我再教他们一首诗,还主动将"七步诗"背给我听。借机,我进一步告诉学生,古人怎样吟诗,教给他们该怎样诵读古诗。过去两节课学一首古诗,现在只用几分钟就可以学一首。从此,我们几乎每天都学一首古诗,每个学生都有一个抄诗本。放学时学生收拾书包前,我把写有古诗《花影》的小黑板挂在前面。

花 影

重重叠叠上瑶台,几度呼童扫不开。
刚被太阳收拾去,却叫明月送将来。

我辅导学生利用查字典的方法学习其中不理解的字词。很快,他们就可以自己讲,自己背这首诗了。回家后,他们有的还把《花影》一诗给家人猜谜语。就这样,学生学习古诗的兴趣越来越高,读、记和运用古诗的能力越来越强。

合理地组织课文。就是把联系紧密或有相同之处的教材组织成一组文章集中教学。有的精讲，有的让学生自读。辅导学生学会阅读同类文章，从而达到提高教学效率的目的。教学《找骆驼》一课，我为了培养学生观察和分析问题的能力，又选了《沙漠之舟》和《蜜蜂引路》两篇文章。教学时，我先让学生认识骆驼，看骆驼的模型，听《沙漠之舟》的录音，自读课文，复述骆驼的外形特点。然后正式学习《找骆驼》一文，审题后，我先要求学生读课文，在读中理清文章的思路：丢骆驼—找骆驼—找到骆驼；在读中悟出课文的重点是"找骆驼"；在读中体会课文中老人从看到的情况推想出走失骆驼的样子。我把"看"和"想"两个词写在黑板上，辅导学生把"看"和"想"换一种表达方法表示，他们说出："看就是观察，想就是分析"，"老人会观察又会分析"，"老人善于观察又善于分析"，"老人既会观察也会分析"，"老人既善于观察又善于分析"。有的学生说："我们要像老人那样既会观察又会分析。"有学生说出："正是因为老人既善于观察又善于分析，所以商人才找到了骆驼。"这样，学生在大量的阅读中，自己总结出了文章的主题和中心思想。接着，我带领学生学习《蜜蜂引路》，我提出问题：列宁为什么能自己找到养蜂的人？然后，完全由学生反复读课文了解到，因为列宁善于观察，善于分析，跟着蜜蜂走，找到了养蜂人。就这样，两课时学完了三课书，而且做了大量的练习。

三课时教学六课书也是用的这个方法。这样教的结果，不仅加快了教学速度，而且学生读得多，开阔了眼界，极大地提高了学生读书的兴趣。

就这样，在我教三年级实验班时，第一学期学生学了95篇课文，超出课本71篇。每天课后作业从不超过30分钟。这个实验班的学生毕业时参加北京市最后一次统考，成绩名列前茅。

这个班的教改试验，引起了大家的注意。我上课时，总有人听课，听课的人多时达到成百上千，少时也要有几个徒弟。当时我不仅带着本校、本市的徒弟，还带着外省市派来的徒弟。他们从早跟到晚，参加我的备课、上课、批改作业、跟学生谈话、组织学生活动，甚至和家长谈话，他们也列席参加。这倒成了我不断克服各种困难、努力教改的动力。

从 1978 年起，寒暑假期间，我经常应邀外出讲课。多年来，我应邀到全国 50 多个地方介绍经验，做报告几百场。这也给我创造了极好的学习机会。1979 年在长春召开全国 23 个省市中学语文教学会议，小学教师代表只有我一人。会上争论的焦点是粉碎"四人帮"以后，语文教学要强调加强"双基"，即基础知识和基本技能的培养，可是，他们却淡化了语文教学中要进行思想品德教育。会上有些代表发言："对学生进行思想政治教育是各科教学的任务，不能强加于语文教学，这样会两败俱伤。"我表示了不同的意见，我认为：语文中的语言文字是为内容服务的，教学中就是要通过语言文字的学习，对学生进行思想政治教育，做到文与道的统一，怎么能说两败俱伤呢？会下，他们一致邀请我上一节示范课，看看如何做到文与道的统一。参加这次会是我第一次到长春，敢不敢当着全国语文界的专家学者做示范课，对我来说，是一个严峻的考验。示范课成功与否关系到语文教学改革的方向，我理应努力做好。于是，我就地在吉林师大附小三年级的一个班上了一节语文课《毛岸英在狱中》。课文中有这样一段话："敌人拷打杨开慧，审问杨开慧，岸英亲眼看到妈妈多次被敌人打得皮开肉绽，鲜血直流，却宁死不屈。他牢记妈妈的嘱咐，什么也不对敌人说。"我认为课文中"多次"一词在这段话里分量很重，是对学生进行思想教育的切入点。于是，在课上我引导学生反复读这段话，然后提问：岸英为什么能战胜敌人？学生有的说："他为了实现共产主义。"有的说："因为他有远大的理想，要解放全人类。"这些带着成人套话痕迹的回答，显然不符合当时只有 8 岁的小岸英的思想实际。我又引导学生反复读课文中的那段话，并进一步启发学生深入感悟"多次"这个词的含义。我还富有感情地范读这段话,把重音放在"多次"一词上。学生想象着杨开慧妈妈一次次面对敌人严刑拷打英勇的表现对岸英的深刻影响,终于懂得了是妈妈的言传身教,使小小年纪的岸英有了战胜敌人的勇气和智慧。学生在读这几句话时热泪盈眶,怒火满腔。在场听课的人也大为感动。这堂课上成功了。与会同志们心服口服地接受了语文教学要坚持文道统一的观点。从此,我无论到什么地方去讲学,都会应邀上示范课。1979年到1995年的16年间,我应邀到河北、河南、哈尔滨、上海、兰州、重庆等地讲座百余次。每次都上示范课。人们说借班上大型示范课是"艺高人胆大",不认识也不了解学生就敢去上课,而且每次都获得成功,真了不起!这当然是对我的过誉。我并非"艺高"和"胆大",只是比较好地掌握了不同年龄学生的共性,认真备课,上课时注意观察每个学生的神态,冷静处理偶发事件,因势利导就能上好每一节课。

1980年在全国小学语文教学研究会成立大会上,我做了题为《语言形式是为思想内容服务的》发言。我从语文学科的特点出发,着重讲了思想政治教育、道德品质教育和语言文字训练的辩证关系,阐明了进行思想政治教育和思想品德教育是语文教学中的一项不可推卸的重要任务,语文教学就是要以育人为本。我的观点在会上引起了强烈的反响。随着时间的推移,实践证明了语言文字的训练离不开思想教育、情感教育和审美教育。而思想教育、审美教育又要通过语言文字的训练来实现,二者有着内在的联系,不可分割。语文课应在训练学生语言能力的过程中,塑造学生的灵魂。

担起素质教育的重任

第三次全国教育工作会议后,中央明确提出以提高民族素质和创新能力为重点,全面推进素质教育的指导思想。为适应21世纪的挑战,我一方面认真学习中央发展教育的精神，领会其实质；另一方面，我努力于素质教育实践，大胆进行改革。

如何进行素质教育呢？根据多年的实践，我总结出教育教学的根本目的是要让学生"十学会"：学会做人，学会自律，学会学习，学会思考，学会创造，学会审美，学会乐群，学会健身，学会生活，学会劳动。

这"十学会"，实际上就是讲要重视学生的德、智、体、美、劳全面发展的教育和创新能力的培养，其中德育是素质教育的灵魂，智育是素质教育的关键，体育是素质教育的基础，美育是素质教育的重要内容，劳动技能教育是素质教育的重要环节。它们相辅相成，共同构成一个有机的整体。

为了让学生做到这"十学会"，我在语文教学中坚持"教在今天，想到明天"，处理好以下几个问题。

（一）认真处理好语文知识教学与思想品德教育的关系

语文教学中要做到文道统一，小学阶段主要从道德品质的培养入手，我注重从大处着眼，从小道理入手，使学生入耳、入脑、入心，在思想上产生共鸣。通过形象的感染和熏陶，使学生从中受到良好的教育。在语文教学中，字、词、句、段、篇，甚至一个标点符号，其本身都具有很丰富的内涵，或动之以情，或晓之以理，使语言文字训练和思想感情教育水乳交融，收到了很好的效果。如，在《我的战友邱少云》一课中，敌人的燃烧弹把正在潜伏的战士邱少云烧着了。其中有这样两句话："烈火在他身上烧了半个多钟头才渐渐熄灭，而邱少云一动没动，两只手深深地插在泥土中。""战斗打响了，才二十分钟就取得了胜利。"两句话中都有一个"才"字。我引导学生反复读这两句话，体会"才"字有什么不同。我让他们考虑："如果有人不小心把开水洒在了你的身上,你会怎样?假如,有开水不停地往你们的身上浇,你又会怎样?"同学们纷纷回答说:"我们会受不了。""我们身上会被烫出大泡的。""我会疼得大叫起来。""我会大哭。""我们会被烫死的!"这时,再让学生们读课文,他们体会到这个"才"字表示的真正含义,明白了邱少云为了战斗的胜利,自己忍着火烧的巨大痛苦,在漫长的30分钟里一动不动是多么伟大!而对下一句中的"才"字,学生们自然理解到,邱少云的战友们化悲痛为力量,仅用了20分钟的时间就取得了这场战斗的胜利。通过这两句的对比学习,使学生知道同一个词在不同的句子中起着不同的作用。

语文教学中,字、词、句、段、篇都可使学生感悟到强烈的思想感情并受到教育。可见,语文教学中,文与道的统一该有多么的重要。

(二)要注意对学生加强创新思维的训练

创新思维是创造能力的核心。在教学中,要创造条件对学生进行这方面的训练。语文课上,我特别注意鼓励学生勇于发表自己的见解。如,在教学中出现"打主意"一词,学生知道这是出主意的意思。我启发学生说:"看谁能在'打'字的后面换个词表达出不同的意思。"学生们抢着说开了,"打球""打伞""打井""打毛衣""打电话"……再让学生们讨论这些词中"打"的意思是否一样。学生们各抒己见,讨论得非常热烈。得出结果是:"打球"就是玩球;"打伞"就是撑伞;"打井"是凿井;"打毛衣"是织毛衣……学生们感到很有意思。这种训练既丰富了学生的语言,又注意了对学生创造性思维的培养。

(三)鼓励学生质疑问难

学起于思,思源于疑。有疑才能促使学生积极思维。因此,我鼓励学生大胆质疑。每次检查学生们的预习时,总是先请学生质疑问难。我特别注意及时表扬那些提问题有一定深度的学生。对那些提问不当的学生注意保护好他们的积极性。学习《林海》一课时，我检查预习情况，有个学生提出：老舍是有名的作家，为什么在课文中三次用到了"亲切舒服"一词，是不是重复？我及时肯定这个学生问题提得好，然后我果断地改变了部分教案。我对学生说："我们一起学习课文，看看提问题的同学能不能解答自己提的问题。"于是，我引导学生们边读边讨论，最后，他们讨论的结果集中起来了。第一，老舍看到大兴安岭的景——岭、林、花后，感到亲切舒服；第二，老舍看到大兴安岭特有的物——木材时，感到亲切舒服；第三，老舍看到大兴安岭林场的工人们劳动的场面时，感到亲切舒服。从景到物，从物到人。大兴安岭的人们一手伐，一手栽；一手向大兴安岭要宝，一手为后人造福。所以，大兴安岭的林会万古长青！作者用亲切舒服一词表达了对祖国大好河山的爱，对造福于人类的大自然的感激之情，对大兴安岭人民的敬爱之情。我边听着学生们的讨论，边在黑板上板书出：

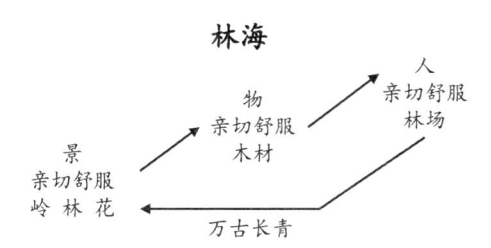

林海

```
                            人
                         亲切舒服
             物            林场
          亲切舒服    ↗
          木材
  景    ↗
亲切舒服  ←————————————
岭 林 花        万古长青
```

我刚把板书中的三个箭头画完，提问题的学生和大家一样，抢着举起了手。我特意请他发言。他兴奋地说："我明白了。课文中'亲切舒服'一词不是简单的重复使用，而是作者看到大兴安岭的景、物、人，感情逐步加深，最后达到了高潮。"

这样，由学生提出问题并带着问题学习，最后自己解决问题的学习方法，使学生学习语文的兴趣盎然，加快了学生学习语文能力的提高。

教学实践中，我体会到：在课上鼓励学生积极发言，展开争论，让他们说出自己想说的话，是学生创新学习的重要实践活动。我对活动中学生们的表现，或耐心引导点拨，或表扬鼓励，使课堂上充满民主和谐的气氛，学生们学习的积极性得到了极大的调动，使他们真正感到自己是学习的主人。

（四）教给学生学习的方法，让学生会学

学习语文的方法很多。我努力让学生掌握最基本的语文学习方法。如，"五多""四好"。"五多"，即多读、多想、多听、多问、多练。"四好"，即课前预习好，课上学习好，课后复习好，实践运用好。我认为，新世纪由于知识经济的挑战，高科技的迅猛发展，对学生知识的量和质有了较高的要求，我们必须适应时代的要求，注意培养学生有更新知识的能力，如，加强学生的口语交际能力，加大课外阅读量，学会略读与浏览，有掌握搜集和处理信息的能力，能在网上自学，学会自主阅读、探究性阅读和创造性阅读。

（五）面向全体学生，分层教学，分层练习

教师要让每个学生都能从事切合自己实际的练习，使他们都有所收获，都体会到由此带来的愉悦。如，学完《草原》一课，根据这一课"总分"的写法，我辅导学生做了这样的练习。"今天天气很冷。请同学们具体说一说天气冷的表现。但是，不许用'冷'字。"学生们你一句我一句地说开了："下大雪了。""小河里结了厚厚的冰。""西北风呼呼地刮着。""同学们穿上了厚棉衣。""小弟弟冻得直跺脚，小妹妹脸蛋冻得像苹果。""窗上结满了冰花。""教室里生上了大火炉。"……我又引导大家把这些有关天气冷的现象按天气冷、人被冻的样子和御寒这样三部分分类。然后，让学生们分成三大组，分头去讨论归纳整理。最后再集体汇报。他们汇报时，由我开头说："今天，天气很冷。"一组的代表接道:"北风呼啸,大雪纷飞,河里结了厚厚的冰。校园里的小树被西北风刮得吱吱地响。"二组的代表接着说:"同学们穿上了厚棉衣,有的围上毛围巾,有的戴上大皮帽。小弟弟穿上厚棉鞋。晓红穿上皮外衣。教室里生上了大火炉。"三组的代表又接着说:"小妹妹冻得牙齿咯咯地响。小力冻得直发抖。小兵脸蛋冻得像苹果。同学们大步奔向教室,一进教室,深深地出一口气,说:'教室里真暖和啊!'"几分钟的时间,我们完成了一篇小短文。接下来,在同一节课上,同学们又用同样的方法,完成了主题为"今天天气很热"的短文。

(六) 正视个别差异,注意因材施教

基础教育的根本任务之一,是为提高全民族的素质奠定基础。因此教师有责任把所有学生都教好。教学中,我特别注意做到:一是没有爱就没有教育。我热爱自己的学生,千方百计把所有的学生教好。几十年的工作经验使我深悟出没有教不好的学生,只有教不好的教师。二是没有兴趣就没有教育。学习兴趣是学生取得成绩的重要条件。首先,要热爱每一个学生,正视学生的个别差异,在教学中区别对待,做到"慢学生吃得了,好学生吃得饱",对他们的教育既要耐心又要严格。比如,在学习了一篇以描写对话为主的寓言故事《陶罐和铁罐》后,辅导学生仿写作文。我依据学生的不同情况做了分层指导。第一层要求学生会用几种解释语的标点符号,把"小红的妈妈要去上班了。临走时嘱咐小红要好好复习功课"这句话,改写成两组对话的形式并加上标点;第二层要求,我给学生提供素材并写出作文开头,学生要按课文形式,写一篇短文;第三层要求学生自选题材,按课文的形式写一篇寓言。这样安排,可以充分调动不同层次学生的学习积极性,让每个学生都取得好成绩。其次,要重视课堂教学的科学性和艺术性。教学是科学也是艺术。我在教学中,注意根据不同的教材,不同的教学要求,采用不同的方

法，做到常教常新。就拿备课来说，我要求自己要做到"四备"——备教材、备教法、备学生、备自己，以保证课堂上的高水平发挥和高质量的效果。

（七）要处理好课内与课外的关系

课堂教学的时间及一本教材的内容都是有限的。而课外则是无限广阔的天地，所以，我重视把课内与课外有机地结合起来。

1. 课外少留或不留作业。有作业也不超过半小时，给学生留有大量的时间开展各种活动。比如，为了让每一个学生都有机会参加课外活动，我在班里帮助学生成立了学校开设的小组以外的活动小组，有朗诵组、诗歌组、写作组、板报组等。

2. 辅导学生多看课外书。为此，班里成立了小图书馆。设有馆长、管理员，及由学生制定的完整的图书借阅规则。

3. 我指导班里的写作小组从四年级开始，每学期出两本作文选。由写作组的同学选出较优秀的作文、进步大的作文。自己刻印，自己装订，人手一册。极大地调动了学生们写作文的积极性。

4. 按期召开班队会，进行讲故事比赛，举行诗歌朗诵会、读书心得交流会等。

5. 按教育教学计划，定期开展各种活动。如，参观、访问、调查、游览。活动的组织者和领导者都由学生自己承担。让他们在活动中增长各种能力。

我经常组织学生参加社会实践活动。比如，组织六年级学生进行社会调查。事前，我和小干部一起到公共汽车站、西单商场、街道工厂、学校、药店等单位联系，安排活动内容。全班分成5个小组，分头制定调查的计划，然后分头参加社会调查，讨论总结，写出调查报告。他们兴奋地告诉我调查的结果是"伟大的祖国在前进"。于是，学生们决定就以这个结果为题,把调查报告以板报的形式向大家展示,向家长汇报。这个汇报完全由学生们自己设计,自己写,自己画,自己讲解。展板办得丰富极了,有北京的交通在前进,北京的工厂在变化,西单商场飞速发展,学校在扩建,药店变了样……学生们在课内学的知识得到了充分的实践。家长们来了,老师们来了,其他班的同学们也来了。学生们接待着参观者,就像得到了最高的嘉奖。成功的喜悦与自信心挂在他们的脸上,这次活动让学生们走出课堂,走出校门,走向社会,真实地了解到祖国的巨大变化,他们不仅受到了生动的爱祖国的教育,而且在交往、表达、听、说、写、画、讲等方面都得到了锻炼和提高。

中华民族的语言十分丰富,积淀着人类最古老的精神力量和智慧的成果。"泉水最清,谚语最精。"我国的谚语、成语、歇后语等就蕴含着丰富的中华民族的语言文化。我要把祖国最美好的东西传给我深爱的学生,丰富他们的语言,提高他们的语言表达能力,增强他们的文化底蕴。我注意引导学生积累语言。一次自习课上,我拿着搜集来的几本成语词典,组织学生分成小组,先查"一"字头的成语,学生们说出了一串:一心一意、一知半解、一日千里、一鸣惊人……再让学生们说出每个成语的意思和怎样使用。以打擂台的形式组织他们进行小组竞赛,学生们兴高采烈地展开了激烈的竞争。接下来查"二""三""四"……"九"字当头的成语,再查"十""百""千""万"当头的成语。学生一接触到这些形式的练习就很感兴趣,他们说:成语、谚语太丰富了!光"一"字当头的成语就有25个。太了不起了!我因势利导,让他们每个人准备一个小本,每天记上一个或几个自己喜欢的成语或谚语。过了一段时间,在班里召开了一个别开生面的"赞祖国的语言文化"班会。会上,学生们熟练地开展"成语结龙""快速上、下接句""谚语对仗""成语对仗"。他们从学习成语、谚语,到学习句子,学会了自己积累,自己学习。他们把课上课下遇到的词,优美的句子记录下来,在交谈、语言表达或写作文时学着使用。从拥少到积多，从简单到复杂，从记忆到使用，从学会到会学。语言的积累激励学生在开展创新性的活动中增强好奇心和求知欲并对自己的发展满怀喜悦，在愉悦中自觉向上。

爱的教育

没有爱就没有教育。要教育好每个学生，就要爱每个学生。有些年轻的朋友问我："霍老师，您对每个学生都爱吗？淘气包，您爱吗？学习很差的学生您爱吗？总跟您捣乱的学生您爱吗？"我真诚地告诉他们：我在几十年的教育生涯中，什么样的学生都遇到过。我爱他们每一个人。他们也爱我。我从来没有体罚过一个学生，也从没向他们动过气，发过火。更没有对他们失去过信心。我和学生平等相处，爱他们，尊重他们，帮助他们解决渴望解决的一切问题。他们也爱我，尊重我，听我的话。我知道：在老师面前，没有不可教育或教育不好的学生。

"文革"后期，恢复组织生活后，我被调到丁字胡同小学工作。在那里，我担任六年级班主任。班上有一个非常调皮的男孩，整天胡说乱叫，不学习，不做作业，常常大闹课堂。老师们拿他没办法。有的说他软硬不吃，刀枪不入。有的说他朽木不可雕也。我想：他只是个12岁的孩子啊，会教育好的。从家访中，我了解到他平日里缺乏良好的家庭教育，在社会上又沾染了一些坏毛病。此时，他母亲要去农村干校，父亲又要到外地演出，家长正发愁无人照管他。我就对他的家长说："把孩子交给我，你们放心地走吧。"家长惊喜不已。之后的一段时间里，我和这孩子吃住在一起，上下班骑车带着他同来同往。他有遗尿的毛病，常把被褥尿得一塌糊涂，我从不埋怨他，他把被褥尿湿了，我就给他洗干烤干；他再尿湿了，我再为他洗干烤干。通过仔细观察，我发现他对音乐感兴趣，就让他和我的女儿一起学弹钢琴。发现他不爱看书却有较强的好奇心，我就经常给他讲故事，讲到吸引人的地方就故意停下来不讲。他急着知道下文，只好向我借书看。看到这，我心中欢喜，常常借讲故事启发他，帮助他。一天晚上，我和他一边吃饭一边聊着，我问他："最近表现怎么样？""还不够好。""你还挺谦虚的呢，和过去比你还真有进步了。"他的脸上露出了掩饰不住的喜悦。我趁热打铁，对他说："你进步的地方很多，比如……你还可以做得更好，比如……"说着说着，他嘴里的饭咽不下去了，两眼看着我，喃喃地说："霍老师，你对我真好。比我爸爸、妈妈还好。您总是耐心地给我讲故事，教我好好学习，从来没在同学们面前给我难堪。我以后一定好好改我的毛病……"我激动极了，两眼湿润了，一把把他搂在怀里。

几个月过去了，这孩子天天在变化，他不再调皮，按时写作业，学习成绩也有了进步。小学毕业时，他已是一个不错的学生了。后来，他参了军，又考上了部队文工团。我曾应邀到部队观看他的演出。看到他一表人才，表演得很精彩，我心里甭提有多高兴了。

为了学生的健康成长，即使是学生家里的事，我也尽量帮助。在担任三年级实验班的语文教学工作期间，一次，一个女生没有请假信却连续两天没有到校。我和班主任一起去家访，发现生病的孩子独自躺在家里，一问方知和她同住的奶奶不久前去世了。她的母亲在房山县一所中学任教，一两周才回来一次。她的父亲在丰台区任教，早出晚归，每晚八九点钟以后才到家，因此，父女俩只好以写条子来对话。这时我才明白，为什么常看到她放学后在校逗留。带她看过病，我走在回家的路上，心情很沉重。为了这个孩子，我一定帮她的妈妈调回城里工作。为此，在将近半年的时间里，我多次跑到市教育局反映情况，为学生家长联系接收单位。听说她原单位不放行，我又不止一次地跑到房山县，说服有关领导，终于把她调回了京城。这个女生在日记里写道："妈妈调回来了。从今天起，我和其他同学一样，每天回家就可以看到妈妈，就可以和妈妈一起吃晚饭了。我真是太高兴！太幸福了！"

几十年来，我真诚地热爱所有的学生，热爱我所从事的教育教学工作。无论遇到怎样的困难，我都勇往直前。

80年代初，我的心脏病复发，医生开出了全休的假条，但我依然走上了讲台。医院几次把要求我住院的通知送到学校，校长也动员我住院治疗，我一一拒绝了。我知道学校人员紧张，不能因为我个人而影响学校的工作，影响学生的学习。医治病的良药是和学生在一起，只要一走进教室，见到学生，我就会来精神。就这样，我兜里装着一张张假条，带着治病的药，天天带病上课，带病外出讲学……

学校党支部书记褚连山与我相处三十几年，我在他的关怀下一步步提高。当我教的班被评为学校先进集体，被评为北京市优秀少先队中队时，当全班同学的学习成绩有了进步，全班一周无错题，全班以优异的成绩毕业时，当我的工作取得了一些成绩，又受到上级领导的表彰时……褚书记都会亲切地给予我握手的奖励。褚书记经常帮我总结经验找出不足。他把我的教育教学工作概括为八个字，即"激励、赏识、参与、期待"。这是学校党支部对我的工作给予的最高奖励和最好的激励。而这八个字也充满着我对学生们的爱。

来自教师的激励是学生积极进步的动力。我激励学生们增强自信，勤于努力；我为每一个学生取得的哪怕是小小的进步而鼓劲加油。使他们感受到由于各自取得的成绩和进步而带来的喜悦。

我热爱、赏识每一个学生。作为教师，要用发展的眼光看待他们，鼓励他们在原有的基础上不断进步。1978年我接的那个三年级班因受到社会的影响，学生大多不爱学习，课上不会听讲，也不愿发言。在近半年的时间里，我使用各种办法，调动他们学习的积极性和主动性，教给他们学习的方法，终于有了起色，班里大多数学生有了明显的进步。可还有四个女同学在课上从不发言，课下远远地躲在一边，不和其他同学交往。我留心观察，发现她们不热心学习，但是很勤快，手很巧，喜欢劳动。于是，我想办法，找机会让她们展示自己的才华。教室后面墙上有一排挂钩，其中的几个已经断的断，脱落的脱落，挂不住东西了，学生们挂上去的东西常掉在地上。我就把这几个女生约来，让她们帮老师想办法，修好这些挂钩。第二天，我和她们早早来到学校，让她们动手修好了挂钩。上课后，我请学生们看教室后面的变化。学生们看到衣服又整整齐齐地挂在挂钩上，赞不绝口。我马上表扬了那几个女同学，夸奖她们爱集体，善于观察，动手能力强。学生们情不自禁地鼓起掌，表示对她们的赞扬和谢意。之后，她们还帮助我为班里建立了"自然角"，让同学们观察种子怎样发芽，蝌蚪的变化，蚕的成长过程……渐渐地拉近了她们和同学们的距离，她们开始主动和同学们交往，参加班级活动，同时，也调动了她们学习的积极性。一次，我做《人桥》的教学观摩课，当着几十位听课的教师，她们抢着举手回答问题，并以精彩的发言博得了听课教师和同学们的赞扬。通过这件事，我更坚信，要赏识每一个学生，找准契机与方法，以信心、细心、耐心和爱心期待她们的成长，一定会成功。

教育教学活动是教师与学生的双边活动，必须重视学生的参与。我一向主张让学生参与教育教学的每一项活动。有一段时间，学生们的作业错字多了。为此，我找来小干部商量办法，决定成立"错别字病院"。于是，在学生中产生了"院长""副院长"和"医生"，决定先对全体同学的学习进行"体检"，然后，请"重病号"住院治疗，请"轻病号"门诊医治。体检后，"医务工作者"还给"病号"家长发了诊断书。一份诊断书是这样写的："亲爱的家长：您好。最近我班同学作业本中的错别字多了。我班成立了错别字病院。报告您一个好的消息，您的孩子×××当选为'院长'。向您表示祝贺，并请您帮助她做好工作。"另一份诊断书写道："……告诉您一个不太好的消息，您的孩子×××得了'重病'，需要'住院治疗'。请您不要着急，他会很快痊愈的……"结果，本想用两周解决的问题，在学生的共同参与下，只用了一周就解决了。从此，学生的习作中，几乎消灭了错别字现象。

总之，在组织学生们开展参观、调查、旅游等各项活动中，我都以学生为活动的主体，让小干部担当组织者、领导者，让学生做活动的主人，在活动中培养他们的各种能力。以一颗真诚的爱心期待每一个学生都获得成功，是我始终坚持的。

终生无悔

1999年春节，已经50多岁的30多名毕业生，邀我在一个俱乐部团聚。我给他们每人带去了一张照片。这张照片是我于1998年10月在海拔4000米的长河边挥舞长鞭，骑着牦牛拍照的。照片的后面，是彭清一教授为我写的一首打油诗："人生七十古来稀，骑上牦牛变十七。挥手扬鞭千重意，晚辈我等要牢记。"我看到学生们高兴地伸出一双双大手来接我的照片，感慨万分，激动不已。深深地感到做一名小学教师的幸福。我对他们说："同学们，45年前，你们每人每天伸出两只小手，让我检查卫生。45年后的今天，你们伸着两只大手来接我的照片。你们的大手为党和人民在各自的工作岗位上，做出了优异的成绩。现在，你们当中有政府工作人员，有医生，有教授、学者，还有董事长、大经理……我拥有了你们，深感自己是世界上精神财富最富有的人，是最幸福的人。"这些毕业生中有人曾这样对记者说："我们班的同学没有做过什么大事，但是，有一点我们可以肯定，就是我们当中没有一个人做过对不起党和人民的事。是霍老师为我们打好了做人的基础。"听后，我感到莫大的欣慰。

1998年，我虽然退休离开了朝夕相处的讲台，但是，我没有停下脚步，又以热爱学生的心去爱青年教师们，忙着为培训青年教师做计划，搞讲座，听课，评课，帮助他们备课……女儿多次提醒我说："您什么都可以忘,就是不要忘了您的年龄。"而我却因自己已是耄耋之人,才更有紧迫感。我深知自己能有今天,是党和人民培育的结果,我应该在有生之年,趁身体好,精神强,多说点,多做点,把党和人民给予我的还给党和人民。说也奇怪,我年轻的时候,患有多种致命的疾病,现在年高了,这些病倒逃得无影无踪了。记得70年代末,我患有冠心病。在参加全国第一次教育工作会议住会期间,我睡在宾馆里不敢关门,生怕自己夜间犯病死在屋里无人知道。80年代时我得了乳腺癌,动了手术,后来,腰椎也出了问题,行走很不方便。双臂又因肩肘发炎而伸不直……真可谓满身是病。可是,只要一干起工作来,我就有使不完的劲。我外出做报告时,大家经常说:"您快80岁的人了,居然还能一气讲上三个小时,太让人难以置信了。"散会后大家纷纷问我:"您为什么身体这么好?"其实,原因只有一条,就是心情愉快,就是知足常乐。我所深爱和追求的教育事业,从来没有像现在这样被这么多人重视、关心。因为基础教育是国家科教兴国教育人才工程的基础,是创新人才的摇篮。我积极参加与基础教育有关的活动,再苦再累,我不以为苦。曾有人这样问我:您一个大学毕业生,从事一辈子小学教育不后悔吗?我的回答很简单,我热爱着这个事业,并决心为之奋斗到最后一息。现在,中央号召开发西部地区,我举双手赞成。要发展经济,教育必须先行,特别是基础教育要先行。我要在自己有生之年,多为祖国西部的发展做点贡献,到西部贫困的地区去,支教上门,还计划把那里的骨干教师接到北京来培训。我已到过西部地区的新疆、青海、甘肃、广西、贵州等地,调研那里的教育现状。我的朋友对我说:"您已经是80岁的人了,不要太劳累了,还是身体要紧。"可我却想,只要自己走得动就一定要为西部教育的发展多做点事,贡献自己的微薄之力。我坚信,各级领导和各位有识之士会支持我,帮助我。使我在为教育事业最后的追求中,能为发展西部的教育献出一片爱心。

回顾自己走过的近 60 年的艰难历程，我没有做过一件惊天动地的大事，做的只是一些平凡的工作，党和政府却给了我极大的荣誉，让我担任了许多重要的工作，参加国家的许多重要会议，安排我到国外去参观访问……1981 年，市政府把"全国优秀教育世家"的光荣匾送到我家。1993 年 12 月 18 日，在人民大会堂为我举办了从教 50 周年的纪念活动，各级领导、学生家长、学生代表和老师们欢聚一堂，向我祝贺，中央和北京的新闻媒介都对这次活动作了报道。一次次的新年会上，江泽民主席、李鹏委员长、李岚清副总理与我亲切握手交谈，知道我在带病办农村学校时，非常关心地询问我的病情，支持我的办学工作。李鹏委员长在 1989 年 1 月 1 日亲自为我写了题词：为农村办个学校是件好事。

这一切更使我寝食难安，今后，我为党和人民工作的时间毕竟不长了，我要在自己的有生之年加倍努力，为支持西部教育事业的发展再作贡献。

用我的一生报答党和人民对我的培养，终生无悔。

（选自崔峦、陈先云主编《斯霞、霍懋征、袁瑢语文教育思想与实践》，人民教育出版社 2003 年版）

没有爱就没有教育

站在人民大会堂的讲台上,我的内心很不平静。我今年83岁了,曾经在小学教师的岗位上度过了60个难忘的春秋。如果用简练的语言概括我一生从教的体会,那就是六个字:"光荣,艰巨,幸福"。

1943年,我从北京师范大学数理系毕业。学校希望我留校,但我再三要求去当小学老师。在那个"家有三斗粮,不当孩子王"的年代,一个大学本科毕业生选择做小学教师工作,是件不可思议的事,许多人不能理解。但是我特别喜欢孩子,知道小学教育是启蒙教育,只有基础打好了,才能盖起高楼大厦,我愿意去做打基础的工作。于是,学校分配我到北师大二附小(现北京第二实验小学),我一口气干了60年!

1956年,我被评为全国首批特级教师,许多单位请我去工作,但我离不开孩子。我知道孩子是祖国的花朵,是祖国未来的建设者,爱孩子就是爱祖国,我要把热爱祖国、热爱教育事业之情,倾注到我的学生身上,全身心地投入到小学教育事业中。

"文化大革命"后,组织上安排我做校长,但我仍然坚持要做普通教师,仍然坚持在教学一线,坚持搞教学改革。只是我放弃了心爱的数学,改教语文,因为我当时认为,语文更有利于育人,所以我要用"文道统一"的原则，教会学生做人。

我一贯主张把课外的时间还给孩子，让他们做他们喜欢的有益的事。在课堂教学中，我坚持"精讲多练，合理组织课文，讲一篇带多篇，向课堂要质量"的教学原则，做到课外不留或少留作业。

我在一个普通的三年级班进行教育教学改革，重点是激发学生的学习兴趣，因为兴趣是最好的老师。孩子们喜欢听故事、学儿歌，我就用"破谜语"的方式教他们识字。比如在教"聪明"一词时，我告诉他们，每人身上有四件宝：上边毛，下边毛，中间一颗黑葡萄（眼睛）；东一片，西一片，隔座山头不见面（耳朵）；红门楼，白门槛，里边坐着个嘻嘻孩儿（嘴巴）；小白孩住高楼，看不见，摸不着，他要一出来可不得了（脑子）。我给孩子们板书：一个耳朵竖起来，两只眼睛瞪起来，一张小嘴张起来，再加一颗心，组合起来就是"聪"字。一次用不行，得要日日用、月月用，日月为明，人就"聪明"了。

教学《七步诗》后，学生很感兴趣，自己学习作诗。于是我为学生组织激发学习兴趣的活动，比如春游颐和园，我设计了找路标、捉特务活动，让他们以游戏的形式学习成语、谚语和诗歌，然后再让他们在欣赏颐和园昆明湖美景后，自己作诗一首，每个小队都作了诗，其中二小队的学生这样写：

今日来到此山中，绿树丛中点点红。

遥望昆明水如镜，无数轻舟水上行。

这是小学三年级学生触景生情创作的诗歌。有了这样的兴趣，学习怎么会有负担呢？

三年下来，这届普通班学生参加 1981 年北京市毕业升学统考，全班 46 人写出了 44 篇一类作文、两篇二类作文，语文平均分 97.46 分，而且所有试卷干净整洁，没有出现一个错别字。这个结果引起了全国小学语文教学界的普遍关注。

我从教60年，没有丢掉一个学生，他们全都长大成才，我得出一个结论：没有教不好的学生。许多人问我秘诀在哪里，我说就两点："没有爱就没有教育，没有兴趣也没有教育。"教师对学生的爱应是真诚的、无私的、广泛的、一视同仁的。尽管孩子们的情况不同，但要相信每个学生都能在老师爱的教育下长大成才。

我的育人方法是"激励，赏识，参与，期待"八个字，激励每一个学生上进，赏识每一个学生的才华，让每一个学生积极参与，期待每一个学生获得成功。我始终认为我的学生"人人都是材，人人都成才"。我常常把更多的爱倾注在那些后进学生的身上，倾注在那些需要帮助的学生身上。

2004年春节后的一天，我接到一个电话："娘啊，娘，我的亲娘，我可找到您了，您答应一声吧，我要给您拜年去，没有您就没有我的今天。"我惊讶地说："请你告诉我，你贵姓？""我姓何。"我立刻脱口而出："你是何永山吧？"我高兴得流出了眼泪。第二天，他就领着全家给我拜年来了。

何永山当年是全校有名的淘气鬼，留过两次级，家长管不了他，很难教育。只要他在班上，老师就无法上课；外宾来校参观，得把他藏起来，以免他到处乱窜；哪个班的老师都不敢要他。学校万般无奈，决定送他去工读学校。

我听说后立刻去找校长，要求把何永山放到我班里。校长回答："不行，不能让这么调皮的孩子毁了你们先进集体的荣誉。"我对校长说："把他交给我吧，相信我能把他教育好。"

我把何永山领进班前，先统一全班的认识，然后"约法三章"：不轻视他，不提他过去的事，不揭他的短处。

一个孩子的转变和成长需要一个过程，期待学生成功要有耐心、有信心，教师要善于等待、善于寻找和挖掘孩子的闪光点。

何永山进班后，我苦思冥想，寻找工作的突破点。我发现他比别的学生大两岁，个子高，有力气。我对他说："咱们班卫生责任区的清扫小组由五个人组成，我和你，还有另外三个同学，请你当组长。"何永山看到老师让他负责，非常高兴，每天都认真打扫。一天，何永山扛来一把长把儿扫帚，他看出我腰有毛病，就特意给我准备了一把不用弯腰的扫帚。我非常感动：谁说他是个坏孩子？明明是个聪明、细心而又热心的孩子嘛。

那年六一儿童节前夕，少先队员们都喜气洋洋地参加鼓号队的练习，何永山眼巴巴地在一旁看着。我明白他很羡慕别的同学，可自己还不是少先队员。我就和大队辅导员商量，让他背起了大鼓，参加队列训练。儿童节那天，我们要去景山公园活动，我给他买了白衬衫、蓝裤子，他背着大鼓雄赳赳地走在队列前边。那一天，他特别遵守纪律，第一次在同学面前受到大队辅导员的表扬。

第二天，他来还衣服。我趁热打铁对他说："这衣服是老师给你买的，拿回家吧，只是你胸前还缺少一样东西呀！"没等我说完，他就说："老师，我知道我还没有红领巾呢，您帮助我，我会努力的！"在爱心的感召下，何永山进步很快，不久就加入了少先队。

是什么力量把一个人见人烦的孩子，变成人见人爱的孩子？是爱。爱是阳光，可以把坚冰融化；爱是春雨，能让枯萎的小草发芽；爱是神奇，可以点石成金。从事小学教师工作60年，我从没有对学生发过一次火，从没有惩罚过一个学生，从没有向一个学生家长告过状，从没有让一个学生掉过队。

还记得班上有个爱下象棋的孩子，经常逃课去找人下棋，与人比高低。一天，我对他说："听说你爱下象棋，放学后下一盘好吗？"他惊讶地说:"您行吗?"我说:"不如你的话,就向你学呀。"第一盘我故意输了,他特高兴。我说:"我不服气,再来一盘。"第二盘他输了,他不服气了,但第三盘、第四盘、第五盘都输了。他服气了:"老师,您真棒啊!"我趁机说:"我虽然下得比你好,但你看到我到处找人下棋了吗?我不能因为爱下棋就不上课呀。以后我们在课下交流,互相提高怎么样?"从此,这个孩子开始好好学习,再也不逃课了。

我的一个毕业生说,霍老师教我们做人,不是说出来的,而是做出来的。我觉得孩子的眼睛就像摄像机,耳朵就像录音机,他们会把老师的一言一行记录下来。老师在学生眼里是一个榜样,是他们学习的楷模,所以我认为教育是科学也是艺术。

60年代,我连续经历了两次人生重大打击。1962年的一天,我正在上课,学校通知我22岁的二女儿病危,赶到医院时,可怜的孩子已经永远离开了我。女儿临终前没能看见我,给我留了一张字条:亲爱的妈妈,我要活啊! 40多年过去了,孩子的身影还常闪现在我眼前。1966年,我被打成"资产阶级反动学术权威",在关押、批斗一年零九个月后被押送回家。我心里太想见到两个没人管的孩子了,可一进家门,眼前的情景让我惊呆了:13岁的儿子,无辜地被红卫兵用刀扎死,倒在了血泊中。我不顾一切地扑到儿子身上,大声地叫着他的名字。就因为我保护过一些老干部的子女,我的孩子才受到了牵连。我当时有一百个想不通,但我还是挺过来了,在这么沉重的打击下,我不但没有被击垮,反而更加坚定了对青少年教育的信念。

60年来,我的生活中经历过失去亲人、骨肉分离的痛苦,经历过被误解而受到非人虐待的磨难,经历过严重疾病的折磨。但这都没有摧垮我的意志,没有改变我从事小学教育的选择,没有改变我对孩子的爱。这种爱还影响了我的子女。如今我一家三代八人,都选择了"教师"职业,都取得了优异成绩。1991年,我们这个教育之家,还光荣地被评为"全国优秀教育世家",三代教师,四世同堂。

现在,我虽然离开了教学一线,但我的心永远都不会离开学校,不会离开讲台,不会离开学生,我时刻都在关注着祖国的教育事业。这些年我主要做了三件事:一是送教上门,应邀到西部贫困山区学校做义务讲学;二是教育科研,参与"霍懋征教育思想与实践的研究"课题组的工作;三是指导培训,对青年教师教育教学工作进行指导。

我没有做过什么惊天动地的大事,我所做的一切都是一个人民教师应该做的,可是,党和政府却给了我极大的荣誉和关怀。50年代,我曾受到过毛主席、周总理的接见;90年代,我又受到过江泽民、李鹏、李岚清同志的接见;特别是2004年教师节前夕,温家宝总理亲切看望我,还为我亲笔题词:"把爱献给教育的人"。

今天,我依然可以无悔地说,教师工作虽然艰苦,但最光荣、最幸福。当看到学生一批批地成为国家栋梁之才时,我所获得的成就感,所获得的欣慰,是一般人难以体会得到的。

不久前,在一次毕业学生的聚会上,当年的小班长,突然下令:让同学们举起双手,让老师检查卫生。当几十名年过半百的学生,像当年一样伸出双手,接受老师的检查时,我眼前立刻浮现出45年前的情景。而如今当年那一双双小手已经变成了大手。我多么期望我学生的手,永远干干净净。我对他们说,同学们,人的一生很漫长也很短暂,实际只有三天——昨天,今天,明天。昨天已离我们而去;今天我们要加倍努力;美好的明天要靠我们共同创造!

(原载于《教育文汇》2005年第4期)

语文教师的修养

教师被人们誉为人类灵魂的工程师,肩负着培养无产阶级革命事业接班人的重任。在和学生的直接接触中,教师个人的一切品质、一切言论行为都对学生发生着重要的影响。尤其是我们语文教师,通过语文课,不仅要教给学生语文知识和本领,发展学生的智力,而且,还要用课文中高尚的思想情操去教育、感染学生,对学生的成长影响更大。因此,作为一个语文教师,更应注意加强自身的修养。

在诸方面修养中,我认为,一个语文教师最主要的修养有以下几个方面:

第一,热爱事业,热爱学生。

我们要把自己的本职工作看作是一个"事业",而不能只当成"职业"。只有强烈的事业心,热爱学生,才能积极主动地去钻研事业所需要的一切,学生所需要的一切。"热爱"是最好的老师。热爱事业和热爱学生是相辅相成的。我们从事语文教学事业,对象是学生,是教师和学生的双边活动。如果一见学生就头疼,你不爱他,就不可能关心他;不关心学生,怎么能把学生教好呢?教学搞不好,反过来又会影响自己对事业的感情,形成一种恶性循环。"文革"以前,学校曾一再提出

"作为一个老师，要热爱自己的学生，要像妈妈一样的爱学生"。"文革"中受到批判，说那是"母爱教育"。现在，虽然早已为"母爱教育"平了反，但还没有广泛地、彻底地在教育实践中得到落实。我就亲眼看到一位一年级的老师，因为一个学生没有完成作业，就把他轰到教室外面，当时正是冬天，天气那样冷，让孩子趴在操场的台阶上补作业，小手冻得通红。我们看了以后都感到心疼。美国有一个专家介绍说，为了研究心理学，他们用猴子做试验。一个母猴生了一个小猴，过了一段时间，实验人员把母猴带走了，观察小猴子的表现。那小猴坐卧不安，不想吃东西，一系列的表现说明它要妈妈。后来，实验人员做了两只像它妈妈一样的假猴，放在小猴子的笼里，一只是硬邦邦的，一只是软绵绵的，并且，只让小猴在硬的假猴身上吃奶，不能在软的假猴身上吃奶。小猴虽然能在硬的假猴身上吃奶，但它不喜欢它，却常常到软绵绵的假猴那儿去依偎着，躺着，舒服极了。过了一段时间，实验人员又把两只假猴拿走了，这小猴又一反常态，闹着要妈妈。后来，小猴长大了，它也是一只母猴，因为它从小没有得到过母爱，当它生了小猴以后，它不懂得去爱它的小猴。从这个心理学动物实验的介绍里，我们可以得到启发，母爱即使在动物界也是十分必要的，何况我们人类。我在自己的教育实践中也深深地感觉到，你爱学生，学生就爱你，就愿意听你的话，你教语文他就爱学语文，你教数学他就爱学数学。

第二，提高政治思想认识，加强道德品质的修养。

教学工作既要教书又要育人。对语文教师来说，思想觉悟的高低直接关系到教学质量的高低。例如，我教《毛岸英在狱中》，课文最后写道："妈妈紧紧地搂住小岸英，脸上露出了笑容。"在敌人的监狱里，敌人残酷地折磨他们母子俩，妈妈怎么还会搂着岸英笑呢？如果理解为"孩子平安地回来了，妈妈放心了，所以搂着孩子笑了"，这是母子之情，有一定的道理，但是很不够。再深入一步，岸英是八岁的孩子，敌人那么凶狠,他却能够战胜敌人,杨开慧同志为有这么样的儿子感到自豪,所以笑了。理解到这一步还不够。作为一个革命者,杨开慧同志怎么能把岸英只看成是自己的孩子呢?一个革命者最关心的是革命的前途,她看到八岁的岸英能勇敢、顽强地战胜敌人,欣慰地笑了,她笑的是革命自有后来人。这样的地方,如果我们老师认识不透,就不容易使学生认识到。在小小的三尺讲台上,每讲一课书,都是对我们思想认识的检验呀!

教书育人,要做到言传身教,而身教又胜于言传。一个语文教师,更要注意为人师表。从当前的情况来说,师表的基本内容就在于教师要成为"五讲四美"的模范。否则,语文教师在课上讲的都是一些美好的事物和高尚的思想,实际做的却是另外一套,这怎么能教育、感染学生呢?因此,处处为人师表是一个语文教师政治思想方面十分重要的修养内容。

第三,加强科学文化知识方面的修养。

要把人类几千年积累的科学文化知识教给下一代,教师必须不断地丰富自己的科学文化知识,提高科学文化水平。作为语文教师,首先应该充分掌握语文学科的知识和技能,同时也要广泛地熟悉其他各方面的知识,否则就很难教好语文。我曾见过这样的情况,学生在知识上的错误,常出于教师知识上的欠缺。例如,有的班级,几乎所有的学生都把"肺"字错写成了"月巿",因为教师没有注意到"肺"字的右半部是四画的"巿",而不是五画的"市"。又如,语文课本里包括记叙、说明、议论等各种不同类型的课文,涉及各方面的科学文化知识。一个语文教师如果连起码的音乐、美术的常识也不懂,他怎么能教好《月光曲》《伏尔加河上的纤夫》这样有关音乐、美术题材的课文呢?有关自然科学常识的课文更是如此。尤其是我们处于技术革命的今天,更应该不断地、快速地提高自己的科学知识水平,否则不能适应今天工作的需要。

第四，加强教育理论方面的修养。

教育是一门科学，有它的规律性。掌握了规律就能事半功倍。很多规律，教育学上已经有所总结，我们只要联系实际，认真学习，就可指导自己的实践。有些规律，还要靠我们自己摸索。教与学又是一个双边的认识过程，认识活动也有它的规律，教育心理学、学习心理学等就是专门研究这方面问题的。作为一个语文教师，要提高语文教学质量，教育学、心理学、教学论、语文教学法方面的修养是必不可少的。如果这方面是个门外汉，那就会经常闹笑话。我在《掌握学生心理，上好每一堂课》一文中说到的，有的老师"自己把课堂秩序搅乱了"，就是因为没有心理学方面常识的缘故。

在加强教育理论方面修养的时候，我觉得特别要注意两个问题：一是端正教学思想的问题，二是勤于思考，善于思考，及时总结经验教训的问题。有的老师往往只关心与日常课务有直接关系的一些具体的方式方法，而对指导自己教学实践的总的教学思想却关心很少；有的老师忙于应付日常工作，很少动脑筋总结自己教学实践中的经验教训。我觉得这两个问题带有很大的普遍性。正因为它有普遍性，所以更需要我们引起重视。具体的方式方法固然需要，但没有一个总观的思想给统起来，即使学到了一些具体的方式方法，也往往是表面的，并且容易流于形式。不善于及时总结自己教学中的成败得失，宝贵的经验被溜过去了，即使学到了一些理论知识，也很难在实践中发挥它应有的作用。因此，我觉得加强教育理论方面的修养，一定要在端正教学思想上下功夫，一定要与自己的教学实践结合，在及时总结自己的经验教训上下功夫。

最后，我想用赵朴初同志 1979 年暑假在北戴河召开的班主任工作经验交流会上给大家写的一首词《金缕曲 敬献人民教师》与大家共勉。这首词是这样写的：

不用天边觅,论英雄,教师队里,眼前便是。历尽艰难曾不悔,只是许身孺子。堪回首十年往事?!无怨无尤吞折齿,捧丹心,默向红旗祭。忠与爱,无伦比。

幼苗茁长园丁喜。几人知,平时辛苦,晚眠早起?!燥湿寒温荣与悴,都在心头眼底。费尽千方百计。他日良材承大厦,赖今朝血汗番番滴。光和热,无穷际。

(选自霍懋征编著《霍懋征语文教学经验谈》,上海教育出版社1985年版)

语文教师的基本功

在谈到教师的业务能力的时候,有的老师问我:语文教师必须具备哪些基本功?根据平时接触到的一些老师的情况和自己在教学实践中的体会,我认为语文教师的基本功,主要表现在以下几个方面。

一、**教态自然**。语文教师在课堂上进行教学,不仅要传授知识,培养学生的能力,而且要用自己的感情去感染学生。因此,教师的心目中要有学生,处处为学生着想,使学生能从心底里感到老师可敬可爱。如果老师的教态自然、亲切,那么学生就更容易接受老师的教育。

二、**口齿清楚**。语文教师应该成为学生学习语言的楷模。在教学中,语文教师要讲普通话,吐字清楚,言辞准确。讲话的声音,该高的高,该低的低,该快的快,该慢的慢,但都要运用得当;该强调的地方要强调出来,但也不要声色俱厉,使学生受到刺激。教师主要是靠"说"传道授业,科学地使用有声的语言是很重要的一项基本功。

三、**书写工整**。教师的身教胜于言教,要求学生写字要工整,教师的板书、作业批语等也要书写工整。工整是最起码的要求,在工整的基础上再求写得美观。近来,使用幻灯进行教学已经相当普遍。教师在幻灯片上写字,除了要做到工整、美观,还要注意写得大一点儿,清楚一些，这样有助于保护学生的视力。

四、**善于朗读**。朗读在语文教学中有着特别重要的作用，尤其是教师的朗读，能够补充讲解的不足。教师的朗读，既要正确，又要有感情。通过教师富有感情的朗读来感染学生，能收到很好的教学效果。

五、**擅长复述**。语文教师讲课的内容，有相当一部分是在复述。不论是详细复述，还是简要复述，教师都要做到意思完整，条理清楚，重点突出。需要具体生动描绘的地方，教师如果能像讲故事那样，讲得绘声绘色，那一定会引起学生极大的兴趣。

六、**要会写作**。教师"下水"，是提高学生作文水平的重要一环。只有会写作、常写作，教师才能尝到写作的甘苦，体会写作的奥妙，才能有效地指导学生的写作。并且，教师经过写作的锻炼，可以提高分析教材的能力，还有助于不断总结教学经验。教师学会写作，对提高教学质量是很有好处的。

七、**要能应变**。课堂教学是师生的共同活动，常常会出现一些教师事先估计不到的情况。因此，教师在课堂上要头脑清晰，有一定的应变能力，善于观察，善于分析，能及时地启发诱导学生抓住学习的主要内容，有效地处理课堂上临时发生的问题。

(选自霍懋征编著《霍懋征语文教学经验谈》，上海教育出版社1985年版)

减轻学生学习的负担

学生学习负担过重的现象是存在的,有的时候有的地方甚至还很严重。我出去开会,经常有人向我谈起这方面的情况。我自己也亲眼看到一个小学二年级的孩子,晚上十点多了还勉强趴在桌上做功课。

学生学习负担过重,不仅对身体不利,对思想品德教育不利,就是对文化课学习也很不利。有个低年级的小学生,因为学习负担太重,看到老人退休,他向妈妈说:"我什么时候退休?"一个厌恶学习的人怎么能学好功课呢?这是一方面。另一方面,学生负担过重,忙于应付,没有时间看课外书,更没有时间去思考、探索新的问题,业余生活贫乏,知识面窄,能力提不高,这就容易使学生变成死读书、读死书、头脑简单的书呆子。

蒋南翔同志在《略论高等教育的发展速度和单纯追求升学率的问题》一文中指出:"现在社会上和学校里单纯追求升学率和学生负担过重的问题很突出,亟须克服。""造成单纯追求升学率和学生负担过重,有多种历史和社会的原因。""第一,是来源于高等教育和中等教育发展的比例严重失调。""第二,是来源于教育制度和劳动制度的脱节。""第三,十年内乱对全国教育和广大青年所造成的严重外伤和内伤,大大削弱了思想政治教育，也是发生了偏向而不易纠正的原因之一。"（见《北京日报》1981年12月3日）另外，中小学普遍存在学习负担过重的原因，除片面追求升学率的原因以外，还有学制方面的问题，教材方面的问题，师资方面的问题，物质条件的问题，等等。这些问题，不仅需要各有关领导部门来解决，也需要社会各方面（包括家长在内）共同来解决。

我们希望全社会都来关心教育，明确培养目标，提高教育质量，但绝不是说学校教师就可因此减少责任。相反，社会越是要求我们提高教育质量，我们教师更应该提高自己的教学水平，自觉地坚持党的教育方针，按照教学规律，运用适当的方法，合理地把教育、教学组织好，真正做到减轻学生负担。

要减轻学生的负担，在教学问题上，我觉得关键在于正确认识以下四个关系：

一是保证学生精力充沛与提高学习效率的关系。学生负担过重，晚上十点多钟还得不到休息，第二天上课必然无精打采，昏昏沉沉，长此以往，教育质量是肯定提不高的。保证学生有充沛的精力是提高学习效率的物质基础。

二是教师教与学生学的关系。教学过程是教师和学生双边的活动过程，教师起主导作用。"名师出高徒"，要提高教学质量，关键在于教师，在于教师思想、业务水平的提高，教学方法的得当。如果教师水平不高，又没有很好地备课，以其昏昏，怎么能使人昭昭呢？用压作业、题海战术的办法，来提高学习质量，实际上就是否定了教师在教学过程中的主导作用，势必加重学生的负担。

三是课内与课外的关系。学校教学过程的主体是课堂教学。如果把提高教学质量的希望寄托在课外，那就捡了芝麻丢了西瓜。课堂上学生对所学的知识不知其所以然，糊里糊涂地在课外"复习、巩固"，美其名曰"课内损失课外补"，势必事倍功半。如果当堂内容当堂消化了，学生课余生活就能丰富多彩，视野才能扩大，认识也就能更快提高，负担自然就会减轻。向课堂要质量，这是提高学生学习质量、解决学生负担过重的重点。

四是调动学生学习积极性、培养学生能力与减轻学生负担的关系。学生负担重与轻也是相对的。作业较多，难度较大，对一个学习积极性高、掌握了一定的学习规律、学习能力强的学生来说，可能是轻松的，而对处于被动状态的学生来说，即使作业量减少、难度降低，也可能是沉重的。同样的作业量对不同的学生其负担轻重的感受是不同的。所以，要减轻学生的负担，从某种意义上说，更重要的是调动学生学习的积极性，培养兴趣，教给规律，提高学习的能力。片面地认为减轻学生的负担就是不管学生有没有学到知识技能，只是消极地让学生少做作业甚至不做作业，这同样是不对的。我们要的是积极地辩证地来解决学生负担过重的问题。

思想认识问题解决了，具体问题也就好办了。我在处理既要提高质量又要减轻负担的时候，主要的做法是：认真备课，在提高自己方面下功夫；认真上课，摸索课堂教学的规律，在提高课堂教学质量上下功夫；调动学生学习的积极性，在培养学生学习能力上下功夫。另外，我给自己规定：珍惜学生的精力和时间，作业每天最多不超过半小时（能在课内做的不到课外做；做一道题够了的决不布置两道题；课外作业中有的还按学生不同水平分别出题，分别提要求）；课外时间尽可能让学生按照自己的爱好去参加各方面的活动，汲取各方面的知识。知识是能力的基础，知识是思维的源泉。能给学生创造更多的机会，去获取更多的知识，是减轻作业负担，提高教学质量很重要的一环。在实践中，我这样做了,即使每学期都增加几十篇补充教材,学生们也都不觉得负担过重,恰恰相反,还觉得愉快、轻松,而且学习能力很快有了提高。

(选自霍懋征编著《霍懋征语文教学经验谈》,上海教育出版社1985年版)

要善于安排自己的时间

在与老师们一起谈论如何改进教学、提高教学质量的时候，常听到不少同志说："一天忙到晚，应付都应付不过来，哪有时间考虑改进教学、提高质量呀！"语文教师确实很忙，除了备课、上课、批改作业、个别辅导等以外，还要学习，学政治，学业务，多数同志还担任班主任工作，组织班级集体活动又有一大堆工作，加上家务、社会活动等，语文老师的时间几乎已经饱和了。时间虽紧，但是，我想还是应该考虑改进教学、提高质量的问题。这是时代对我们的要求，也是语文教学本身发展对我们的要求，是我们语文教师义不容辞的光荣职责。

时间不够怎么办？这就需要我们更加自觉地合理安排自己的时间。恩格斯说过，"利用时间是一个极其高级的规律"。自觉地安排时间，做时间的主人，就能有计划地工作，在忙而不乱的工作中，抓住重点，提高效率。对于语文教师来说，工作重点无疑是语文教学，善于安排自己的时间，就是为了保证工作重点的落实，就是为了改进教学，提高教学质量。

具体怎么安排？各人的情况不同，具体安排也应不同，没有也不可能有固定的模式。下面谈一下我的安排情况，供大家参考。

早晨听新闻广播这是必不可少的。同时还要考虑好一天的工作；除了正常的上课等任务以外，还有哪些时间是属于自己支配的，在这些时间里，重点要做好哪些工作，做到心中有数。

在学校的时间里，与老师研究教学上的问题，找学生个别了解情况，作辅导，写教学卡片，批改作业等，我是精打细算抓得很紧的。因为，如果把这些事情都推到晚上，那就太被动了。一定要把晚上这段宝贵的时间充分利用好，千万不可零打碎敲浪费掉。

晚上的时间，我主要是学习，备课。看有关的参考书、思考问题、写教案是学习、备课；读报、看电视新闻、浏览杂志等，实际上也是学习、备课。因为备课的质量与效率要靠老师平时的各方面知识的积累。平时多学习，多充实，备课、上课时才能得心应手。

暑假、寒假是充实自己、准备教学的大好时机，一定要抓住不放。有的人认为假期就是休息的。我的体会不全是这样。在假期里，固然应该休息一下，但更重要的还是要用于学习。我在假期里除了适当安排一些休息、参加一些活动以外，主要是做好三项工作：

一是根据自己情况，有计划安排系统的业务学习，如 1980 年、1981 年，我用假期时间系统学习了《语文教学法》《儿童心理学》《中国母亲的书》等，1982 年暑假，我又重点学习了《给教师的一百条建议》。

二是做好一学期的工作总结，重点是检查教学，哪些是成功的经验，哪些是有待于改进的，有哪些规律性的东西；成绩也好，问题也好，都要分析一下原因，等等。

三是做好下一学期的教学准备工作，主要是结合学生实际情况，钻研大纲和教材，明确整个学期和学期中各个阶段的目的要求、教学重点以及教材内容之间前后的联系，订好具体的学期教学计划。胸中有全局，事先有准备，加强教师自身水平的提高，开学后的具体教学工作就好办了。

　　语文教师要善于安排自己的时间，我体会最重要的就是要在充实提高自己、认真备课上下功夫。如果因为时间"不够用"而把备课挤掉了，把提高自己的任务取消了，或者要求降低了，这都是不行的。要争做时间的主人，善于安排好自己的时间。

（选自霍懋征编著《霍懋征语文教学经验谈》，上海教育出版社1985年版）

胸中有全局 步步有计划

制定语文教学计划,加强语文教学的计划性,与备好课、上好课的关系极为密切。为什么有人认为数学课落下一节也不行,而语文课丢了一两节没有多大关系呢?原因就在于语文教学的计划性不强。我们教师在备课时,不能只着眼于讲哪课书备哪课书。对于整个小学阶段要完成什么任务,每个年级要达到什么要求,每节课要使学生获得什么知识和能力,我们都要做到心中有数。我们教一课书,也不能又是语法,又是修辞,又是篇章结构,眉毛胡子一把抓,使学生抓不住重点。因此,要想备好课讲好课,必须加强语文教学的计划性。

怎样加强语文教学的计划性呢?根据自己的教学实践,我有这样两点认识:

第一,制定语文教学计划要着眼于全局。

语文课本中的课文,从表面上看来好像篇篇独立,彼此之间似乎没有什么内在的联系,但是,如果从小学语文教学这根链条上来看,每篇课文都是这根链条上小小的一个环节,每一个环节都有它应起的作用,缺少哪一环,都会破坏整根链条的完整性。在语文课上,我们通过教学一篇篇课文,就是在一环扣一环地完成整个小学阶段语文教学的任务。

每一篇课文应该起什么作用，每一阶段语文教学应该达到什么要求，是由小学阶段语文教学的总任务决定的。

因此，我们在制定语文教学计划的时候，必须纵观全局，认真地钻研语文教学大纲，搞清楚小学语文教学的总任务，明确各个年级的具体要求，然后再研究确定某个阶段的教学计划和每课时的教学重点。

例如，在制定三年级语文教学计划的时候，我们就要根据教学大纲的精神，考虑到三年级的语文教学，是由以识字教学为重点转向以阅读教学为重点的重要过渡阶段，它担负着培养学生的独立识字能力和初步培养学生读写基本功的重要任务，应该充分认识到三年级的语文教学要求是以段的训练为重点。然后，我们还要照顾到三年级与二年级的词句训练怎样衔接，为四年级开始进行读写重点训练项目教学做好哪些准备。再进一步，我们还要研究三年级的教学要求在两个学期里怎样贯彻，每个学期的重点是什么，达到什么程度。例如段的教学，可以让学生先按自然段内分层，再大段分层；先按提纲分段，再按材料安排的特点分段；先用几句话说出段落大意，再用比较简练的话写出段意等。最后，我们再把一个学期的教学任务，落实到每一课书里。所有这些涉及全局的问题，我们都要周密设计。只有做到着眼于全局，才能制定出有长远打算的语文教学计划。

第二，从教材和学生的实际出发，做到步步有计划。

从全局来说，有学年的教学计划，有学期的教学计划；从局部来说，有单元的教学计划，有一组课文的教学计划，也有教一课书上一节课的计划。语文教学要做到步步有计划，一步一个脚印，这样，学生才能课课有所得，天天有进步，循序渐进，日积月累，获得真本领。

安排语文教学计划，主要是明确每一步教学的目的要求、重点内容、进度以及各教学环节之间的内在联系。安排语文教学计划的时候，既要考虑到大纲的要求和教材的具体情况，又要从学生的实际出发。语文教学计划要符合学生的实际,这一点是非常重要的。否则,计划再好也是会落空的。例如,大纲对三年级的具体要求,其中有一条是"能有条理地口述一件事,能详细地复述课文"。可是,我刚接班的时候,三年级的学生还说不清一句完整的话。在这种情况下,如果我急于安排复述训练,肯定是徒劳的。因此,我从学生的实际出发,先训练他们说完整的话。我一句一句地教,学生一句一句地练,逐步使学生会说完整的话,而且愿意练习说话。期中以前,我着重抓了这项训练;期中以后,才开始进行口述一件事、复述课文的训练。由于教学计划符合学生的实际,因此,学生学得比较扎实,整个训练的进度不仅没有落下,相反,却使进度加快了,获得了较好的教学效果。

(选自霍懋征编著《霍懋征语文教学经验谈》,上海教育出版社1985年版)

要在备课上下功夫

学校教学过程的重点在课堂，要想教好课，关键是教师要在备课上下功夫。课前，把课上要做的一切准备好，有一个周密的安排，上课的时候才能融会贯通，运用自如。

备课是一项复杂而细致的工作，根据我校多年来的优良传统，备课要做到四备：备教材，备学生，备教法，备自己。我把这"四备"叫作备课四要素。

一、备教材

备教材就是要深入钻研教材。钻研教材要做好两方面的工作：一是吃透教学大纲对全册教材的总要求，把握每一篇课文在学期或者阶段教学计划中的地位和作用。就是说，要从总体上、前后联系上来钻研教材，做到胸中有全局。二是钻研课文本身。从字、词、句、段、篇到作者的思路、课文的主题思想，等等，都要做到心中有数。特别是课文的特点（包括语言形式上的特点）、重点、难点、作者的思路，要做到确有把握。要勤于思考，勤于查词典，勤于从有关的参考资料中吸取营养；要反复地阅读课文，深入体会课文中的思想感情；遇到疑难的问题，要和其他教师一起研究。总之，要吃透课文，哪怕是一个字、一个标点也决不放过。这样，吃透了教材，就能合理地定出教学的目的要求、重点、难点，进而考虑教学方法。真正做到从教材实际出发。

二、备学生

学生是学习的主人，教师备课是为了学生学习。学生原有基础如何，学习新教材有哪些困难，有什么要求，在学习过程中可能会出现什么情况，等等，教师都要有所考虑。备学生就是要了解学生，心里有学生。备教材，心里要有学生；备教法，心里要有学生；备自己，心里也要有学生。一定要从学生的实际出发来备课。我们常说订计划要吃透两头，要有针对性，备课也是一样，一头是教材，一头就是学生；针对教材的实际情况，针对学生的实际情况，备课才能备在点子上。

了解学生的途径很多。平时与学生接触要注意观察，做了解学生的有心人。还可以通过课前调查，了解学生对学习新教材的困难和想法，特别是疑难的地方。例如，《林海》一课语言生动优美，作者巧妙地使用了一些修辞的手法。我准备在课上引导学生学习"拟人"的修辞手法，课文里有多处拟人的写法，在什么地方出现"拟人"这个概念呢？我在课前找来几个学生调查。他们对于课文中第一次出现的拟人写法"每条岭都是那么温柔……可是谁也不孤峰突起，盛气凌人"不容易理解，而对后面出现的"兴安岭多么会打扮自己呀：青松作衫，白桦为裙，还穿着绣花鞋"却一下子就能说出这是把兴安岭当作人来写的。于是，我决定从这个比较容易理解的地方突破，然后再让学生弄懂前边课文中拟人的写法。按照这个设计进行教学，效果很好。当然，对学生通过自学能解决的问题可以不讲或少讲，这样能有的放矢地进行教学，不仅能节约课堂教学的时间，而且提高了课堂教学的质量。

三、备教法

教法的问题涉及的内容很多，这里讲的，只是课堂教学中一些具体的方法问题。

教学方法不是固定不变的。教材不同，教学对象不同，目的要求不同，运用的方法就应不同。但有几条要求紧紧抓住：

（一）突出重点，突破难点。一篇课文涉及的内容很多，不能面面俱到。备课的时候要充分考虑如何按照教学的目的要求把重点内容突出来，保证重点内容的落实，同时要充分考虑到如何解决学生的难点，使学生顺利地完成学习任务。

（二）善于调动学生思维的积极性，运用启发式。启发式的核心是个"思"字。在科学技术突飞猛进的今天，我们一定要十分注意培养学生的能力，开发学生的智力，使他们能有独立获取知识和运用知识的能力。要让学生从小养成勤于思考、善于思考的习惯。因此，课上不能由老师的讲来代替学生的学。光是老师讲，是提不高学生的能力的。所以课前教师要认真考虑围绕教学重点提出什么样的问题最能使学生动脑筋，提哪几个问题能把学生的思维引向深入，板书怎样设计既能使学生一目了然，又能使学生有充分思索的余地，等等。这些都要在备课时反复比较，认真取舍。

（三）该老师讲的地方，要画龙点睛。"睛"在哪里，该怎么"点"，备课的时候要充分准备。如，讲《我的伯父鲁迅先生》这一课的第三段，就要抓住作者和伯父的对话，伯父说他的鼻子扁是因为"四周围黑洞洞的"，"碰了几次壁，把鼻子碰扁了"。到作者"恍然大悟"一段。这里的"恍然大悟"实际上是痛斥反动派，揭露黑暗的旧社会对革命者的迫害。这些地方既是文章的关键处，又是学生不易理解的难点。备课的时候，教师就要充分做好"点睛"的准备。

（四）要让学生在课堂上多练，特别是要练思路的清晰性和听、说、读、写的基本能力。练要面向全班，尤其要注意面向学习较差的学生，不要怕他们答不好耽误时间而不给他们练的机会，要设法为他们创造条件，使他们答好，增强他们学习的信心。备课的时候，哪些内容由哪一类的学生来练，都要考虑周到。

（五）要考虑怎样使学生学得有兴趣。如，运用形象直观的教学手段，设计容易引起争论的问题，要在备课的时候认真想好，周密安排。

（六）充分利用课堂教学时间，严密安排好每节课的各个教学环节。如，什么地方组织学生议论，什么地方老师讲，什么地方学生练；提什么问题，先提什么，后提什么；什么时候出现什么板书，什么时候运用什么教具，备课的时候都要做到心中有数。

四、备自己

一个演员的戏是否演得成功，关键是看他是否进入了角色。教师教课虽然不是演戏，但是教师进入到课文中去，使自己的思想感情同作者产生共鸣，进而用自己的感情去启发、感染学生，这不能不说是教学成功的一个重要方面。比如，我教《毛岸英在狱中》一课，备课的时候，开始读了两遍课文，觉得没什么，后来多读几遍逐渐进入到课文中去了，当我读到"敌人拷打妈妈，审问妈妈，岸英亲眼看到过多次。妈妈被折磨得皮开肉绽、鲜血直流，都宁死不讲。他牢记住妈妈的嘱咐：'什么都不对敌人说。'"这一段时，我很受感动，我觉得"多次"在这里很有分量。于是，我想能不能用自己在备课中获得的感染在课堂上去感染学生呢？我问学生："岸英为什么能战胜敌人？"学生说："因为他有远大的理想，要解放全人类。""为了实现共产主义。""他憎恨国民党反动派，热爱共产党。"但是，这些回答显然不符合八岁的小岸英当时的认识水平。我就引导学生反复读我备课时深受感动的那两句话，并进一步启发学生理解"多次"这个词的含义。他们终于懂得了是由于妈妈的身教和言教使岸英有力量和敌人作斗争,并取得胜利。

备自己,对于语文教学备课来说,不论是启发学生的思想感情,还是引导学生深入理解课文的内容,都是十分必要的。丰富学生的想象,发展学生形象思维的能力,要让学生身临其境,如见其人,教师自己首先要身临其境,如见其人。当然,这主要是对文艺性的课文而言的。

上面所述备课四要素,在备课过程中不能截然分开。备课是教师的基本功。基本功的训练要持之以恒。我们常说,给学生一杯水,教师要有一桶水。但在今天,科学技术日新月异的今天,教师只有一桶水就不够了,应该是长流水,因此,教师必须注意平时的积累,积累知识,积累经验。不论是看书、看报、听课、参观、游览,还是参加会议等,随时随地做备课的有心人,不断地从知识的海洋中,从生活和教学的实践中,吸收营养,充实自己,提高自己。

(选自霍懋征编著《霍懋征语文教学经验谈》,上海教育出版社1985年版)

合理使用教学参考书

怎样使用参考书，目前有这样两种情况：一种情况是照搬教学参考书。有的老师在备课时，完全依赖教学参考书，基本上是参考书上写什么就讲什么，至于为什么这么讲，这么讲好不好，就不管了。将参考书代替了自己钻研教材，这怎么能保证备课的质量呢？

另一种情况是在独立钻研教材的基础上，再来使用教学参考书并进一步钻研教材。这种方法确实把参考书作为参考。经过许多教师的实践证明，这种方法对于提高教师的备课能力和备课质量是有好处的。我赞成这种使用参考书的方法。

我们从事的教学工作是一项脑力劳动。脑力劳动的主要特点，就是要开动脑筋，独立思考。教学参考书是编者脑力劳动的产物，是经过编者的一番独立思考才写出来的，而编者的独立思考代替不了教师独立思考的过程。就拿对课文内容的理解来说，有时会因人而异。编者这样理解，我们可以有不同的理解。例如：我备《我的伯父鲁迅先生》这一课，翻了几本教学参考书，都认为课文的第二段讲"鲁迅先生启发教育'我'认真读书，反映了鲁迅先生对待学习的严肃认真的态度"。我对这段课文有着不同的理解。我认为，这段课文虽然"反映了鲁迅先生对待学习的认真严肃的态度"，但不是主要的，主要的是反映了鲁迅先生对孩子们的爱，所以广大青少年爱戴鲁迅先生。我为什么这样理解呢？一篇文章，不管它写了几件事，总要围绕着一个中心来写。这篇课文写了作者对鲁迅先生印象最深的几件小事，这几件小事都是围绕着"为什么伯父得到这么多人的爱戴"来写的。作者首先写"鲁迅先生启发教育'我'认真读书"，说明"我"为什么爱戴伯父；进而写出广大青少年爱戴鲁迅先生，然后写鲁迅先生讲"碰壁"的笑话，说明鲁迅先生为了求得人民大众的解放，不顾个人的安危，英勇顽强地和反动派进行斗争。因而得到广大人民群众的爱戴。然后进一步写鲁迅先生热情救护和帮助受伤的拉黄包车工人，鲁迅先生关心女佣阿三的事，说明广大劳动人民群众为什么爱戴鲁迅先生。四件小事，表面上互不相干，实际上层层深入，有着内在的联系。我对全文有了这样的认识之后，再反复研究第二段。这一段仅仅反映了鲁迅先生对自己的侄女的关心吗？不！鲁迅先生送给侄女的两本书，一本是《表》，一本是《小约翰》，我知道这两本书都是鲁迅先生为中国的孩子们翻译的。鲁迅先生何止是关心自己的侄女读书呢？他关心着所有的孩子。所以，我认为这一段主要反映的不是"鲁迅先生对待学习的认真严肃的态度"，而是"鲁迅先生对孩子们的爱、对青少年的关心，所以青少年爱戴鲁迅先生"。我觉得这样的理解比参考书上的理解更深一些。使用参考书时，需要有这种独立思考的精神。

再有，参考书的篇幅有限，不可能包括我们教学需要的所有材料，参考书上没有的还要我们自己去补充。例如，提问和板书的内容一般的参考书上是没有的，必须自己设计；有关的资料，参考书上不一定提得详尽，也要靠自己再搜集。我了解有一位教师，为了讲好新编的六年制语文课本里的《珍贵的动物》一课，自己翻阅了许多有关动物的资料，还到动物园去向饲养动物的技术员请教，获得了许多有用的材料。像犀牛虽然视力较差，听觉也不十分灵敏，但是嗅觉非常敏锐，它能从三四十米以外的地方闻到食物的气味；河马的眼、鼻、耳上都长着一种特殊的"盖子"，可以潜入水里而不让一滴水进去；长颈鹿是哑巴，因为它的声带退化了……这些知识对于讲好课文，解答学生提出来的疑难问题，都很有用处，可是参考书并没有把这些知识都写上去，这就需要我们去搜集、积累。

还有，教学参考书上的有些意见有时也不一定完全准确，我们在使用时必须加以纠正。例如，有的参考书上把"奇观"解释为"奇怪的现象……"，把"哞"归为形声字等，我都是随时发现随时加以订正，尽量做到不把某些不准确的知识教给学生。

当然，一般来说，教学参考书上的内容是编者根据教学大纲的精神和课本的编写意图，深入地调研教材，翻阅了大量的有关资料之后写成的，它对教师理解教材、备课讲课都有很重要的参考价值。但是，它不是万能的。特别是教学对象不同，教学的要求就应有所不同，教学的方法也要有所不同。在一堂课内，教什么，怎么教，教师都要根据教材和班级学生的实际情况而定，决不能照搬照抄教学参考书。教学参考书仅仅是参考而已；备课讲课，还是要靠教师的独立钻研。

（选自霍懋征编著《霍懋征语文教学经验谈》，上海教育出版社1985年版）

掌握学生心理 上好每一堂课

提高教学质量，重点在改进课堂教学。用加重学生课外作业负担、层层考试的办法是要不得的。学生负担过重，压力过大，不但不利于德智体全面发展，而且，把学生的学习积极性也压抑了，有的学生对学习产生厌恶情绪，这怎么能提高教学质量呢？

上好每一堂课是件不容易的事情，它涉及的方面很多，掌握学生的心理特征则是其中很重要的一个方面。

学生的心理特征是教学的重要依据。安排教学内容要依据学生的心理特征，组织课堂教学也要依据学生的心理特征。不注意学生的心理特征，"我行我素"，违背了学生的认识规律，课是肯定上不好的。例如，儿童的好奇心很强，老师穿了一件新衣服突然出现在课堂上，学生就注意老师的新衣服了，互传眼神。这样，老师自己把课堂秩序搅乱了。如果事先到学生中间转一转，让他们看个够，再进课堂就容易组织教学了。又如，低年级学生往往有这样的情况：老师提一个问题，他想了一下马上举手要求回答，当老师叫他起来的时候，他却一句话也说不上来。这时，老师如果耐心地启发他、鼓励他，或许他能回答得很好。因为他原来是想好的，只是一举手，希望老师叫他，注意力分散到老师叫他名字上了，原来想好的问题被新的强刺激抑制了。在这种情况下，如果老师批评他一通，说他"存心捣乱"，就会使学生的积极性受到挫伤，甚至会使他对这门学科产生厌恶的情绪，影响了学生的学习成绩。这都是老师没有掌握学生心理特征的结果。

课堂教学中要注意学生各方面的心理特征，但其中知觉、注意方面的特征我觉得更要重视。

"知觉是事物的整体在头脑中的反映"，"是一种有目的、有意识的心理过程"。① 可是，小学生的知觉却带有很大的盲目性和不精确性。他们不知道应当看什么，听什么，而是常常受到不相干的情绪或兴趣的影响，随便地看，随便地听，而且对要知道的事物常以得到笼统的轮廓的印象为满足。针对学生这种知觉上的特征，我在上课时特别注意教学的目的性，把课文中重点要学的东西除了教课时突出以外，有时还把教学目的明确地告诉学生，要学生注意。例如，教《麻雀》一课，课文写小麻雀怎样掉下来，猎狗怎样捕麻雀，老麻雀怎样救小麻雀……作者观察得很精细，因此写得很生动、逼真。针对课文特点，我决定把培养学生仔细观察事物的能力作为这一课文的教学目的。我把教学目的明确地告诉学生，要学生着重体会作者是怎样仔细观察的，并指导学生在课间十分钟观察打乒乓球的怎么打，跳猴皮筋的怎么跳，爬竿的怎么爬，在教室里扫地的同学怎么扫地……完了以后，又要学生把观察到的内容写一个片段。由于目的性较强，学生有意识地去认识事物，观察得比较精细，因此，事物的整体在学生头脑中反映得比较清楚，写的时候就比较容易了。

小学生的注意力是极容易分散的，而且带有极大的情绪色彩。对新鲜的、感兴趣的具体事物容易引起注意，对单调的、枯燥无味的东西容

---

① 朱智贤：《儿童心理学》下册，人民教育出版社1979年第2版，第63页。

易感到疲劳。疲劳是注意的大敌。课堂上不能集中学生的注意力，教学效果就不会有保证。

课堂上要随时集中学生的注意力，与注意力分散作斗争，除了努力培养学生有意注意以外，教师还必须努力提高自己的教学艺术，教态要和蔼可亲，使学生从感情上喜欢你；讲课要生动，口齿要清楚，语言要动听，不要有习惯性的语病，该用手势动作帮助的就要用手势动作帮助，教学内容要丰富，使学生学有所得，培养学生对学科的兴趣；教学方法要多样化，该用直观教具的要创造条件用直观教具，该用色笔强调、对比的要用色笔强调，对于低年级学生有时还可用必要的游戏来作为教学的辅助手段；提问要有启发性，能引导学生有目的地积极思考；要善于察言观色，灵活而严密地组织教学；要根据学生好动、好胜的心理特点，多让学生在互相竞赛中独立思考，在学习过程中自己动手，自己动口；要多鼓励，少批评，等等。当然，教师也不能一味迁就学生的兴趣、情绪，搞一些华而不实的"花色"，重要的是要培养学生对学习的自觉性、责任感，在发展有意注意的同时充分利用无意注意这一可利用的条件。

无意注意这个条件如果利用得好，教学上同样能取得好效果。例如我给学生讲"聪明"一词，我问学生："你们愿意做个聪明的孩子吗？"学生说："愿意。""那为什么有的人聪明，有的人不聪明呢？"有的孩子说："有人生来聪明。"我说："不对。一个人除非生理上有毛病，不然都可以变成很聪明的，关键是会不会使用四件宝。"这样一讲，学生就注意了。"你们想知道哪四件宝吗？"这时学生注意力更集中了，我就讲："第一件宝：上边毛，下边毛，中间一颗黑葡萄。"学生们立刻说："眼睛！""第二件宝：东一片，西一片，隔座山头不见面。""耳朵！""第三件宝：红门楼，白门槛，里面有个红孩儿。""嘴巴！""第四件宝：白娃娃，住高楼，看不见，摸不着……"没等我说完，学生抢着回答："脑子！""这四件宝怎么用呢？"我在黑板上先写出"耳"字，然后在"耳"字右边从上到下写出"丷""口""心"（用心就是用脑），耳、眼、口、心，合成一个"聪"字。

我又在黑板上写了一个"明"字，并告诉学生这四件宝不能只用一次，要"日日"用，"月月"用，天长日久，就聪明了。我用猜谜的办法，利用"聪明"两字的字形结构，帮助学生理解多听、多看、多问、多想与聪明的关系，这里虽然没有讲什么大道理，但学生注意力集中，印象很深，教学效果就比较好。

课堂教学是科学，也是艺术。掌握了学生的心理特征，教师就能运用自如地把准备好的丰富的教学内容，在课堂这个"艺术舞台"上传授给学生，哪怕是面对一个素不相识的班级。我多次到外地、外校开课，师生之间互不认识，但学生一般的心理规律我是掌握的。因此，教学效果都不错。1980年9月，我给北京市一所学校四年级（1）班上《草地夜行》。这是一个普通的班级，学生都是按地区招收的。讲课前，我到该班上了一节预备课，主要是和学生见见面，介绍一些有关草地的情况，布置预习，提出预习中要注意的问题。第二天，我用两节课的时间完成了教学任务。学生普遍反映"这两节课过得特别快"。据该班班主任兼语文教师反映，有个学习成绩差的学生，过去从来没有在课堂上回答过问题，这次也主动举手回答了问题，并且能一字不差地读了一段课文。当然，我做得还很不够，但毕竟给一个完全陌生的班级上课了，而且还较好地上下来了。我觉得掌握学生的心理活动规律是一个极重要原因。尽管学生的个性各有不同，但他们总有共性的东西。掌握了共性，也就掌握了一般规律。在规律指导下进行教学，问题就容易解决。如果既掌握共性，又熟悉个性，那就更完美了。

（选自霍懋征编著《霍懋征语文教学经验谈》，上海教育出版社1985年版）

这不是奇迹

关于语文教学改革,有人说我是创造了奇迹。其实,那算什么奇迹呀?我只不过是多动动脑筋,多下了点工夫,多用了点时间和精力罢了。

语文课教什么、学什么?

语文课教什么、学什么?有人会说,你霍懋征教了几十年书,怎么还会提这么幼稚的问题呢?其实不然,正是这个看似"幼稚"的问题却决定着我们的语文教学和教学改革的方向和内容。说起来话长,在那个"史无前例"的时期,我们的国家失去了十年的宝贵时间,我自己也被打成"资产阶级反动学术权威",被关进了"牛棚",成了劳教和专政的对象。因为我的牵连,我13岁的儿子也被"红卫兵"活活打死。这十年的代价于国、于家、于个人都太残酷、太昂贵了。在蹲"牛棚"的那段日子里,我常常想,我们辛辛苦苦培养出的学生,甚至是好学生,为什么一夜之间竟变成了打人杀人的"凶手"呢?我们的教育到底出了什么问题?

1978年4月,我结束了一年零九个月的"牛棚"生活,重新回到了教学第一线，那一年我已经56岁了。当时，教育部领导让我当校长，我不干，因为我不能离开学生，我还要当老师。最后让我当了副校长，但是在教课问题上，我却必须在语文和数学两科中选择一科。我毅然放弃了自己十分喜爱的数学，兼任了一个班的语文教学改革实验工作。

我所以选择语文教改实验工作，是早在蹲"牛棚"的日子里就琢磨好了的。"文化大革命"期间的教训使我看到对青少年一代进行思想品德教育的重要性，而要加强对学生的思想品德教育，语文课比其他任何课程都承担着更为重要的任务。但遗憾的是，在20世纪70年代中期以后，在语文教学领域却兴起了一种以"双基"教学为主的论调。这种理论认为，语文教学必须加强语文基础知识和基本技能的教学。这种"双基"论显然是要放弃或淡化语文科的思想品德教育。我不同意这种论调，我要为语文课的思想品德教育呐喊。所以我义无反顾地承担了语文教改实验的任务。

1979年初，正当我进行教改实验的时候，在长春召开了全国23个省市中学语文教学会议。会上，有些代表发言强调："对学生进行思想品德教育是各科教学的任务，不能强加于语文教学，这样会两败俱伤。"参加那次会议的小学教师代表虽然只有我一个人，但是我表示了坚决的反对意见。我认为，离开了对学生的思想品德教育，离开了"育人"的大方向，我们的语文课便失去了它存在的价值。语文课学什么？学的是一篇一篇的文章。文章是为什么而写的？"文以载道"，文章无不是为了宣扬某种道理、传达某种感情而写的。哪一位作者不希望读者接受他的道理并与他在感情上发生共鸣呢？"书籍是人类进步的阶梯"，通过读书，接受人类创造的先进思想文化，使学生在品德情操方面受到熏陶，正是我们语文教学的首要任务。思想、道理和情感是文章的精髓和灵魂，语言和章法是文章的着装和形式。一篇文章立论越深刻，章法和语言运用得越精彩，它的教育作用就越大、越久远。"文"与"道"永远应该是统一的。通过文章对下一代进行思想品德教育是千古不变的规律，怎么能说"两败俱伤"呢？

反过来看，我们是怎样教语文，学生是怎样学课文的呢？在教学中我们首先看到的是一篇一篇的课文（文章），然后我们要引导学生去读这些课文。为什么要读？不正是要通过对字词句段的阅读分析去了解文章的思想内容和这一内容所表达出的思想情感和道理吗？了解这些情感和道理的目的是什么？正确的，接受；错误的，批判。这不正是思想品德教育吗？其实，写文章的道理和学文章的过程，刘勰在他的《文心雕龙》一书里早就告诉我们了，他说："缀文者情动而辞发"，"观文者披文以入情"。就是说写文章的人是先有要表达的思想感情，然后才形之于词章文句；而读文章的人则是必须从文章的词句入手，才能领悟作者要表达的思想感情。这也是千古不变的规律。我们怎么能把接受文章的思想品德教育说成是"强加"给语文教学的呢？

我发表了自己的意见以后，大会要我做一次示范课，看看语文教学如何体现文与道的统一。那时候，我是第一次去长春，人生地不熟，又当着那么多语文界的专家学者，敢不敢做示范课是一次严峻的考验，能不能成功，直接关系到语文教改的方向。为了教改，我抛弃了个人的得失，毅然走上了讲台。当时是在吉林师大附小三年级一个班上的课，讲的是《毛岸英在狱中》。谁都明白，这篇课文首先要学生学的绝不是遣词造句的语法知识和布局谋篇的写作技巧，而是要孩子们认识反动派的罪恶，学习毛岸英坚强勇敢的革命精神。这不就是文以载道吗？为了突出语言文字为思想内容服务的特点，我重点抓住下面一段文字让学生分析。

"敌人拷打杨开慧，审问杨开慧。岸英亲眼看到妈妈多次被敌人打得皮开肉绽，鲜血直流，却宁死不屈。他牢记妈妈的嘱咐,什么也不对敌人说。"

我认为"多次"一词在这段文章中分量很重,是对学生进行思想品德教育的切入点。于是,在反复诵读之后,我提问:"小岸英为什么能战胜敌人?"

有的学生说:"他为了实现共产主义。"

有的学生说:"因为他有远大的理想,要解放全人类。"

这些带有时代套话痕迹的回答,显然不符合当时只有八岁的小岸英在狱中的思想实际。于是,我进一步引导学生朗读上述这段文字,启发学生深入感悟"多次"两个字的含义。我自己也在富有感情的范读中突出了"多次"一词的语气,让学生体会杨开慧"多次"被敌人拷打而坚强不屈的表现对岸英的影响。当同学们明白了毛岸英在狱中的勇气和智慧是来自妈妈宁死不屈的革命精神的道理时,全班都激动了。这时候,再让同学们朗读这段文字,那每个字几乎都是含着热泪、喷着怒火读出来的。听课的代表们无不为孩子们的革命激情所感动。这堂课成功了,与会代表们的认识统一了。我们的语文教学走出了"双基"的误区,承担起了思想品德教育的重任。

我讲这段故事,不是要说明自己的高明,而是想证明,从古至今,人类所以要让孩子们读书进学,主要是为了传承前人先进的思想文化,是为了"明志""修身",也就是"育人"。只有通过读书、读文章,才能改变人的气质、提高人的修养,才能使动物的人变成高尚的人。

我的十六字教改方针

吕淑湘先生曾经说过,小学到初中"九年里两千七百多个课时学语文,还没过关。岂非咄咄怪事?"

在上述认识的基础上,结合吕老的意见,我全面回顾总结了自己过去教改中行之有效的"讲读教学法",并与科技发达国家的小学语文教材进行比较,从中发现,长期以来我们语文教学之所以"少、慢、差、费",一个重要的原因就是教材阅读量太少。一个学期四个多月,而教材中只有二十几篇文章,平均一个月还学不完六课书。"读书破万卷","下笔"才能"如有神",我们的阅读量这么少,怎么提高孩子们的语言文化素质?什么时候才能"下笔如有神"呢?所以我为自己制定了一个十六字方针,即:

速度要快,数量要多;
质量要高,负担要轻。

当时,有的老师觉得经济发展可以讲快速,教学工作哪能提"速度快"呢?他们劝我不要乱来,但是我却认为,课堂时间有限,如果我们的教学不讲速度,不提高效率,势必造成时间和学生精力的浪费。为了实现自己的这一教改目标,为了使语文教学"过关"。我决定从精讲、多练和合理组织课文上下功夫。

先谈精讲。

在课堂教学过程中学生是学习的主体,是他们在学习,是他们要学习。学业的进退,学生的内因起着主要作用。而老师呢?他是教学过程中的主导者。他不但要掌握教学导向和进程,而且更要启发引导学生,使他们主动学习。学习是学生自己的事,要给他们以充分的时间保证。因此,老师就应少讲、精讲,要讲得巧,讲得恰到好处,讲到"引而不发"的火候,才能收到"跃如也"的效果。教育家叶圣陶先生说过:"教师当然必须教,而尤宜致力于'导'。导者,多方设法,使学生逐渐自求得之,卒底于不待教师讲授之谓也。"这就是说,善教者,必须让学生学会"自求得之",其途径就是一个"导"字,而不是教师塞而与之的填鸭式。叶圣陶先生还说:"可否自始即不多讲,而以提问与指导代替多讲。提问不能答,指导不开窍,然后畅讲,印入更深。"在这种情况下向学生讲解,即使是"畅讲"也是"精讲"。例如,在讲《小马过河》一文时,我只向学生提了三个问题,让学生在默读、朗读过程中自己去寻求答案、理解课文。

(1) 小马为什么要过河?

因为不写这一笔,就没有这个故事,所以它重要。

(2) 小马第一次为什么没有过了河?

如果没有这一笔,就表现不出小马的天真无知,就体现不出人是"学而知之"而非"生而知之"的道理,所以这一笔更重要。

(3) 最后小马为什么能安全地过了河呢?

这一笔说明小马接受了妈妈的经验和知识,变得聪明了。

通过这样的引导、答疑,最后不用教师讲解,孩子便得出了这样的结论:

"这个故事告诉我们,小孩子必须向大人学习。"

"小马过河的故事使我懂得了我们小孩子只有通过学习,才能变聪明。以后我要好好跟老师学习。"

这不正是我们希望孩子们从这个小故事中悟出来的大道理吗?这样的课堂教学还用老师多讲吗?所以,只要我们引导得法,孩子们是可以"自求得之"的。由于老师"讲"的时间少了,学生动嘴、动脑的时间自然就多了,学生也就真正成了教学的主体了。教学速度当然也就加快了。

再谈谈多练。

俗话说"曲不离口,拳不离手",讲的都是"熟能生巧"和"天才出于勤奋"的道理。马增芬不练口齿,她的京韵大鼓能唱得那么清晰流畅吗?殷承宗如果懒惰,能成为钢琴大师吗?杂技魔术演员舍弃"练"

和"熟",他们的技巧能那么高超绝伦吗?学生也一样,他们的阅读能力、口语能力、遣词造句能力、分析理解能力和写作能力等,主要的都是通过对口、眼、耳、脑和手的训练中"练"出来的。自己不"勤奋",单凭听老师"讲"是成不了"天才"的。多练才能多得,多练才能生巧,我的学生都懂得这个道理。

怎么练呢?我的体会是:

(1)要练得充分,务求实效。蜻蜓点水、浅尝辄止式地练,不如不练。要练,就要练得充分,在学生身上收到实效。

(2)要内容多样,形式活泼。诸如字形拆合练习、单字组词练习、句型扩展练习、提问方式练习、组词造句练习、口头表达练习、听力测试练习,等等。这些练习不但富于趣味性,而且还能开启学生的智能,也是口头作文和书面作文的基础性训练。

(3)要从实际出发,不要好高骛远。这里的"实际"就是学生的知识基础、课本内容和孩子们的生活经验。练习不要怕简单,不要怕幼稚。例如:十字加一撇——千,十字加一横——干,干字加一撇——午,午字出了头——牛,等等。虽然简单幼稚,但对初学识字的孩子却可以提高他们识字的兴趣。

(4)要以旧带新,逐步提高。后次复习前次的内容是教学的一条基本原则,练习也是一样。下面举几个例子。

例一:学了"看"的同义词之后,我就让学生练习看的各种方式。学生竞相说出"望、瞅、瞧、盯、瞪、瞟、瞄、瞥、睹、视、俯视、凝视、斜视、仰视、瞻仰、浏览、眺望……"后,再让学生演示、体会"盯、瞪、瞥、瞄、瞟……"的区别,再用造句理解"俯视、凝视、仰视、眺望"等不同用法。

例二:让学生练习动作的不同方式。"说"是常见动词,我就让学生在"说"的前边分别加上一、二、三、四、五个字来形容说的方式。

学生们就抢着说出：叙说、诉说、乱说、瞎说、再说，笑着说、哭着说、跳着说、走着说、躺着说，高兴地说、轻轻地说、小声地说、难过地说、开心地说，有气无力地说、兴高采烈地说、颠三倒四地说、气急败坏地说、气喘吁吁地说、泣不成声地说……这种修饰词的训练对学生准确描摹动作形态等是很有好处的。

总之，练习的内容和方式是很多的。还可以让学生练习描写"手""脚"动作的词，模拟声音的词，天气变化的词，以及心理活动的词等。这种练习趣味性强，学生乐于参与，而且用时不多，效果却很好，能使学生的发散性思维得到充分的发挥和提高。

最后谈谈合理组织课文，加快教学进度。

学生"练"得多了，掌握的东西自然就会多，对知识和技能的熟练程度自然会高。老师讲得"精"了，学生学习的时间就多了，效果就会好。这就为增加课文阅读量提供了条件。于是，我就把教材中的课文和我搜集来的诗文分组归类，把内容相近的、写法相似的、文体一样的，以及品德教育的、惜时劝学的、亲情友爱的诗文统统归类，分组讲授。在各组文章中，有的精讲，有的略讲，有的则让学生自学或讨论。

例如：《找骆驼》一课，中心是要培养学生观察问题和分析问题的能力。于是我就把《沙漠之舟》和《蜜蜂引路》两篇文章归为一组印发给学生。教学时，我先让学生看骆驼的模型和挂图，认识骆驼，再听《沙漠之舟》的录音，听后，再让学生自读文章，进而让学生复述骆驼的外形特征，然后正式学习《找骆驼》。在审题后，先让学生自己阅读课文，并引导他们从"找"字入手理清文章的脉络：丢骆驼—找骆驼—找到骆驼。在阅读中使学生悟出"找骆驼"是全文的重点之后，我又引导学生分析那位老人是怎样知道走失骆驼的特点的。原来，他是从沙漠上的脚印，推想出走失骆驼的特征来的。这时，我就把"看"和"想"两个词写在黑板上。我说，你们谁能根据课文意思把"看"

和"想"换一种说法呢？同学们思索了一会儿，便纷纷举手说：

"看就是观察，想就是分析。"

"老人会观察，又会分析。"

"老人善于观察又善于分析。"

"老人既会观察也会分析。"

"老人既善于观察又善于分析。"

有的学生还说：

"我们要像老人那样既要善于观察又要善于分析。"

"正是因为老人既善于观察又善于分析，所以商人才找到了骆驼。"

就这样，同学们在老师的启发引导下，从阅读课文中找出了关键性词语，一步一步理清了文章的主体要义，孩子们说："我们一定要向老人学习，做一个既善于观察问题也善于分析问题的人。"

有了分析《找骆驼》一文的基础，再学习《蜜蜂引路》就省力多了。我只提了一个问题：列宁为什么能自己找到养蜂的人？然后由同学们自己阅读分析，去寻找答案。同学们很快就得出了结论："因为列宁善于观察，善于分析，跟着蜜蜂走，就找到了养蜂人。""因为列宁看到蜜蜂飞去的方向，他就想，蜜蜂们肯定是回家酿蜜的，跟着蜜蜂走没错儿，所以列宁找到了养蜂人。"

最后还让同学们把《找骆驼》和《蜜蜂引路》集体朗读了一遍。就这样，两节课学完了三课书，还做了大量的练习。

既要教学"速度快"又要学得"数量多"，我觉得关键在于合理组织课文和精讲多练，把学习的主动权交给学生。一旦学生学习入了门，他们的能量是很大的。再如，讲寓言故事的时候，我确定以《揠苗助长》为精讲篇目后，就把《守株待兔》和《刻舟求剑》归入一组，把《一头学问渊博的猪》《蝉和蜘蛛》《农夫的遗产》《橡树下的猪》和《鲁王养鸟》等归为一类。有一次，为了教育学生珍惜时间，努力学习，我还把清朝钱泳的短文《要做则做》、钱鹤滩的《明日歌》及明朝文嘉的《今日歌》作为一组让学生学习。现附录如下：

要做则做

后生家每临事辄曰"吾不会"。此大谬也。凡事做则会，不做则安能会耶？又，每做一事辄曰"且待明日"，此亦大谬也。凡事要做则做，若一味因循，大误终身。

明日歌	今日歌
明日复明日，	今日复今日，
明日何其多。	今日何其少？
我生待明日，	今日又不为，
万事皆蹉跎。	此事何时了？
世人苦被明日累，	人生百年几今日，
春去秋来老将至。	今日不为真可惜！
朝看水东流，	若言姑待明朝至，
暮看日西坠。	明朝又有明朝事。
百年明日能几何？	为君聊赋今日诗，
请君听我《明日歌》。	努力请从今日始。

这些带有文言词语的诗文，看起来比较难，但是因为同学们有长期背诵成语典故和诗文的基础，所以，只要教师稍加点拨，或查查字典，文中的意思是很容易理解的。

经过这样的改革，我不但可以两节课讲三课书，甚至可以三节课讲六课书。就这样，我教改的第一学期就讲了95篇课文，比教材设定的多讲了71篇，而且学生的课后作业每天不超过30分钟。这种数量多、速度快、作业少的教改实验的结果是在三年多的时间里培养出了高素质的学生。1981年,在北京市毕业生统考中,我们班的"303"号试卷获得了令人震惊的成绩:全班46个学生中除了两篇二类文,其余44人的作文都是一类文。语文总平均分达到98.7分,而且试卷卷面整洁,字迹端正清秀,令领导和阅卷老师们惊叹不已。

  我的教改实验成功了。有的老师问我:"霍老师,您这样教学累不累?"我的回答是:老师的一人之累能使全体学生受益,这种累,我累得高兴;这种累,再累也值得!

(选自梁星乔编著《没有教不好的学生——一代名师霍懋征爱的教育艺术》,中国大百科全书出版社2003年版)

一堂好课的标准

怎样才算一堂好课？我根据自己的教学实践，觉得一堂好课应该具备下列五条：

第一条，教学目的明确而且准确。目的不明确，上课就没有主心骨，就会打乱仗，课就肯定上不好。所谓准确，就是根据整个学期的教学计划以及各个不同阶段的教学要求，从教材的实际和班级学生的实际情况出发，有计划地、科学地安排每堂课的具体要求。脱离总的教学计划，脱离实际的教学目的，即使提得很明确也是要不得的。

第二条，重点突出，难点突破。这是就教学内容而言的。平均使用力量，课上就不能突出重点。不管学生懂与不懂，会与不会，我行我素，绝不是好课。

第三条，教学方法符合学生的认识规律。深入浅出，循序渐进，能够促进学生积极思维，能够极大地调动学生学习的积极性，课堂教学严肃认真，生动活泼，使学生成为学习的主人。

第四条，课堂教学组织严密。不浪费时间，不浪费学生的精力，教师善于因势利导，启发学生不断地去获取新知识，感受到学习的欢乐。

第五条，教学效果好。学生从不知到知，从不会到会，从少知、少会到多知、多会，各有长进。不仅在知识上有所长进，而且在能力上也有所提高。基本上能做到当堂内容当堂消化，绝大多数同学都有所得。

　　课堂教学是科学，也是艺术。听一堂好课往往是一次艺术的享受。艺术是完整的，课堂教学也是完整的。五条标准，从目的要求、内容到教学方法，课堂组织到教学效果，它们是互相联系的一个整体，不能孤立地抽出一条或两条来看一堂课的好坏。

　　上好一堂课确实不容易。但是，不容易不等于不可能。只要我们明确方向，勇于实践，在实践中反复琢磨、不断改进，课一定会越上越好。

（选自霍懋征编著《霍懋征语文教学经验谈》，上海教育出版社1985年版）

谈预习指导

有的同志认为，教学过程只是从上课开始。其实不然。教师备课，学生预习，都是在做上课的准备。上课前的准备应该是整个教学过程中一个有机的组成部分。教师备好课是上好课的关键，学生预习好也才能更有效地提高学习质量。

预习的主要目的有三个：一是让学生初步了解教材的大概内容，使学生在上课时对教师教的内容思想上有所准备；二是让学生运用已经学到的知识和技能，解决一些新教材中能够独自解决的问题，同时还能起到巩固旧知识的作用，以便保证教学重点的落实；三是让学生提出新教材中自己不能解决的问题，使课堂教学更有针对性——学生带着问题上课，求知欲更强了，教师针对学生的难点教课，效果也就会更好了。例如，我在《设计好板书》一文中提到的《林海》这篇课文的板书设计，最后就是根据学生预习中提出的问题改进的，改进以后，效果就比原来设想的好得多。(可参看本书《设计好板书》一文。)

学生预习，虽然主要是为上课做准备，但它的好处决不仅在于此。预习是学生自己摸索，自己动脑，自己理解的过程，也就是自学的过程。经过预习，学生的自学能力得到了锻炼，而提高学生的自学能力正是我们语文教学的重要任务之一,因此,预习也是培养学生自学能力的重要途径。有人做过这样的比喻:在学校期间,要给学生一支"猎枪",不要只给学生几袋"干粮"。"猎枪"虽少,只要学会掌握使用,就能获得取之不尽的猎物;"干粮"虽多,吃一点就会少一点儿。在这里,"猎枪"就是学生的自学能力。要让学生自己去"猎取"知识,就得紧紧抓住预习这一环,指导学生预习,让学生学会预习,养成良好的预习习惯。

指导学生预习,我以为要着重做好三方面的工作:

第一,在学生预习之前,教师应该提出明确的要求。

预习一篇课文,一般的要求是:通览课文,利用字典、词典扫除字词障碍,能通顺地朗读课文,理解课文的大致内容;认真思考,提出自己不懂的问题。为了帮助学生预习时抓住重点,教师可根据教学的目的要求,有针对性地提出一些思考题让学生思考。例如,预习《别了,我爱的中国》这篇课文,除了做到一般要求,还要思考"作者热爱祖国表现在什么地方",这个思考题是预习的重点。再如,预习《饲养员赵大叔》的重点要求是,思考"赵大叔是怎样喂养牲口的","为什么说他'真有意思'",这样两个问题。思考题不宜多,贵在精。预习的要求,不同的年级应有所不同。低年级侧重于字词,中、高年级可适当增加思想内容或篇章结构方面的问题。教材的特点和训练的重点不同,预习的要求也要有所区别。有的课文需要深入理解重点词句,有的课文需要加强朗读,有的课文需要练习划分段落……对程度不同的学生,最好能分别提出要求,基础好、能力强的学生可以要求高一些,基础差、能力低的学生应该适当降低要求,不要强求一律。

第二,上好预习指导课,教给学生预习的方法。

预习一般是在课外进行的,但是,学生开始不会预习,应该把预习拿到课堂上来,酌情上几次预习指导课。在预习课上,老师用一篇课文做例子，带着学生一起预习，具体地教给学生怎样利用字典解字、词，怎样抓住关键词语理解课文内容，怎样思考问题，提出问题等，使学生明确预习要解决的问题，掌握预习的方法和步骤。随着学生预习水平的不断提高，老师在预习课上，除了进行一般的辅导外，还可以结合课文的具体内容和重点训练项目，教给一些联系其他课文或课外阅读内容进行思考的方法，教给一些如何抓住重点以及围绕重点思考问题的方法，使预习的质量在老师有计划的引导下不断提高。例如，高年级学生有了一定的能力，像预习《林海》这样的课文，就可以让他们联系以前学过的《草原》一类课文，进一步认识老舍先生写的散文的特点。

第三，为提高学生预习的质量，必要时可事先扫除学生预习中的一些障碍。

指导学生预习是一项具体细致的教学工作，教师也需要认真备课。对于学生预习时不易解决的问题，教师必须有充分的估计，预习前就要给予必要的指点。例如，让学生预习《草地夜行》这篇课文，我估计到学生对草地险恶的自然环境缺乏认识，要学生自己去找材料要求又太高，因此，在预习前，我就向他们介绍了红军长征过草地的有关情况。通过介绍，学生了解到课文中的"草地"，不是平常的草地，那里的天气变化无常，有的地方地面上长着茂密的草，草根下面却是深深的泥潭，人走在上面随时都有陷下去的危险。学生弄懂了这一点，预习课文时，对老红军背着小红军在草地上行军，最后陷进泥潭壮烈牺牲的英雄行为，理解得就比较深刻了。有个学生预习课文以后激动地说："草地那么难走，一个人走在上面随时都有陷进泥潭的危险，老红军却不顾危险背着小红军追赶队伍，说明他为了救小红军，早已做好了牺牲的准备，这是多么崇高的精神啊！"对预习困难较大的学生，教师还应作个别辅导，帮助他们尽快地学会预习，提高对预习的兴趣。培养学生预习的习惯，主要是靠学生持之以恒的预习的实践。

一切习惯都是在长期的实践中形成的。教师的作用在于提出要求，督促检查，鼓励学生喜爱预习，认真预习。每教一课书都要向学生提出预习的要求，都要检查学生预习的情况。检查的办法可以是口头的，也可以是书面的。我经常结合学生的质疑问难和讲读新课中的课堂提问来检查学生的预习。如果学生能提出一些重要的问题，或者能够回答非得预习以后才能回答出来的问题，说明这个学生预习是好的。对于预习好的学生，教师要及时给予表扬，使他们尝到预习给他们带来的精神上的愉快。预习的作业也可评分记成绩，以促进学生预习的积极性。只要长期坚持，学生预习的习惯是一定能够养成的。

预习是提高语文教学质量的一个好办法，但是，如果处理不当，会产生不好的效果。我看过有的教师给学生印的预习提纲，项目多，要求高，学生花费很多时间也难以完成，压力很大。这样做，不仅会增加学生的负担，而且还会严重地挫伤学生预习的积极性。预习不等于学生独立阅读，不能以独立阅读的要求去要求预习。要不，何必还要教师上课呢？预习的内容一定要切合学生的实际水平。预习所用的时间要计算在学生课外作业量之内。决不能因为大量的、不切实际的预习内容而增加学生的学习负担，也决不能因为大量的、不切实际的预习内容而挫伤学生预习的积极性。

（选自霍懋征编著《霍懋征语文教学经验谈》，上海教育出版社1985年版）

设计好板书

有的老师不注意板书设计，一堂课下来，写了满满一黑板，学生抄了半天，也得不到要领，效果很不好。

我觉得板书不在乎多，贵在精要。多了，反而抓不住要领，重点不能突出，还要占去好多宝贵的课堂教学时间。

"贵在精要"，这里有两层意思：

一是简明扼要，重点突出。就是说，要用最精确的文字或者符号，用最清晰的板书格式把课文中最主要的内容、内容之间的相互关系以及作者的思路等，随着教学过程的进展，一目了然地在黑板上再现出来。

二是条理清楚，富有启发性。就是说，要能打开学生的思路，让学生有充分思维的余地，并能按照正确的思维方向达到预期的思维效果。这第二层意思尤为重要，因为思维训练是培养学生语文能力的核心。板书——作为提高课堂教学效果的重要手段，无疑应该在培养学生良好的思维品质和习惯上作出努力。板书是静态的，思维是动态的。精要的板书就是要力求做到使静态的文字、符号变成学生头脑中积极而又有效的思维活动，这就是要"静中有动"。

怎样做到精要呢？关键在于精心设计。

一、根据教材的实际情况精心设计

例如，我教四年级的《陶罐和铁罐》一课，课文大意是这样的，国王的御厨里有两只罐子，一只是陶的，一只是铁的。陶罐对铁罐是友好的，而铁罐却凭着自己不容易碎的长处看不起陶罐，常常奚落它。几个世纪过去以后，当人们发现当年的陶罐的时候，铁罐却不知在什么年代被氧化了，几块锈蚀不堪的小铁片也不能断定那就是铁罐的剩余部分。这个故事用拟人对话的写法说明了一个道理，即各人都有自己的长处和短处，不能以己之长去比别人之短，更不能骄傲。根据故事内容，我觉得板书的重点应该突出陶罐和铁罐的相互关系，它们相互之间的态度是怎样的，各自最后的结果又是怎样的。在设计板书的时候，开始我把陶罐放在前面，因为课文的题目是陶罐在先。可是，进一步钻研教材，觉得应该把铁罐放在前面，因为在陶罐和铁罐的关系中，铁罐是矛盾的主要方面，强调铁罐更能突出骄傲的坏处。于是我设计了这样一则板书：

陶罐和铁罐

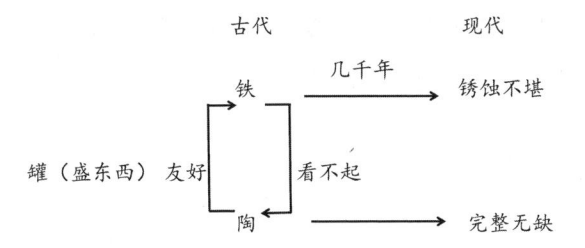

```
                  古代              现代
                              几千年
                   铁  ─────────→  锈蚀不堪
                   ↑↓
  罐（盛东西）友好       看不起
                   陶  ─────────→  完整无缺
```

这则板书在课堂应用的时候是随着讲读课文的进展逐步展现、逐步完成的。如讲到陶罐和铁罐共同点的时候，学生说"都是罐"，"都是盛东西的"，我就板书"罐""（盛东西）"；讲到不同的时候，我就板书"铁""陶"。在学生理解的基础上，老师提出关键的词语进行板书，既是对内容分析的概括，又能帮助学生抓住要害，加深印象，是合乎认识规律的。我用四个箭头把各方面的关系联成一个有机的整体，这就富有启发性地给学生理解课文、发展思维提供了方向。铁罐看不起陶罐，我只写了"看不起"三个字，铁罐凭什么看不起陶罐，又怎样看不起陶罐，我没有板书，给学生留有充分思维的余地。一般说来，四年级学生分段、概括中心是有一定的困难的。可是，在教师板书的帮助下，当我提问按什么分段、分几段的时候，学生很轻松地说："按时间分段"，"分两段，一段是古代，一段是现代"。当我手指板书让学生体会寓意然后提问"这则寓言说明什么问题"的时候，学生纷纷举手，有的说："不能用自己的优点去比别人的缺点，只有虚心向别人学习，才能进步。"有的说："不能只看到自己的长处，看不到自己的短处，应该谦虚。"有的说："不能用自己的长处去比别人的短处，应该拿自己的短处去比别人的长处，才能进步。"效果很好。

二、根据学生预习中提出的难点设计板书

例如，《林海》这篇散文，中心是表达作者对大兴安岭"亲切、舒服"的感情。文章三次提到"亲切、舒服"，第一次是写大兴安岭的"岭、林、花"，写景；第二次是联想到国家建设，写大兴安岭的木材，写物；第三次是写大兴安岭的林场，写大兴安岭万古长青的人。三次写"亲切、舒服"，感情深化三次。备课的时候，我比较了几个方案，选择了这样一则板书：

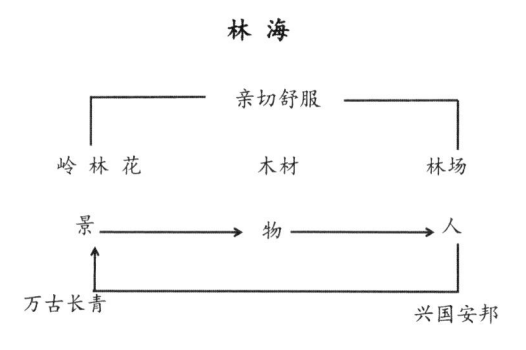

林 海

```
         ┌─────亲切舒服─────┐
     岭林花          木材          林场
      景 ─────────→ 物 ─────────→ 人
      ↑                              │
      万古长青                   兴国安邦
      └──────────────────────────────┘
```

可是，检查预习的时候，学生提问说："书里为什么三次写'亲切、

舒服',这不是重复了吗?"学生提出的问题正是文章重点之所在,很重要,不仅讲读过程中要帮助学生解决这个问题,而且在板书设计中也应该有助于学生对这个问题的理解,因此,我重新设计了板书,变成下面这个样子:

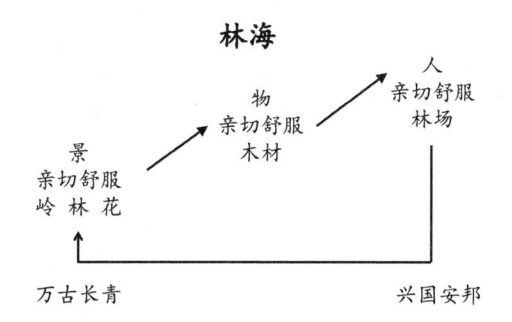

```
                         林海

                                      人
                                   亲切舒服
                              物    林场
                           亲切舒服
                           木材
                    景
                 亲切舒服
                 岭 林 花

             万古长青                 兴国安邦
```

这样设计,抓住了"亲切舒服"四个字,三次出现,在书写安排上略有斜度,并用三个箭头把它们相互联系起来,不仅强调了课文的中心,而且,有助于学生理解三次出现"亲切舒服"是作者感情一次比一次升华的结果,有助于学生理解岭与人的关系:岭养人,人育林,是社会主义祖国的人民使大兴安岭万古长青。大兴安岭可以永远为人类造福,这样就能使国家兴旺发达,人民安居乐业,也就是起了兴国安邦的作用。随着讲读课文的进展,学生对自己提出的难点理解了,觉得三次出现"亲切舒服",这不是多余的重复,而正是文章写得好的地方。

板书是课堂教学的重要手段,用好了能大大提高课堂教学的效果。板书贵在精要,一定要精心设计,但没有固定的框框。我的体会是:从教材的实际出发,从学生的实际出发;切忌形式主义的为板书而板书。

(选自霍懋征编著《霍懋征语文教学经验谈》,上海教育出版社1985年版)

利用电教手段 提高教学质量

那是在十年内乱之前,我曾带学生参观过一个展览会。讲解员为我们讲解一幅高炉构造图,她一按电钮,红色的指示灯就指到要讲的地方,哪儿进料,哪儿出渣,看得清清楚楚,听得明明白白,这可比光听老师用嘴讲强多了,学生非常感兴趣。当时我就想,如果我们语文课上也能用上这种装置,那该有多好哇!比如,我们讲常识性课文《一个豆瓣的旅行》,要是有这样一套装置,一按电钮,红色指示灯代表豆瓣,从嘴里进去,经过食道到了胃里,然后通过小肠、大肠,最后从肛门排出,这样一演示就直观形象,即使老师不讲,学生也能看懂。可惜,当时学校里还没有这样的教学设备,在语文课上还只能靠挂图、卡片和小黑板,让学生感知一下要讲的事物。因此,利用电化手段进行教学,一直是我的一个愿望。

1978年,党中央决定大力发展教育事业,全国各地涌现出不少电化教学搞得好的学校。这一年暑假,我们学校组织部分教师到天津市中营小学去参观学习,回来后老师们自己动手,用一张讲台桌改装了一台幻灯机,还配了一部录音机。从此,我们学校开始了电化教学。后来,学校又开辟了一间电化教室;到现在,我们学校每个教学班都有了幻灯机,各科教学都能使用电化教学手段了。看到这种变化,我真是打心眼里感到高兴。

语文教学,长期以来存在的问题就是老师讲学生听,这种旧的教学方法不利于培养学生的能力。如今,有了电化教学手段,改变了过去教学中的沉闷空气,形象、直观的电化教学,对于培养学生的学习兴趣,启发学生的积极思维,调动学生的积极性,都有很大的作用。电化教学手段已经在教学改革中显示出它越来越重要的作用,我们应该重视它,加强这方面的研究和实验。

几年来,我坚持使用电化教学手段,对提高语文教学质量起到了很好的作用,归纳起来有以下几点体会。

第一,电化教学形象、直观,符合学生认识事物的规律。

在学习的过程中,学生头脑中最初形成的新知识是感性的,这种感性知识是在直观的基础上形成的。小学生抽象思维能力比较差,更需要凭借具体事物或其表象进行思维。电化教学能根据学生认识事物的特点,为他们思维提供形象的图画等直观的材料。把抽象的事物具体化了,学生就能比较容易地感知了。例如,讲《奇异的琥珀》一课,我用活动的幻灯片演示出琥珀的形成过程:第一幅幻灯片画着一只小苍蝇落在一棵松树上,小苍蝇正在掸它的绿翅膀,刷它的圆脑袋;在第一幅幻灯片上,移过第二幅画着蜘蛛的幻灯片,显现出蜘蛛一步一步接近苍蝇的情况;这时,我一边读课文,一边让学生观察画面,读到"蜘蛛刚要扑上去……一大滴松脂从树上滴下来",我放上了第三幅画有松脂滴的幻灯片,这滴松脂刚好把苍蝇和蜘蛛一齐包在里头。这样一演示,学生把琥珀的形成过程看得清清楚楚,留下了鲜明的印象。在这种直观的基础上,再让他们复述课文就很容易了。

第二,电化教学可以培养学生学习语文的兴趣。

学生看电影,一坐一两个小时;学生上课,四十分钟也难坐稳。这是为什么呢？学生爱看电影，对电影有浓厚的兴趣。当然，上课不能和看电影相比，对学生我们要进行学习目的性教育，上课要有纪律的约束。不过，有了电化教学手段，就可以引起学生学习的兴趣，使他们更爱上语文课。我教的那个班的学生，特别欢迎我使用电化教学手段，一上课他们就聚精会神地坐在那里，放出幻灯片，打开录音机，他们总是瞪着眼睛看，直着耳朵听。有一次，我补充讲了一篇内容比较深的寓言故事《一头学问渊博的猪》。当时，这则寓言刚发表在《人民文学》上，是针对"四人帮"鼓吹知识越多越反动的论调进行讽刺的。在讲课前，我担心三年级的小学生接受不了，便把寓言中富有讽刺意味的对话灌制了录音，按照猪那种不学无术却自命不凡的神态画了幻灯片。录音和幻灯相配合，学生上课时的情绪高极了。因为，他们从幻灯片上看到，那头猪头戴礼帽，鼻梁上架着眼镜，腋下夹着一摞书，神气活现，好像挺有学问的样子，可是它身后堆放的却是些啃得乱七八糟的萝卜头、白菜帮子等。从后几张幻灯片上，学生还看到了八哥飞来与猪交谈，猪把书踩在脚下，嘴里啃着烂萝卜的情景。有趣的幻灯画面，又配着录音，给学生留下的印象非常深刻。学生懂得了，"四人帮"就像这头猪一样，从表面看似乎满肚子学问，但从它的语言、思想和对问题的认识来看，它却是愚蠢无知到了极点。由于学生有了兴趣，学习效率也就提高了，仅仅用了一课时多点儿，他们就学完了这则寓言。下课后，班上的淘气包儿俞明和王军都说："老师，再上一堂课吧！怎么还没上够就下课了？"由此可见，电化教学唤起了学生多么大的学习兴趣呀！

第三，电化教学能节约大量课堂教学时间，做到高效率。

我从教一个三年级班的语文课开始，第一个学期教了九十五篇文章，第二学期我比通用教材多讲了四五十篇文章。四年级，我第一学期讲了八十七篇，第二学期讲完课本后，我补充了二十篇，又把五年级的教材试教了一个单元，还拍了教学电影《月光曲》。五年级，补充的课文少了一些。总起来，我们班学生学过的课文比其他班的学生多几倍。最后，这个班学生毕业时，参加北京市升学统考，成绩很好。四十六份试卷，有四十四份在九十五分以上，只有两份是八十多分。这个班的学生并不是择优录取的，家庭条件也一般。学生能学那么多课文，取得这么好的成绩，一方面是师生共同努力得来的，更重要的是说明，教学改革和不改革大不一样。特别要指出来的是，采用电化教学手段，节约了大量的课堂教学时间，为提高课堂教学效率，创造了有利的条件。

我非常珍视课堂教学中一分一秒的时间，过去我常为学生翻书合书所浪费的时间感到痛惜。有了电化教学，我的忧虑消除了。教学时，用到图片，或写个生字，分析个句子，我都用幻灯打出来，得心应手方便极了。例如，《桂林山水》一课里有这样一句话："我看见过波澜壮阔的大海，欣赏过水平如镜的西湖，却从没有见过漓江这样的水。"开始学生对这个句子不理解，有的说这句话是赞美漓江的水好，用大海和西湖的水不好来做对比。分析这样一句句子，如果不用电化手段，不知得反复翻几次书呢，学生的注意力还不容易集中。现在，我用幻灯把这句话打出来，全班学生都看着幻灯屏幕上的这句话。我问："你们怎么得出大海和西湖的水不好的意思呢？"学生答道："'却'字表示转折，它后面要是好的意思，它前面一定是不好的意思了。"看来，学生是机械地理解了"却"字的意思。我带领学生反复读屏幕上的这句话，体会前后有没有相反的意思。由于幻灯字幕，清楚地呈现在每个同学的眼前，便于大家共同分析，很快同学们就读懂了这句话：大海好，西湖好，漓江的水更好，课文用对比的手法把漓江水的特点表现了出来。"却"字在这里虽然也有转折的意思，但不是转向反面，而是转入更好的一层。运用幻灯字幕分析重点语句，节约了不少教学时间。现在，写一些引用课文较多的板书，做一些填空练习，以及教学字词，我都离不开使用幻灯，我觉得电化手段是语文教学不可少的了。

第四，电化教学有助于培养学生的能力。

过去，我们的语文教学，严密有余，灵活不足；灌输有余，启发不足；重视双基训练，忽视能力培养。叶圣陶先生说，今天的教，是为了明天的不教。这句话的意思就是要重视培养学生的能力。在语文教学中，听、说、读、写，观察、分析、综合、抽象、概括、逻辑推理、形象思维等，都属于能力培养的范围，而电化教学则有助于培养学生多方面的能力。

首先说说培养听的能力。有一次，我准备讲《找骆驼》这课书，了解到学生没有见过骆驼，朗读课文也磕磕巴巴。于是，我请了北京育民小学的佳娜小朋友来朗读了《沙漠之舟》，录了音。《沙漠之舟》这篇文章那时还没选入教材，它具体地介绍了骆驼的生理特征和适合在沙漠里长途跋涉的能力。佳娜小朋友的家乡就有骆驼，她对骆驼很熟悉，她把《沙漠之舟》这篇文章读得有声有色。上课时，我先板书了课题《找骆驼》，然后说："骆驼什么样呢？现在，请新疆的小朋友佳娜来给我们介绍吧！"接着，我把骆驼的模型摆上讲台，打开了录音机。学生边听边看，觉得这种形式挺新鲜，听了一遍要求再听一遍。听完后，学生明白了骆驼背上的大鼓包里装的不是草，而是脂肪，它的眼睛望得远，鼻子能开闭。让学生复述，他们把骆驼的外形特点和特殊本领讲得清清楚楚，并不比读了课文后再复述差多少，这就是听的能力的培养。对骆驼有了初步的认识，再去学习《找骆驼》，学生的兴趣可高了！

再说说培养读的能力。我教的这个班的学生是1976年入学的，那时教育工作刚刚恢复，学生的能力差一些是很自然的事。但我相信只要付出辛勤的劳动，一定能取得好的效果。我从抓朗读训练开始，领着这个班的学生一步一步地往前走。我把学生的朗读一次一次地录下来，再放给他们听，如果没读好，就再录再放，通过听来鉴别，学生的朗读能力提高得很快。一年后升入了四年级，学生们的朗读水平有了很大提高。我们班被北京实验一小请去了七名同学为他们朗读课文，就像一年前我们请佳娜来读一样。教《小马过河》一课，我们一边放幻灯，一边放着学生自己灌制的配乐朗读录音，小马、老马、老牛、小松鼠的声音，都能用不同的语调来表示。这个班的学生普遍地都爱上了朗读，他们憋着劲儿地比试谁朗读得好，这不能不说是电化教学的好处。

还有，培养观察能力和形象思维能力，可以说电化教学有着其他教学手段不能替代的作用。例如，讲"看图学文"《桂林山水》。桂林的山什么样？水什么样？山倒映在水中又是什么样？课本里只有一幅图。打开幻灯机，秀丽多姿的桂林山水的画面，就一幅幅地展现在学生的眼前，先看哪儿，后看哪儿，从远到近，从上到下，可以让学生仔细观察，这是挂图所比不上的。教《月光曲》一课中，皮鞋匠听着音乐仿佛面对大海，通过联想揭示《月光曲》内容的一段课文，含义深刻，本是学生不容易理解的。我运用了《月光曲》的音乐录音，配上色彩鲜明的幻灯片，学生很快就读懂了课文。这样进行教学，启发了学生的形象思维，使他们产生了身临其境的感受。如果没有电化教学手段，要想达到这样的效果是非常困难的。

利用电化教学手段，可以提高语文教学的质量，它的作用不只是上面谈到的几个方面，其他如：运用电化教学手段可以吸引学生的注意力，保持教学活动的连续性和逻辑性；利用幻灯片画图板书，图像清晰，字迹清楚，有利于保护学生的视力，等等。总的来讲，随着语文教学改革的深入发展，电化教学手段将显示出它越来越重要的作用。

（选自霍懋征编著《霍懋征语文教学经验谈》，上海教育出版社1985年版）

听课要讲求实效

听课,是教师的一项重要的教学活动。教师不仅要向书本学习,要在自己的教学实践中不断总结经验,还要经常向自己的同行学习,用别人的经验,来丰富自己的教学实践。不论是青年教师,还是老教师,要提高业务水平,听课是重要的途径之一。

听课,不能走过场,要讲求实效。课前,尽可能同教者一起研究,共同备课;听课时,要善于抓住教者讲课的要点和精华,从中吸取营养;课后,同教者一起分析总结,以达到相互提高的目的。

怎样提高听课的质量呢?提出以下几点不成熟的看法。

第一,听课之前要有准备。

听课是学习,但不是被动式的学习。如果听课前,听者对讲课的内容没有一定的了解,听课时光是听,一味地记,只是把听到的东西注入到自己的脑子里,写到了自己的笔记本上,这样听课,收效就不大。善于听课的教师,课前对听课的内容,教学的目的、重点、难点,都能做到心中有数;对怎样完成教学任务,也能画个草图,心中有数。我在听老师讲一课书之前,总要事先设计两三个教学方案,提出一些探索性的问题。由于做了准备,带着问题去听课,听课时就能及时地发现讲课的优点和不足。这样听课，每次都能学到不少有用的东西，觉得充实。

第二，听课时要作简要的记录。

听课记录是研究语文教学的重要资料，即使有了录音，也要作记录。记录应围绕重点，结合教师的教学特点和自己事先考虑的问题，扼要记下师生的主要活动和教学的实际效果。对那些突出的优点和典型的问题，要记得详细一些，如果当时记不下来，可以暂时打个记号，以便日后整理、研究。我的听课记录，是我研究语文教学，改进语文教学方法的重要借鉴。从这些听课记录中，我学到了不少宝贵的经验，并把这些经验运用到了自己的教学实践中去了。

第三，听课之后，要分析、消化、研究，学人之长，补己之短。

任何一堂课，总有它的优点，也有它的不足。即便是优秀教师的课，也不一定完美无缺，更不应该生搬硬套。教师的特长，学生的水平，是有差别的。不考虑自己教学的特点和学生的实际，单纯地模仿优秀教师的教学方法，往往收不到应有的实效。即使是一堂极普通的课，也有其可取之处。我在听课的过程中发现，有的教师讲课并不十分生动，有些地方处理得还不够恰当，但是他们备课认真，努力探求教学的新路，表现出了他们教学方面某些特长，或者是重视朗读，或者是精于板书，或者是提问富有启发性，或者是耐心帮助落后生……这一点一滴的长处，都是我们听课的人应该汲取的营养。尤其是有一定经验的教师，在听新教师的课时，更应该从他们身上发现优点，多肯定成绩，鼓励他们不断前进。近几年来，我带了几位年轻教师，有本校的，也有外校的，常去听他们的课。从他们身上，我看到了自己所缺乏的朝气和闯劲儿。和他们一起评课，学到了不少新鲜的知识和有益的教学方法。

第四，听课之后，不仅要发现优点，也要找出问题，从中吸取教训。

对于一些捉摸不定的问题，可以共同研究，不要简单地下结论。实事求是的科学态度，才能防止简单化、绝对化和片面性。例如，有一次，我听一位青年教师上一节语文课。这位教师用一节课的时间，检查全班学生背一首短诗，开始全班同学都背得很熟，可是背来背去，等到快下课的时候，集体背诵却卡壳了。应该说，这是一节不成功的课，学生的收获不大。不过，对这样的课也应该一分为二。首先要肯定，教师重视学生的朗读背诵，一个一个地检查，要求很严格，这一点是做得对的，语文教学应该有这样的内容。然后要指出，用四十分钟的时间来检查一首短诗的背诵，教学内容太单调，无法引起学生进一步学习的欲望。一个频率的背诵声，使学生的大脑皮层产生了抑制，所以背到后来反而背得不熟了。最后，我推心置腹地和这位教师交换意见。她直率地对我说，她怕别人来听课，临时换了这个背诵的内容，没想到这么简单的教学内容也能评出哪好哪不好。我对她讲，听课是为了共同提高，有了这次教训，以后的课一定会讲好的。她诚恳地表示，希望我再去听她的课。

第五，听课不要带框框。

每位教师，在教学上都有自己喜欢的一套教法，都有自己教学的习惯。听课时，如果以自己的是非为是非，去判断别人的课，就是带着框框。教学是一种社会实践活动，它是不断发展变化的，应该提倡百花齐放，发扬不同的风格，可以形成各种流派。只要有利于提高教学质量，具体教法上不应该千篇一律。就是一个人的教学，也不能总用某一种教法。因此，听课不要带框框，尽可能多听一些教师的课，多听一些和自己风格不同的课。听这样的课，学这样的课，才能体会到异曲同工的妙处，才能从中吸取新鲜的养料。例如，听了上海育才学校的语文课，我觉得他们有些做法新鲜活泼，和传统的语文教学有许多不一样的地方，对我很有启发。结合他们的经验，再来研究自己的教学，思想上就进入了一个新的境界。

听课是教师提高教学水平不可少的重要环节。往往由于"旁观者清"，教者无心，听者有意，一些成功的经验和失败的教训，就是在听课的过程中发现的。每个教师都要学会听课，善于听课，并欢迎别的教师来听自己的课。

（选自霍懋征编著《霍懋征语文教学经验谈》，上海教育出版社1985年版）

写好备课笔记和课后笔记

备课笔记是教师备课的记录,是教师独立思考和教研组集体研究的结晶。像军事上的作战方案一样,备课笔记质量的优劣,直接影响着课堂教学的效果。因此,我们在上课前一定要写好备课笔记。

备课笔记一般包括教学目的要求、课时安排、教学过程、教具准备等四项内容,其中教学过程是最主要的内容,必须比较具体地写出每个课时的教学要求、内容、步骤和方法。

备课笔记主要是供自己教课使用的,并不是写出来让领导检查的,因此,切忌搞形式主义。教师可以根据教学实际的需要,有的地方写得详细一些,有的地方写得简略一点,也不必把教学中的每一个细节都写进备课笔记。像有关课文分析的内容,也可以采用在课本上加批注的办法。但是,课堂教学的整个思路和重点,必须能从备课笔记中清楚地反映出来。尤其是教师对教材有进一步阐发的见解,应该写得较为详尽,以便在教学后查阅,检验效果,总结经验。

写好备课笔记以后,需要反复熟悉和修改。上课时,一般应按备课笔记上的教学过程进行教学,但又不能太死,因为实际的教学是变化多端的。因此,教师决不能眼盯着备课笔记来上课。教师应该做到既熟记备课笔记上的内容，又善于灵活处理教学中出现的具体问题。在实际教学中，如果有的学生对教材的理解比教师更深刻，有的教学环节根据具体情况变换一下方式或顺序更合理，可以放弃备课笔记里准备好的部分内容，灵活机动地使用备课笔记。这是教师实际教学能力的一种表现。例如，我写的《草船借箭》一课的备课笔记里，只准备讲诸葛亮向鲁肃借船，却不让鲁肃把借船的事告诉周瑜，说明诸葛亮有知人之明的本领，并没有涉及到鲁肃为什么听诸葛亮的话，没有把借船的事告诉周瑜。可是学生在教学过程中提出了这个问题。我认为学生提出的这个问题，有助于分析鲁肃、周瑜二人对孙刘两家联合抗曹所持的不同态度，也有助于进一步突出诸葛亮聪明过人的品质。于是，我在讲课过程中简单介绍了鲁肃曾把诸葛亮看破周瑜定计杀蔡瑁、张允的事告诉了周瑜，险些使诸葛亮受害的故事。这样的补充，既解答了学生的疑难，又丰富了讲课的内容。

有的教师在每篇备课笔记的后面，留有空白，教完一节课或一篇课文后，根据教学实践的效果，写一些心得体会或补充说明等。我认为，这种课后笔记对提高教师教学水平和教学效果十分重要，因为课后笔记是教学实践的总结，是教师主观设想见诸于客观实践的产物，对于提高教师的教学水平，有很大的帮助。

课后笔记主要是分析教学上的得失，总结成功的经验，吸取失败的教训，探索教学的规律和改进教学的途径。例如，《赶集》一课，描写了人们赶集时的喜悦心情和集市上繁荣的景象，反映了解放后我国农村欣欣向荣的新气象。通过教学这篇课文，主要训练学生确立中心、安排层次的能力。在教学时，我抓住了"人多""车多""集市兴旺"的特点，理清了文章的思路，突出了中心，并且结合写作，指导学生写了《农贸市场一角》，效果还不错。但是，教学也存在着一些不足之处，像对于学生质疑时提出来的问题，没能和这篇课文的重点训练项目联系起来，倒是学生的讨论提醒了我。他们提出："课文为什么用很多文字写人多呢?"备课时，我只认识到"去集市的人多，说明集市兴旺，吸引人"。经过学生讨论，我进一步认识到"去集市的人多，说明农民的生活水平普遍地提高了"。这样理解更切合课文的中心思想。

又如，还是教学《赶集》这篇课文，有的学生问："作者为什么写'骡子……出生在乡间，跟汽车还有些生分……'一句?"这个问题，备课时并没有引起我的重视，只准备解释一下"生分"这个词的意思。但是，在教学过程中学生提出了这个问题，并在讨论时说：这里的骡子见到汽车"还有些生分"，说明这里原是个偏僻贫困的地方，连这样偏僻地方的集市也那么繁荣，就更能反映解放后我国农村的巨大变化。学生能够联系课文的中心思想，这么透彻地去理解课文里的每一个细节，对我很有启发。

在《赶集》这篇课文的课后笔记里，我记下了上面讲的两个例子，并且写下了自己的体会："今后要依靠学生自己解答疑难，充分发挥学生在讲读课中的作用。这是符合教学规律的，教学相长，学生是学习的主人。"

通过写课后笔记，随时总结经验教训，这对教师端正教学思想，改进教学方法，提高教学效率，确实很有好处。当然，课后笔记也切忌形式主义，不要为写而写，不要牵强附会。但是，只要确有所得，哪怕是一点一滴极细微的收获，也不要让它漏掉。

(选自霍懋征编著《霍懋征语文教学经验谈》，上海教育出版社1985年版)

谈课堂提问

阅读课上的提问很重要。从我自己的教学和其他老师的教学看，问题提得恰当，可以启发学生思考、想象，引导学生前进。如果问题提得不当，则容易徒具形式，浪费时间，甚至走弯路。如，有些提问目的性不强；有些提问无先后难易之分；有些提问缺乏必要的深度和广度，原地踏步；有些提问过难，使学生无法回答；有些提问过于死板，缺乏启发性等。这样的提问都不能有效地启发学生思考，调动学生学习的积极性和主动性。

怎样才能把问题提得恰当呢？

第一，提问要围绕中心，有的放矢。要根据教学的目的、重点和学生的难点提出问题。

如，我教《再见了，亲人》一课时，学生对中朝人民用鲜血凝成的友谊不很清楚。根据这一难点，我让学生通过表情朗读、复述，了解阿妈妮、大嫂、小金花三个人物在抗美援朝战争中怎样为救护中国人民志愿军流血牺牲的故事情节，感受到朝鲜人民有为救护中国人民志愿军，不怕流血牺牲的崇高思想。在这个基础上我提出："志愿军又是怎样对待朝鲜人民的呢？"这时学生展开了联想，头脑中浮现出一幕幕电影中罗盛教、黄继光、邱少云等英雄人物在抗美援朝中流血牺牲的光辉形象，学生们争着回答。这时我又提出一个较有深度的问题："大家想一想，中朝人民的友谊是一种什么样的友谊？"这就促使学生既能归纳出中朝人民的友谊是用鲜血凝成的，又能用书上或课外阅读中的实例来说明道理。这样的提问，围绕中心和学生的难点，有的放矢，有利于唤起学生思考、想象，提高学生学习的主动性，同时还引导学生步步深入地领会课文。

第二，提问要有"序"。要随着教学过程由浅入深，从现象到本质，由知识逐步转化为能力。

初读课文时的提问，往往是表面性的，着重解决对文字的理解和粗知课文的梗概。如，教《桂林山水》一课，当我揭示课题之后，让学生观察彩色放大图，观察之后，让学生初读课文。这时我提出："你们谁懂得'桂林山水甲天下'，这个'甲'字是什么意思吗？"学生举手发言："我认为'甲'是最好的意思"，"我认为'甲'是头等的意思"，"我认为'甲'是优等的意思，是天下数得着"，"'甲'是第一的意思"，等等。我让学生认真看插图，学生兴致很高。接着我提出以下问题让学生默读思考：（一）作者站在什么角度，按什么顺序观察的？（二）桂林的山水与其他地方的山水有什么不同？为什么是天下第一流的？目的在于帮助学生初步感知课文，理清文章脉络，掌握文章梗概；以便为深入细读课文打下基础。

在深入细读课文时，我注意引导学生领会文章的思想内容、情感、意境，抓住文章的重点词、句、段，促使学生认真细读，从感知到理解。这一阶段的提问，应有一定的深度，带有关键性的问题，要引导学生分析、讨论。如，让学生观察漓江的水，看图之后，表情朗读课文。这时，有声、有色、有形，在学生头脑中构成一幅美丽的画面。以后，我提出两个问题让学生默读、欣赏，同桌议论：（一）漓江的水有哪些特点？（二）作者是怎样写出来的？在此情况下，学生读得认真而有兴致，联想、对比也比较活跃，思维、想象积极活动，感知相互促进，似乎是身临其境，这就达到了较好的效果。在教写山的一段时，我采取了让学生独立阅读的方式，要求学生按写水的顺序、方法去独立读课文，让他们分组讨论。然后由他们自己来说出作者是怎样写"山"的，自己是怎样理解的。在必要时，我给予点拨，使学生的学习能力不断提高。

概括课文时，我往往把重点放在培养学生的概括能力上。提问时则注意让学生从各段之间的联系上、各因素之间的关系上来思考问题。我讲解《桂林山水》一课后，在学生表情朗读、独立默读的基础上，让学生思考以下问题：（一）这篇文章写作上有什么特点？（二）开头和结尾的诗句有什么关系？作者是怎样表达中心思想的？学生能说出文章是按作者的观察顺序写出事物特点的，用了准确、精练的语言；前后诗句相呼应，生动具体地表达出桂林山水甲天下；作者高度赞扬了桂林山水的秀丽，抒发了作者热爱祖国大好河山的思想感情，是借赞扬桂林山水之景，抒发热爱祖国大好河山之情。通过以上提问，不仅促使学生深入理解课文，从现象深入到本质，领会了文章的中心思想，而且还对作者布局谋篇的好处有了一定的体会。

在复习性阅读和练习时，我把提问重点放在重点训练项目上，侧重促使学生把知识转化为能力。仍如上例，讲完课后，我提出能不能学习作者的观察和表达的方法，任选公园或校园的一角，写一片断，或者记一篇观察日记。学生兴趣很大。这就同作文联系起来了，促使学生把知识转化为能力。如，有的学生写了这么个片断：我看见过校舍整洁的中学，参观过环境优美的小学，却从没看见过第二实验小学这样的学校。我们学校的环境真美丽。一进入学校，好像来到了花园，校园门口的花坛里开满了五颜六色的花，芳香扑鼻。校园真整洁啊！

以上几个阶段不是截然分开的，而是相互交错、相互联系的。

具体运用的时候，也要因文而异，不要千篇一律。比如，英雄人物故事，要从语言文字深入到人物的思想境界，使孩子们受到感染。又如，常识性课文，则要从直观事物的表面，逐步深入到本质，形成科学的概念，等等。这里只不过是举例而已。

第三，提问要有启发性。提问并不等于启发式，启发式的含义很广。但是启发性的提问，有利于贯彻启发式。

启发式的提问，主要在于启发学生抓住主要的问题开动脑筋，并按着正确的思维方向思考问题，解决问题。如，教《我的伯父鲁迅先生》时，作者在万国殡仪馆看到那么多的人，他们又是那样沉痛地追悼鲁迅先生，于是引起作者深思："为什么伯父受到那么多人的尊重和爱戴呢？"这是一个关键性的问题，是贯穿全文的，必须抓住它，才能引导学生理清文章脉络，突出中心思想，同时使学生掌握学习这类文章的规律，达到举一反三。于是，我紧紧抓住这个问题，启发学生思考，引导学生从果追溯到因。在讲读第二段鲁迅先生和作者谈《水浒传》内容时，其中有一句鲁迅先生说的话，"哈哈，还是我的记性好"。这是一句重点句，学生开始理解得很肤浅，只就字面理解到鲁迅先生的记性好。后来体会到是鲁迅先生读书认真。如何把学生的思维引向正确的方向并且逐步深入呢？于是我反问学生："是鲁迅在作者面前夸耀自己读书认真吗？"学生说："不是。是鲁迅风趣地在批评作者读书不认真。"我说："仅仅是风趣地批评吗？批评的目的是什么？"这时学生恍然大悟，说"是鲁迅关心、爱护作者呢"。这时，学生的认识已经提高了一步，但还要进一步提高。于是，我联系课文里提到的鲁迅为广大青少年翻译的两本书——《表》和《小约翰》，进一步提出"鲁迅是不是只关心作者一个人呢"？学生很快理解到鲁迅先生关心的是广大的青少年。这时，我又引导学生把这一段内容与第一段的内容联系起来，学生明白了正是由于鲁迅先生关心青少年,所以青少年爱戴他。在读第三、四、五段课文的时候,我都环绕着课文的主要问题,把学生的思维引到文章的中心思想上来,虽然问题有一定的深度,但学生并不感到困难。

第四,提问要面向全班学生,同时要估计到各类学生回答的结果。这样才有利于提高课堂教学的效果。

难的问题我叫学习好的学生回答,容易的问题则叫学习差的学生回答,也有些问题叫中等的学生回答。这要从实际出发,心中有数,而不能灵机一动,随便指定哪个学生回答。如果有些问题估计一般学生能回答出一部分,老师还可以借助他的回答,进一步启发同学们争论和深入思考。然后再叫学习较好、肯思考的学生归纳补充,老师还要帮助概括。有时也可以在一些较难较重要的问题上,先叫好的学生示范,再叫差的学生回答。这样容易发挥学生的积极性,使课堂教学生动活泼。尤其要注意学习差的学生,要设法为他们创造条件,启发他们思考,鼓励他们不断进步。切忌只叫好的,不叫差的,赶进度,走过场,这样就说不上有什么课堂教学效果的。

总之,阅读课上的提问,贵精不在多。特别是启发性的提问,不是单纯的技巧,而是要在深入钻研教材,深入了解学生实际的基础上,运用教育理论,认真探讨提问的艺术。启发性的提问,好像传说中的大禹治水,通过疏导,开拓学生的思路,使智慧之水源源而来,以促进认识的发展,从而加快阅读能力的提高。

(选自霍懋征编著《霍懋征语文教学经验谈》,上海教育出版社1985年版)

谈朗读训练

朗读是阅读教学中最经常最重要的一种训练，通过朗读，把文字变成有声语言，能够准确、鲜明、生动地表达思想感情。《小学语文教学大纲》指出："学生朗读能力逐步提高，对课文内容的理解就会逐步加深。因此，教师在各年级都应指导正确地、流利地、有感情地朗读，只是要求的程度有所不同。"下面我结合平时的教学实践，谈谈朗读训练中的几个具体问题。

第一，教师的范读很重要。

在一般情况下，学生朗读课文前应由教师范读。教师好的范读，是培养学生朗读能力的重要方法之一。小学生模仿性强，如果老师范读得好，他们就会受到影响，渐渐喜欢朗读，朗读水平也会不断地提高。教师的范读能用不同的语气再现作者的思想感情，从而使学生受到感染。因此，语文教师必须努力提高自己的朗读水平，备课时，除了钻研教材，还要认真准备好范读。

准备范读，首先要从理解课文入手，具体地感受课文中的情景。例如，《再见了，亲人!》这篇课文，描写了中国人民志愿军回国时，同朝鲜人民依依话别的生动情景。由于话别的对象的身份不同、遭遇不同,朗读时要注意各段内容在感情上的联系和区别,要注意用不同的语气突出人物的特点。读第一段,要像自己在和朝鲜老大娘说话,读得亲切、激动,表达出依恋与感激的心情。读第二段,对小金花要像对小妹妹那样亲切,读出疼爱、称赞的语气。读第三段,要充满对大嫂的感激和同情,表现出尊敬、关心的感情。

其次,准备范读时,对速度、重音、停顿等朗读技巧,也都要做出恰当的处理。例如,我准备范读《草地夜行》的第四大段。这一段主要写老红军背着小红军冒雨行军,陷进泥潭,老红军被草地夺去了生命,可以分为三层意思。第一层意思写黑夜下起了大雨,老红军背着小红军走。读这一层,要先快后慢。雨前,老红军"焦急地看看天,又看看我",他知道黑夜里冒雨在草地中行走非常危险,他不想让两人"都丧命",决心保护小红军,所以他"不容分说",背起小红军就往前走。这一部分,要表现出老红军焦急的心情和急速的动作,应该读得快一些。后来,老红军背着小红军在雨中"一步一滑"地向前走,非常艰难,走得很慢,读的速度也应该放慢。第二层意思写老红军背着小红军陷进了泥潭,情况发生了急剧的变化,要读得快一些。"顶""甩"两个词,突出了老红军把生的希望让给小红军,把死的危险留给自己的高尚品质,应该处理为重音。"我使劲伸手去拉他"之后,有一个较长的停顿,因为"没有抓住",意味着老红军牺牲了,这是我们不希望出现的情形。最后一层意思要读得很慢,要表达出小红军的悲痛心情。每一篇课文,我都这样仔细地准备范读,只有这样才能收到预期的效果,才能具体地指导学生把课文朗读好。

第二,做到读、讲结合。

朗读和讲解应该有机地联系起来,指导朗读应该成为帮助学生理解课文内容、体会作者思想感情的手段。我在教学中努力做到指导朗读与讲解相结合,效果是比较好的。例如,我教《富饶的西沙群岛》,这篇课文中有一段写西沙群岛的浅海地方鱼多，包括两层意思，一是鱼的种类多，一是鱼的数量多。关于鱼的种类多，我问学生："这一段课文里，写了几种鱼？"找了几个学生回答，也概括不全。这时候，我并没有急于告诉学生，而是指导他们反复地认真朗读课文。最后，学生自己通过朗读，概括出课文里写了四种鱼，有"身上长着彩色的条纹"的鱼，有"头上长着一簇红缨"的鱼，还有飞虎鱼和气鼓鱼。前两种鱼没指出名字，写得简单；后两种鱼指出了名字，写得比较具体。学生通过朗读得到的知识，比听教师的讲解，印象要深得多。再如，我讲《月光曲》一课。贝多芬走进茅屋，为盲姑娘弹琴，当他弹完一曲后，盲姑娘说："弹得多纯熟啊！感情多深哪！您，您就是贝多芬先生吧？"贝多芬问姑娘："您爱听吗？我再给您弹一首吧。"盲姑娘为什么能知道弹琴的就是贝多芬？贝多芬为什么要为她再弹？我指导学生朗读盲姑娘说的三句话。前两句是感叹句，要用赞赏的语气来读，突出一个"熟"字，一个"深"字。学生体会到盲姑娘不但喜欢音乐，而且懂音乐。第三句是个疑问句，有推测的意思，读完第一个"您"字，应有一个较长的停顿，表现出盲姑娘由琴声联想到贝多芬前来为她弹琴的惊喜心情。这样读，学生能够自己体会到盲姑娘了解贝多芬，热爱贝多芬，她觉得只有贝多芬才能弹得这么熟，感情这么深，她是贝多芬的知音。通过指导朗读，像这段比较难讲的课文，学生却能比较容易地理解了。

第三，提高学生朗读的积极性。

差不多每个班级都存在这样的问题：有的学生朗读得很好，老师叫他们读的次数就多，他们越读越好，越读越爱读；有的学生朗读得差一些，读不出语气和感情，甚至打磕巴儿，老师不愿意叫他们在课堂上读书，他们对朗读就不感兴趣，朗读水平提高得很慢。可是，能用普通话正确、流利、有感情地朗读，是每个学生都必须具备的能力。因此，我们必须研究怎样提高学生对朗读的兴趣，怎样通过朗读训练有步骤地提高每个学生的朗读水平。

我认为，开始指导朗读的时候，要求可以降低些，学生只要敢于放声读，有点错也不要紧。等学生敢读了，再要求读得正确、流利。流利是一个熟练的过程，只要多读就能够做到，而做到正确就不那么容易了，需要长期的细心指导和耐心纠正。做到有感情地朗读是比较高的要求，我们不能以朗读得最好的学生为标准，去要求一般的学生。只要不把课文的思想感情领会错，有一定的语气，就应该得到老师的鼓励。每个学生朗读以后，大家首先应该肯定朗读者的优点，然后再指出不足，这样便于学生增强读好的信心。特别是对于朗读基础较差的学生，更要注意多鼓励，先让他们读一些比较短、容易读好的段落，进而再让他们读全篇课文。在让差生读比较难的课文之前，可以先通知他，让他在课外多做些准备。课上先让其他学生读到一定时候，再让他读。这样，朗读基础较差的学生，就会逐渐地提高对朗读的积极性，朗读的水平也会一步步地提高。

再有，组织朗读比赛是调动学生朗读积极性的好办法。每次朗读比赛，同学们都要进行大量的练习。小学生的荣誉感很强，通过比赛，他们的朗读水平都能有较大的提高。还有，为了促使学生重视朗读，期中、期末考试，我都要考查每个学生的朗读水平，这样做，既能给每个同学增加练习朗读的机会，又能从中发现朗读方面的问题，便于进一步加强指导、训练，使学生的朗读能力更快提高。

朗读是我国传统的学习语文的方法，在阅读教学中有着重要的作用，我们绝不能忽视它。

（选自霍懋征编著《霍懋征语文教学经验谈》，上海教育出版社1985年版）

谈课堂多练

语文教学中,大家都主张多练,巧练。但是,什么时候练?练什么?怎样练?一系列的问题很值得研究。这些问题不解决,多练,巧练是不能很好落实的。

练可以在课上练,也可以在课外练,但对教师来说,对学校的教学过程来说,对既要加快语文教学速度又要减轻学生负担来说,应该把练的重点放在课堂上。因为课堂教学是学校教学过程的主体,如果把多练安排在课外,势必减少学生课堂上多练的机会,势必加重学生课外的作业负担,这是一。第二,课堂上多练是由老师组织的,老师起主导作用,老师可以根据教学的目的要求,有计划地引导学生巧练,学生才能练得更加有效;同时,老师也能从学生的练中,及时了解自己教学中的薄弱环节,以便更好地有针对性地加以改进。

有的老师说:"我在课堂上讲都讲不过来,哪有时间让学生多练?"怕课堂上多练了讲不完课文,完不成教学任务。有这样认识的老师,把讲和练割裂开来,认为讲是教师的任务,而练只是学生的事情,教学任务完成与否,好像全由教师的讲来决定。这是语文教学中不能落实课堂上多练的一个重要的思想因素。

其实，在语文教学过程中，老师讲和学生练是统一的，是一个活动的两个方面。讲和练都是为了学生学到语文知识，掌握技能技巧，培养学生语文能力。培养学生语文能力，既是讲和练的共同的出发点和归宿，也是教师和学生在统一的教学过程中的共同任务。语文教学的任务完成得如何，要以学生语文能力提高的情况作标准，而不是只看教师在课堂上讲了多少课文。讲是重要的，应该花时间；但是，就培养学生的语文能力来说，练更重要，更应该花时间。一个学生的语文能力哪能是光靠教师讲出来的？实践已经证明，"满堂灌"的教学往往是失败的教学。老师为了"赶进度"，讲了好多课文，而学生的语文能力却提不高，这不能算完成教学任务。相反，在教师精讲的引导下，学生练得充分，能力提高得快，这才算真正完成了教学任务。

有的老师说："练是复习巩固旧知识的手段，传授新课没法多练。而课堂教学大量的是传授新课，因此，课堂上多练就无能为力。"这种理解不全面，把新课和旧课割裂开了。这也是不能落实课堂上多练的一个重要的思想原因。

其实，新与旧是辩证的统一。新课中包含着大量的、学生已经学过的旧课的内容，这些内容在新的条件下又成为新课的有机组成部分。新与旧这种内在的联系，就是传授新课中同样可以多练的客观依据。古代教育家孔子说过，"温故而知新"。不管孔子当时的原意如何，但就今天来说，这个教学原则我们完全可以理解为既应该在温故中知新，又应该在知新中温故。温故与知新不能截然分割。苏联教育家赞科夫在他实验教学体系的教学原则中十分强调在知新中温故的一面，他提出的"以高速度进行教学的原则"，其中一个十分重要的内容就是靠不断前进的"知识的广度"来达到知识的巩固。练既然可用于复习巩固，那么，在传授新课的时候，为什么不可以让学生把新中含旧、旧中出新的"旧"内容，通过自己动脑、自己动口、自己动手即练的形式来完成新课的教学任务呢？当然，练不能只局限于书面作业，对于语文课课堂多练来说，更应该包括口头的读和说，而且口头的练习应该占绝大多数。

落实课堂上多练的办法是很多的。从内容到形式到具体方法都没有固定的框框。听、说、读、写、背，可以练；字、词、句、段、篇，还有标点，也可以练；模仿性的作业、创造性的作业都可以采取。这当中有几条原则应该抓住：一是从学生的实际出发，根据教学要求，扎扎实实地练，不搞形式主义；二是特别要注意把带有规律性的知识转化为学生的技能；三是启发引导学生尽可能地联系已学过的知识，把新旧内容有机地结合起来；四是多读、多背、多说、多复述，要练得充分，灵活；五是照顾全班同学。

练的具体方法，从我的教学实践看，大体有如下几种。

一、在同一篇课文或是同一组课文中，凡属类似的内容，前面讲了，后面就引导学生来练。

如《我的伯父鲁迅先生》，这一课文说了五件事：第一件是鲁迅逝世以后前来悼念的人很多，说明鲁迅深受人民的爱戴；第二件是鲁迅和作者一起谈论《水浒传》，说明鲁迅关心青少年，所以广大青少年爱戴鲁迅先生。这种写法是用一件事情来说明一个问题。教了第一、第二两件事以后，第三、四、五各写的是什么事，说明什么问题，就可以引导学生自己阅读，自己分析概括。这就把讲和练结合起来了。

二、结合新课内容，随时插入字、词、句、段等小练习，成为新课的有机组成部分。

如教《落花生》一课中生字"辨别"的"辨"，老师问："这个字过去有没有学过？"一个学生说："学过。《盲人摸象》一课中有这个字。"另一个学生说："那个字和这个字不一样。那个字中间是个'言'字"。接着，教师指出辨别的"辨"与辩论的"辩"两字的异同。这样，既教了生字，又穿插进行了辨字练习。又如，讲《月光曲》一课讲到平静的海面忽然刮起了大风,卷起了巨浪。老师问:"妹妹好像看见了怎么样的海面?用四个字回答。"学生按课文回答:"波涛汹涌。"老师又问:"还可以怎么说?"学生有的说惊涛骇浪,有的说白浪滔天,有的说汹涌澎湃。讲到"月光照进窗子……显得格外清幽"时,老师要学生背诵形容月光的两句古诗。学生背:"床前明月光,疑是地上霜。"这种随时插入的练习,既是旧知识的巩固和运用,又是对新教材内容有机的补充。

三、运用启发式。

凡是学生能在老师启发下说出的内容,尽量由学生自己来讲,训练学生分析,综合,思考,表达的能力。如审题《今天该我喂鸡》,题目包含了哪些内容,文章大致要写什么,中心应该突出什么等,学生在老师启发下是能够回答出来的,老师就不要包办代替。

四、小小组议论。

把班上同学按座位前后左右编成小小组,有些较难或容易分歧的问题,如掌握文章的思路、概括课文内容、评析文章的优缺点等,可让学生在回答之前在小小组里轻声议论一下,人少发言机会多,思维活跃,相互启发,练的效果就更好。

五、在讲读新课中,随着课文的进展,让学生多读课文。

或是学生读后老师讲解;或是让学生读课文上的句段后回答教师的问题,边读边指导;或让学生相互评议。在朗读评议中,训练学生听、说、读、分析的能力,使朗读训练成为整个讲读课不可缺少的环节。

六、适当安排对新课内容的巩固性练习和创造性练习。

如教了冒号、引号的用法,就出示事先准备好的小黑板,让学生在小黑板上做标点练习。又如,讲了课文中精彩的段落以后,利用幻灯或板书的提示,引导学生当堂背诵等,这都是巩固性的练习。

做创造性的练习,特别要注意把带有规律性的知识转化为技能。如课文中经常有这样的写法:"看看泸定桥,真叫人胆寒",下面就写出怎么叫人胆寒;"草地是二万五千里长征最难走的一段",下面就写出怎么难走;"列宁喜欢图书",接着就讲列宁怎么喜欢图书。先概括地总说,后具体地分说,这是介绍情况时常用的一种方法,是带有规律性的知识。练习时一定要让学生把这些知识转化为能力。

课堂上多练,这对旧的"满堂灌"的教学思想、教学方法来说是一个挑战。它迫使人们去研究新问题,探索新路子。

(选自霍懋征编著《霍懋征语文教学经验谈》,上海教育出版社1985年版)

谈小小组的"议论"

教学是师生之间的双边活动。如果仅有教师"教"的积极性，而没有学生"学"的积极性，教学的效果就得不到保证。我们切不可把教学看成一种智慧的漏斗，只是把知识从教师的头脑中灌输到学生的头脑中去。知识不能机械式地传递，教师只能提供知识，推动学生去思考、去实践，使之逐步转化为能力。在课堂教学中，指导学生展开议论，就是推动学生去思考、去实践的一种好方法。

在课堂教学活动中，我把班上的学生按座位前后左右、四人一组编成十几个小小组，遇到有较难或容易产生分歧的问题，如，掌握文章的思路、概括课文的内容、评议文章的优缺点，就让学生在回答之前，先在小小组里轻声议论议论。这样进行议论有什么好处呢？

第一，学生发言的机会多。

一个小小组只有三四个人，谁都可以发表意见，即使平时不敢在全班同学面前发言的学生，也能得到练习的机会。发言的机会多了，学生口头表达能力就会提高得快一些。

第二，学生相互启发，思维活跃。

学生在小小组里议论，你一言，我一语，毫无拘束，可以充分谈出自己的见解，并且能随时得到别人的纠正和补充，有时还能引起争论。这样，学生的思维就活跃起来了。

第三，有观察项目时，可使观察与议论结合起来。

教学内容中有的观察项目，如，图画、标本可以发到小小组里，让学生一边观察，一边议论，这会比教师在讲台前演示或让学生一个人在底下闷头看，效果要好得多。因为，学生的议论就是在表述，把观察和表述密切地结合起来，当然比孤立地进行观察的效果要好多了。

第四，学生变被动为主动。

通过议论，每个学生对问题都有了一定的认识。学生思想上有了准备，再在课堂上当众回答问题，就产生了一种跃跃欲试的情绪；听别人回答问题或老师的讲解，就会注意力更加专注集中，促使思考与比较。这样，就改变了有些学生习惯于接受现成结论的被动状态。

议论很有好处，但是不是让学生随便议论就能取得好的教学效果呢？不是的。学生的议论，需要老师的正确引导，否则课堂上显得热热闹闹，实际上学生抓不住要领，得不到应有的效果。我在指导学生议论时，主要做好三件事。

（一）确定议题。学习每一篇课文都有教学的重点和难点，教师应该围绕着这个重点和难点结合学生的实际水平来确定议题。有的课文，可以根据一个思考题来议论；有的课文，可以议论它的结构形式或写作特点；有的课文，可以议论其中的某个段落……议题明确，学生才能有的放矢地分析问题，解决问题，议论才能有所收获。例如，我教《桂林山水》一课，确定第三个自然段由学生自学议论。为什么呢？因为，第三自然段和第二自然段的结构、句式基本相同。在讲解第二自然段的时候，我做了示范，概括出"静""清""绿"是漓江水的特点。有了这样的基础，学生完全可以通过自学议论，掌握桂林山的特点是"奇""秀""险"。只有议题选择得恰当，学生才能议论得好。

（二）提示要点。学生对议论的内容，有些地方认识不到，或者议论的时候不知从什么地方入手。遇到这样的议题，在学生议论前教师应该提示议论的要点。例如，我讲《我的伯父鲁迅先生》一课，在讲读完第一大段之后，我提出了一个问题："为什么鲁迅先生受到了那么多人的爱戴？"然后让学生根据这个问题，议论第二大段。第二大段主要写了鲁迅先生和作者谈论读《水浒传》的事，学生议论这一段，容易局限在鲁迅先生启发教育作者认真读书上。因此，在议论前，我提示学生：鲁迅先生送给作者两本书，一本是《表》，它的作者是苏联作家班苔莱耶夫；一本是《小约翰》，它的作者是荷兰作家弗·望·蔼覃，这两本书都是鲁迅先生为中国的孩子们翻译的。由于有了这样的提示，学生议论得就比较深入了，他们认识到，鲁迅先生不但关心自己侄女的读书问题，而且关心广大少年儿童的读书问题，他亲自为孩子们翻译了儿童读物。所以，鲁迅先生受到了自己的侄女和广大少年儿童的爱戴。

（三）解答疑难。经过议论，学生已经掌握了的内容，我们就不必重复讲解了。可是，学生议论时，可能有些疑难问题解决不了。帮助学生解答疑难，是指导学生议论时需要做的一项很重要的工作。例如，在学习《月光曲》这篇课文时，学生议论后提出："盲姑娘眼睛看不见，以前也没听过贝多芬演奏，怎么贝多芬刚弹完曲子，盲姑娘就知道他是贝多芬呢？"针对学生提出的这个问题，我在讲课时讲了"知音"这个词，还介绍了我国古代俞伯牙和钟子期的故事。经我这么一讲，学生心灵开了窍，知道是遇到知音了。这样，不仅原来的疑问解决了，而且加深了对课文思想内容的理解。当然，学生在议论中提出来的问题，不一定都由老师来解答，有的问题，老师点拨一下，学生再深入议论议论就能解决；有的问题，老师在课堂上解答不了，需要放到课后去研究解决。

议论是引导学生学会自学的一种方法，也是我在教学改革中的一种尝试。有些教师对于使用这种方法还有些顾虑，怕课堂纪律乱，怕低年级学生议论不起来，等等。我认为，这样的顾虑是没有必要的。最近，我和几位教低年级的老师一起研究，怎样在低年级的课堂教学中开展议论，发现一、二年级的小学生，对这种方法更感兴趣。他们完全可以按照老师的指点进行议论，像比较形近字的异同，分析句子的意思，积极性很高，秩序也很好。有的小学生对我说："以前，我上课身子坐得直直的，可是尽走神儿，老师讲了半天，我也记不住。现在，让我们凑在一起，你说我也说，老师没怎么讲，我也都会了。"议论使学生成了学习的主人，这就是在课堂教学中开展议论的最大收获。

（选自霍懋征编著《霍懋征语文教学经验谈》，上海教育出版社1985年版）

第二辑

论语文教学

语文教学中要贯彻全面发展的方针

贯彻德智体全面发展的教育方针是学校每项工作、每门学科的共同任务,语文教学当然不能例外。语文又是基础知识教学中的主课,所占的课时最多,课文涉及的内容很广,绝大多数是主题好、语言规范的好文章,因而,在全面贯彻党的教育方针中,它有更重要的地位。教了一篇好文章,不仅能发展学生的智力,而且还能收到较好的思想品德教育的效果。例如,我教《一个苹果》以后,一天中午,两个学生因为学校食堂只剩一碗饭争了起来,一个说,"我先来的,应该给我"。一个说,"每人一份,我还没吃呢"。这时,我走了过去,说:"你们想一想,《一个苹果》这篇课文里的志愿军叔叔他们会怎样对待这碗饭呢?"学生受到了教育,立即由争变成让了。语文教学中这种潜移默化的作用,别的学科是不能和它相比的。

语文教学要贯彻德智体全面发展方针,我觉得特别要注意三个问题。

第一个问题是与德育的关系,即"文""道"统一的问题。就阅读教学来说,我体会主要是两句话,即讲"文"离不开思想内容的需要,进行思想教育一定要从"文"的实际出发。也就是说,在培养学生听说读写能力的过程中，从教材的实际出发，根据教材所表达的内容的需要，讲清教材中运用语言文字的基础知识及其作用，同时，通过语言文字教学，进一步加深对课文思想内容的理解。例如，《别了，我爱的中国》这篇课文，全文三次出现"别了，我爱的中国，我全心爱着的中国!"学生不理解：为什么要出现三次呢？是多余的重复吗？这个问题很重要。怎么教？如果离开课文内容的需要，只就修辞讲"间隔反复"修辞格的基础知识及其作用，那么，学生就会似懂非懂地生吞下去，效果一定不好。如果只就思想内容孤立地把这三句话抽出来，说这是作者有强烈的爱国之情，并且进一步发挥，进行所谓爱国主义的教育，效果也肯定是不会好的。我从文章的实际出发，不是急于直接回答学生的问题，而是让学生反复地朗读课文，在细心的阅读中设身处地地去体会。第一次出现是船离岸的时候，作者向亲友，向祖国告别。第二次出现是沿途之中，作者目睹帝国主义的军舰停在祖国的内海上，爱和恨的感情交织在一起。第三次出现是在大海上，作者不忍做"不负责任地离开中国"的罪人，而是为"求得更好的经验，求得更好的战斗的武器"，发誓回国以后"将以更勇猛的力量"投入为"我爱的中国"而战斗。从惜别、留恋到内疚和决心，感情一次比一次强烈，学生自己找到了答案，他们说："课文三次出现'别了，我爱的中国'，不是重复，而是表达作者对祖国的爱，一次比一次深。"

文章本身有很强的思想性，感染力，而这种内在的思想性或感染力，又是通过特定的语言文字形式表达出来的，"文"与"道"在文章中就是统一的，因此，教学中也必须贯彻文道统一的原则，既不能牵强附会，更不能顾此失彼。

第二个问题是要把全面发展方针贯串到教学过程的每一个环节。例如，课堂讨论，让学生评议某一同学的回答或其他练习，教师要特别注意培养学生勤于思考、善于思考的思想品质和全面看问题的思想方法。

要给学生提出要求，给人提意见的时候，首先要肯定人家的优点，然后再提不足，这就是具体地对学生进行一分为二的教育。肯定人家的优点，就是要善于发现别人的长处，虚心向别人学习；指出他人的不足，是为了更好地帮助他提高，这是助人为乐，关心集体。这里都有德育的问题，也就是逐渐养成学生待人接物中一分为二的思想品质和方法。又如，要尽可能提高课堂教学的效益，当堂内容当堂消化，以减轻学生的课外的作业负担；课外作业一定要适量，让学生有足够的课余活动时间和休息时间，以保证学生精神饱满地投入学习；上课时学生坐、立、读书、写字的姿势等，教师也要处处关心，给以指导，这里都有体育的问题。总之，教师头脑里时时要有"全面发展"四个字，这样，全面发展的教育方针就能贯彻在教学过程的每一个环节中了。

第三个问题是教师的言传与身教的问题，特别是身教。 学生善于观察，善于模仿。如果语文课上教师要求学生做到的事，教师不首先做到，那是不会有好的教育效果的。在身教问题上，我觉得语文教师要特别注意两个方面：

首先是身先士卒，处处做学生的表率。例如，教学生要用一分为二的观点看问题，老师在处理任何问题的时候，哪怕是对待犯错误的学生，也一定要用一分为二的观点去对待，去解决问题。再如，教《我的战友邱少云》一课时，要求学生向邱少云学习，严守纪律，那么，教师首先要严格要求自己，做守纪律的模范，上课铃响了，准时上课，下课铃响了，按时下课，不迟到，不拖堂，认真教课。语文教学要求学生掌握美的语言，那么，教师首先要有语言美的修养，不论是内容、声调，还是文字、行款格式。如果教师说话粗野，批改作业字迹潦草，那么就会给学生带来很不好的影响。

其次是讲读课文，教师首先要受到课文思想内容的感染，然后再用自己丰富的感情去感染学生。例如，我教《十里长街送总理》一课，由于自己被总理的崇高品质所感动，教学生表情朗读的时候，我的眼眶湿润了，声音也随着心潮的起伏而起伏。饱含着感情的范读给学生以深切的感染，学生朗读的时候，都能读出对总理真挚的感情来。这里关键的一条就是教育者首先要受教育。

关于语文教学中的智育任务，主要是培养学生语文能力的问题，下面再谈。

（选自霍懋征编著《霍懋征语文教学经验谈》，上海教育出版社1985年版）

培养学生学习语文的兴趣

从心理学的角度看,"兴趣是人对客观事物的一种积极的认识倾向,是一种复杂的个性品质,它推动人去探求新的知识,发展新的能力。"在学生学习过程中,兴趣是十分重要的。对于小学生来说,更有其特殊的意义。小学生年龄小,道理懂得少,各种心理过程常带有很大的无意性。因此,经常保持学生对某门学科的兴趣就成了他感知事物、发展思维的强大内动力。只有当学生对某种学习感到兴趣的时候,他才能积极主动而且心情愉快地去进行学习,才不会觉得学习是一种沉重的负担;只有当学生有兴趣学习的时候,他才能集中注意力,积极思考,对知识掌握得快,记得牢,学习效果好。语文课也是一样。如果学生对语文不感兴趣,"一上课就叹气","一做作文就头疼",这怎么能学好语文呢?

对兴趣重要性的认识是一码事,在实践中能不能着力培养学生的兴趣又是一码事。兴趣不是先天的东西,它是在一定的社会生活和教育的影响下发展起来的。问题的关键在于培养。

如何培养学生学习语文的兴趣?根据自己的教学实践,我觉得特别要注意以下几个方面。

一、建立良好的师生关系

在教学过程中，教师的情感对学生有直接的感染作用，特别是年龄较小的学生，这种感染作用更为突出。学生对老师是真诚尊敬的，充分信赖的。如果老师不尊重学生，不爱护学生，学生就会产生反感，或者望而生畏，或者厌恶。这种反感的情绪，也会直接影响到老师所教的学科上，从而引起他们对该门学科的反感。我对学生的要求是严格的，但从不发脾气，总是亲切地启发诱导他们，即使是对他们的批评，也使他们感到这是老师的关怀和爱护。

二、注意课堂教学艺术，善于设问，让学生在教师引导下勤思多练

课堂教学，是学校教学过程的主要形式。因此，要培养学生学习语文的兴趣，特别要注意课堂教学的艺术。这也是培养学生学习兴趣的重要途径。例如老师讲话，如果声音太高，学生受不了，但老是低音对小学生也不合适；快了学生听不清，慢了学生不爱听。要根据教学的需要，该高得高，该低得低，要高、低、快、慢适中。又如，有的老师讲话有语病，讲一句话"啊"一声，结果，老师在上面讲课，学生在下面数"啊"字，学生的兴趣被老师的语病吸引了。提问也要注意艺术，有的老师猛然提出一个问题，叫一个学生站起来回答，既没有让学生有思考的时间，也不是面向全班。结果，这个学生很紧张，别人看笑话；老师如果立即对这个学生和发笑的同学进行批评，一堂课就会全给搞乱了，怎么能培养起学生学习语文的兴趣呢？

在课堂教学艺术中，我觉得最重要的是教师要善于设问，让学生在教师引导下勤思多练。学生学习兴趣中有一个很重要的特点，就是对于有一定难度，但又不是太难的问题愿意自己想一想，亲手做一做，一旦当他想出来或者做对的时候，他就会体验到一种十分愉快的情感，这种

情感反过来又会进一步激发他对学习的兴趣。因此，要让学生多想想，多练练。想什么？练什么？小学生主动提出问题的能力差，教师要帮助学生设问，要为学生想想、练练提供明确的目标。当然，让学生想的、练的问题不能过易，也不能过难，更不能负担过重。过易学生不必思考，调动不了学生学习的积极性；过难学生无从思考，容易产生畏难情绪；负担过重只能使学生产生对学习的反感。要根据教学的实际情况，做到难易适度，多少适度。所谓难易适度，就是能够最大限度地调动学生学习的积极性，并通过努力能获得一定答案的问题。例如，北京市小语课本第九册《朱总司令帮助农民种稻》一文，说的是朱总司令与劳动人民心连心的事情。这件事情发生在什么时间，课文只写了一句"朱总司令住在河北建屏县柏坡乡的时候"。到底是解放前还是解放后，没有具体交代。我问学生，学生从课文里找不到现成的答案。于是，大家就积极地阅读、思索。有的说是解放前，因为书上有一句农民刘永久的话，说"总司令，您只要把敌人打跑，把生产领导好就行了"，说明那时敌人还没有全打跑，是解放前。有的说是解放后，因为课文中有土改工作团，没解放怎么会有土改呢？各有理由，课堂上思想十分活跃。以后当老师说明朱总司令住在建屏县柏坡乡时正是1948年全国尚未解放而建屏县已经解放的时候，他们就恍然大悟，有的甚至后悔自己为什么不从多方面再往下想一想，觉得老师提的问题很有意思。这样的问题在课堂上不断出现以后，学生不但能从老师的设问中，通过自己的想和练激发起求知的欲望，而且还能在老师设问的启发下，激起自己独立设问的愿望，从而能更大程度地提高对语文的兴趣。

三、充分发挥学科本身固有的特点，用语言的生动性、形象性来吸引学生

在小学阶段，学生对生动、具体的东西要比抽象的知识更感兴趣。

语文学科较之数学、常识等有一个很大的特点，就是课文内容具体，语言生动形象。因此，充分利用语文课中语言生动、形象的特点就可成为培养学生学习语文兴趣极有利的条件。例如，有不少古诗内容丰富，语言精练，诗中有画，情景交融，有声有色，十分动人。小学生记忆力强，十分爱学爱背优美的诗歌。三年级上学期，我给学生讲了一个曹丕迫害曹植，曹植七步成诗的故事，并教了曹植的《七步诗》："煮豆燃豆萁，豆在釜中泣；本是同根生，相煎何太急！"学生很感兴趣。等我讲完，他们已经会背了，而且还要求多教几首。第二天我又教了一首《咏鹅》，相传是骆宾王七岁时的作品。学生更高兴了，有的说："我们都九岁了还不会呢！"表示一定要好好学习。他们在家背，在学校背，上楼也要背一句"欲穷千里目，更上一层楼"，把学诗、背诗当作精神上的享受。学生称它"是一种休息""娱乐"。又如表情朗读，它接近于朗诵，形象、具体、有感情。只要学生参与到这个活动中去，并且有所感受的时候，他就会迸发出学习语文的极大兴趣。开始，大部分学生都不会读，也不喜欢读，认为读课文挺枯燥的，意思懂了就行了。后来，我请演员给他们作朗读表演，让外校朗读好的小朋友朗读课文并录音，配合教学拿到教室里放，激发了学生朗读的要求。以后，我进一步给班上的学生录音。学生读得不好，我耐心指导，从不批评。录了音就拿到班上放。学生听了自己的录音，感到无上光荣。大家受到了极大的激励，一个赛一个，很快，朗读的兴趣就培养起来了。我班学生学习语文的兴趣很高，这与充分发挥语文学科本身固有的特点是分不开的。

四、要让学生不断地学有所得，学到真本领

心理学的研究证明："只有当某种知识领域中的实际知识的积累达到了一定水平时，才能产生对这一领域的兴趣……教材内容过深或过浅都不能满足学生的需要，都会妨碍学习兴趣的形成与发展。"学生通过自

己的努力，不断地学有所得，就能不断地体验到一种愉快的情感。反之，就会感到"没意思"。特别是当学校、家庭、社会对学生进行学习检查的时候，好的成绩赢得了表扬、奖励和荣誉，学生就会感到有了前进的力量，从而激起更大的学习兴趣去探求新的知识；相反，因成绩不好，得到的是责骂或讽刺，学生就会感到非常痛苦，甚至会失去对学习的信心。有时我们问学生为什么对语文不感兴趣时，经常可以听到这样的回答："语文太难了，我不会分析，又不会作文"，等等。"不会"就是没有学到真本领。没有真本领就不会有对该门功课的兴趣。兴趣与学习成果往往有相辅相成的作用。要培养学生学习语文的兴趣，就要千方百计利用学习成果的反馈作用。我在教学中，尽可能做到从学生的实际情况出发，扩大学生的知识视野，注意学生能力的培养，特别是思考问题、分析问题的能力。使学生感到经过自己的努力，可以学到很多东西，有强烈的求知欲望。三年级上学期，我给学生教了九十五篇课文，以后每学期都教六七十篇。学生学得多，听说读写能力提高很快，普遍受到学校、家庭和社会的赞许，他们越学越爱学。学习的成果反作用于学习的兴趣，学习的兴趣也就更加巩固了。

学生学习兴趣的形成往往还与其他各方面因素联系着，如，学习动机，对学科重要性的认识。我们还必须随时针对这些情况进行工作。

（选自高惠莹、潘自由、梁慧颜编《霍懋征语文教学经验选编》，人民教育出版社1983年版）

帮助学生掌握学习语文的方法

学好语文有各种途径，各种方法。但有一些是共同的。这些共同的东西，可归纳为"五多""三好"。"五多"就是多读，多听，多思，多问，多练。"三好"就是课前预习好，课上理解好，课后复习好。

先说"五多"。

一是多读。既要多读各方面的书籍文章，又要反复熟读重点文章，特别是语文书上的文章。因为语文书上的文章是编者根据教学大纲精心编选的，适合教学，适合学生阅读。有的学生学语文不读语文书，这是一种很不正常的现象，教师有责任帮助他们克服。克服的办法有三：一是讲清道理，二是提出具体要求，三是督促检查。多读语文书上的文章，多读各种书籍报刊上的文章，不仅能帮助学生理解文章的内容，丰富知识，积累词汇，逐步掌握用词造句、布局谋篇的一些特点和规律，而且，在潜移默化中能培养学生良好的读书习惯，不断提高学生的阅读和写作的能力。多读是我国传统的行之有效的学习语文的方法。古人有两句话，"读书破万卷，下笔如有神"，"熟读唐诗三百首，不会吟诗也会吟"，这正是多读好处的概括。

二是多听。在课外，要多听那些广播、电视、电影、演出中经过提炼的语言，在课内则要多听老师的讲解、同学的回答。平时讲话，不免有很多不规范的语言，在听的时候，要学会听出哪些语言是不正确的，哪些语言才是正确、鲜明、生动的，而且，对照和改造自己的语言。

三是多思。就是要边读边想，边听边想，边看边想，要善于多想。例如，作者写了什么，怎样写的，为什么这样写；别人的文章写得好，好在什么地方；他在这里用了这个词，我换一个行不行；这个意思他是这样表达的，类似的意思我该怎么表达，等等。一分思考一分收获，多思才会有更多的长进。

四是多问。要让学生懂得做学问就是要学学问问，要多学多问，不学不问是不会有学问的。不要不求甚解，更不要不懂装懂。在学习中，要善于发现问题，提出问题。有了问题，首先要独立思考；经过努力解决不了或者把握不大的问题，一定要问老师，问家长，问同学，问字典词典，问书本；如果不会发现问题、提出问题，教师可布置一些思考性的问题，启发学生学着提问，同时还要启发学生向善于提问的同学学习，看别的同学是怎样提出问题的，从而逐步养成勤学好问的习惯。

五是多练。这是学好语文的一条根本途径。学习语文，离开了实践、练习，任何本领都是不会有的。语文练习的内容很多，听、说、读、写、背，字、词、句、段、篇、标点等都可以练。练时特别要注意两条：一是从自己的实际出发，扎扎实实地打好基础。哪里是薄弱环节，哪里就要下苦功夫多练。二是要把带有规律性的知识转化为能力。例如，叙述一件事情，一定要说清楚何时、何地、何人、起因、经过、结果，这是带有规律性的知识，就要努力把这种知识转化为自己的技能。这样，在带有规律性的知识指导下，认真多练，语文能力一定会很快提高。

下面再谈一谈"三好"。

课前预习好，课上理解好，课后复习好，这是上好语文课必不可少的三个环节，一定要让学生抓住不放。

课前预习好，就是要为上课作好充分的准备。对于中高年级的学生来说，预习的要求一般是先通览一遍课文，通过查字典、词典解决生字新词的问题，然后再边读边想，了解课文的大致内容，体会课文的思想感情，提出不懂的问题，以便上课时更好地抓住重点，突破难点。预习越充分，课上的收获就越大。

课上理解好，就是要学生专心听讲，按老师的要求积极思考问题，理解好课文的重点和难点。要让学生认识到，老师课堂上讲的都是根据教学计划、经过充分准备的内容，理解好这些内容对学好语文帮助极大；如果课堂上没有理解好、掌握好，课后再补就困难多了，有的甚至会影响今后相当长一段时间的学习。课堂上理解好可以从三个方面努力：一是引导学生专心听老师的讲解、启发；二是从同学的理解中吸取营养；三是激发学生思维的积极性，积极思考，积极和同学们一起讨论、研究问题，敢于提出自己的看法。

课后复习好，主要是进一步消化或巩固课堂上所学的内容。除了按时完成作业以外，还要启发学生自觉地经常地温习过去已经学过的知识。及时复习，经常把新旧知识联系起来，温故而知新，这样就能收到事半功倍的效果。

（选自霍懋征编著《霍懋征语文教学经验谈》，上海教育出版社1985年版）

提高学生分析概括能力

阅读是理解，是吸收。吸收的好坏，很大程度上取决于分析概括能力的强弱。提高学生的分析概括能力，和提高学生的阅读能力有着极为密切的关系。不会分析概括，就读不懂课文，就抓不住重点；即使有所得，也所得无几。因此，在阅读教学中，一定要重视提高学生分析概括能力。这样，才能更好地完成阅读教学的任务。

怎样有效地提高学生的分析概括能力呢？我在平时的阅读教学中，注意做好以下几方面的工作。

第一，让学生学会分析课题。

每教一篇新的课文，我总要引导学生先分析一下课题。课文的题目，一般地都提示了课文内容的重点，或者是主要人物，像《小英雄雨来》；或者是主要事件，像《董存瑞舍身炸暗堡》。有的课文，用时间、地点做题目，像《冬晚》《小站》。有的课题，还揭示了课文的中心思想，像《伟大的友谊》。分析好课题，对于学生初步了解课文的主要内容、作者思路等都有一定的作用；对于学生学会审题，提高写作能力也是很有好处的。分析课题，就要对课题进行逐字逐词地推敲。例如，我教《草地夜行》这一课，揭示课题以后，引导学生根据课题中的四个字,推敲这篇课文写的是什么事情,重点在哪里。这时,全班学生围绕着课题,积极地展开了讨论。有的说:"一看题目《草地夜行》,我就想起了红军过草地的事情。'夜行'是说夜里行军。所以,这篇课文写的是红军过草地时夜里行军的事。"有的说:"红军在草地里夜间行军,草地环境险恶,夜间行军更有危险。在这种危险的情况下,红军战士是怎样对待的呢?重点应放在夜行上。"这样,通过对题目的分析,结合课前预习,学生就能较好地掌握课文的梗概和重点,为深入理解全文找到了一个思考的中心。

第二,教学生学会抓住有提示作用的关键词语。

课文里常有总起分述或者叙述后再概括的写法,这样的写法体现了分析综合的思维过程。在培养学生分析概括能力的时候,我们要充分利用课文所提供的这种有利条件,让学生学会抓住总起句、概括句等有提示作用的关键词语,来教会学生进行分析概括。例如,《珍贵的教科书》一课,第二自然段第一句写"当时,我们的学习条件非常艰苦",这是个总起句,有提示下文的作用。怎么艰苦呢?文章接着写道:"没有桌椅,就坐在地上,把小板凳当桌子;没有黑板,就用锅烟灰在墙上刷一块;没有粉笔,就用黄土块代替。最困难的是一直没有书,抄一课学一课。"我教这一段,就让学生分别列出几条,来说明延安小学当时的学习条件非常艰苦,并使他们懂得,列出的四条(没有桌椅、没有黑板、没有粉笔、没有书),对"条件非常艰苦"这句话来说,就是具体的分析。这种练习多了,学生就能在阅读时注意抓住有提示作用的关键词语进行思考,分析概括的能力也就会逐步提高。例如,学到《桂林山水》一课,学生就能抓住漓江的水的特点是"静""清""绿",桂林的山的特点是"奇""秀""险"。有了这种能力,让学生分段、分层,编写段意、提纲,就比较容易了。

第三,教学生学会分析概括的方法,养成边读边想的良好习惯。

还是以《珍贵的教科书》为例,简略地谈谈怎样教学生边读边想、边分析边概括。

　　首先，一看课题就可以想一想：为什么说是"珍贵的"教科书呢？读完第一第二自然段又可以想一想：这两个自然段写的是什么呢？概括一下，写的是延安小学的学生学习条件非常艰苦，没有书，同学们渴望得到书。进一步与课题联系起来想一想，在一直没有书的情况下，如果得到了书，这书就显得有点"珍贵"了。读完第二大段，再仔细想一想：这书"是在毛主席的关怀下印出来的！印书的纸，是党中央从文件用纸里节省出来的！"这是为什么呢？再联系课题，对"珍贵的教科书"为什么"珍贵"，理解得就更深刻了。读完第三大段，继续想：为什么张指导员宁肯牺牲自己也要保护教科书呢？这说明了什么？这时候，同学们就会想到教科书来得真不容易呀！这样的教科书多"珍贵"呀！有了这样的认识和感情，再读课文的最后一段，张指导员临终嘱咐的话，就会深深地铭刻在学生们的心里，使他们受到更大的教育。由于学生们围绕着题目，边读边想，加深了对课文内容的理解，在这个基础上概括全文，总结中心思想，他们就会觉得容易了。他们说：为了使孩子们能读到书，党中央节省出印文件用的纸，张指导员英勇地献出了自己的生命。从一捆教科书上，我们看到了党和革命先烈对革命后代的关怀和期望，我们也要珍惜这"珍贵的教科书"啊！

　　教会分析概括的方法，养成边读边想的习惯，对于小学生来说，主要不是由教师向学生讲什么名词概念，或者讲许多道理，而是让学生在教师指导下，自己练习分析概括，自己学会边读边想。教师在讲课时，不论是理解语句、指导分段、概括段意，还是指导归纳中心，都不要简单地告诉学生答案，重要的是要告诉学生应该怎样边读边想，怎样分析概括，特别是有些语句，表面的意思和它实际所要表达的内容是不同的，这就更要注意联系上下文等来进行分析。这样做，既有教师的示范引导，又有学生的练习，久而久之，学生就能逐步地掌握方法，形成习惯，阅读课文的分析概括能力就会大大提高。

　　这里有两点需要特别提出来，引起大家的注意。一是分析的时候，既要注意局部的深入，又要注意局部与整体、局部与局部相互之间的联系；而在概括的时候，则要注意事物之间或者事物各个因素之间的共同点和不同点，也就是说要注意发展学生的求同思维和求异思维。二是指导学生进行分析概括练习的时候，教师应该充分发挥学生的主观能动性，不要事先圈定框框或者定好"标准答案"，否则，就会束缚学生的手脚，闭塞学生的思路，练习一定不会获得理想的效果。

　　（选自霍懋征编著《霍懋征语文教学经验谈》，上海教育出版社1985年版）

培养学生说话的能力

语文教学的基本任务是培养学生听、说、读、写的能力,说是其中很重要的一种能力。说话是运用口头语言。口头语言与书面语言是相互影响,相互促进的,而且,口头语言是发展书面语言的基础。如果我们不注意提高学生说话的能力,那么,学生写作能力的提高就会受到限制。因此,培养学生说话的能力是语文教师必须重视、必须下功夫的一项教学内容。

说清楚,说明白,说完整,这是培养学生说话能力最基本的要求。要实现这个要求,在小学阶段,可以先从说清楚一句意思完整的话做起,然后再逐步让学生能连贯地说上一段意思完整的话,以至能围绕着一个中心说话。总之,一定要一步一个脚印,扎扎实实地把说话的基础打好。

为了培养学生的说话能力,我在平时的教学中,主要抓了以下几个环节:

一、当学生还不能说意思完整的话的时候,我先一句一句地教他们说。例如,有时学生在课堂学习的过程中,会说出这样的话:"老师不会。"其实,这句话的意思是"老师,我不会"。听到学生这样说,我立即纠正:"这句话说错了。你在做练习,怎么能说老师不会呢?重说一遍,把意思说清楚说完整。"平时加强这方面的训练,有机会就进行练习,学生就能逐渐养成把话说完整的习惯了。

二、学生在课堂上回答问题的时候,我随时注意让他们把话说清楚,说完整。例如,我教《人桥》一课,提出:"解放军为什么要架桥?"有的学生回答:"因为遇见了河。"这样的回答显然是不清楚、不完整的。于是,我就启发学生:遇到河就得架桥吗?必须把当时的环境条件和解放军过河的目的说清楚。经过老师的启发,学生说:"解放军在追击敌人的时候遇到了河,当时,敌人的炮火很密,河上没桥,也没船;解放军又急需过河去消灭逃跑的敌人,所以要架桥。"这样回答问题,就比较清楚、完整了。

三、根据课文的特点,指导学生进行对话练习。例如,《小马过河》这一课,用了五组对话讲述了一个童话故事。我结合这篇课文的特点,教学生学了提示语在前、提示语在中间、提示语在后、没有提示语等对话的基本形式,然后安排了对话的练习。我先口述了一段话:"小马从磨坊回到了马棚,向老马说了自己过河的情况,受到了老马的表扬,小马很高兴。"我先要求学生把这段话用一组对话的形式说出来,学生说:"小马从磨坊回到马棚,对妈妈说:'妈妈,我已经把麦子送到磨坊去了。'妈妈说:'你真是个好孩子。'小马听了很高兴。"然后,我又要求学生用两组对话比较具体地把这段话的意思表达出来,学生说,"小马从磨坊回到马棚,对老马说:'妈妈,我把麦子送到磨坊去了。'哦,那条河你是怎么过去的呢?"老马问小马。'那条河既不像老牛说的那样浅,也不像松鼠说的那样深,刚好没过我的小腿。'小马一边说一边抬起腿来比画,'我很快地就蹚过去了。''真是好孩子!以后,你要多到外面去锻炼锻炼。'听了妈妈的话,小马高兴地点了点头。"这组对话把四种对话的基本形式都用上了。

四、利用课文提供的条件，指导学生简要复述。进行简要复述的训练，要求基本上不重复课文中的原话，需要把疑问句改成陈述句，把对话改为用自己的话来表述，还要精简掉课文中一部分比较次要的内容。这样的训练可以通过课文的书面语言来促进学生口头语言的发展，这是培养学生能够有条理地说上一段话的好办法。例如，学生在简要复述《东郭先生和狼》这篇课文时，开始学生说："东郭先生救了狼，按道理狼应该报答东郭先生，但是它不仅不报答，反而要吃东郭先生。东郭先生差点儿被狼吃掉。后来，东郭先生在农夫的帮助下，把凶恶的狼打死了。"学生复述得虽然还可以，但还不够简要。后来，经过老师启发，他们能抓住最主要的情节，只用了简单的三句话就把课文的主要内容概括了："东郭先生上当受骗救了狼。狼反而要吃东郭先生。最后在老农的帮助下，东郭先生把狼打死了。"

五、多方面指导学生作口头的小作文练习。例如，我曾让学生口头描述"今天天气很冷"，要求学生只许说"冷"的意思，不许说出一个"冷"字。先让学生分成三组进行练习，第一组着重围绕天气变化的状态来说，第二组围绕人们的穿着来说，第三组围绕人们的神态动作来说。然后全班综合练习。我先说一句"今天天气很冷。"然后按一、二、三组的顺序分别描述。第一组说：北风呼啸，大雪纷飞，河里结了厚厚的冰，窗户的玻璃上结满了冰花。第二组说：我们穿上了厚棉衣，弟弟围上了大围脖，妹妹戴上了大口罩，屋子里生上了火炉子。第三组说：小红的脸蛋儿冻得像红苹果，小珍的手指冻得像胡萝卜，小华冻得直跺脚，小光把脖子缩到衣领里，只有小钢昂首挺胸地在前面走，好像在和严寒进行搏斗。学生你一言我一语地串起来成了一篇小文章。类似的口头小作文训练内容很多，比如，给一个中心思想，提供开头或结尾，让学生说一件事情；给一个简要的提纲，让学生叙述一个故事；说一个故事，让学生叙述故事的情节；给一个总起的概括句，让学生分别作具体的描述，等等。这种练习多了，学生的想象力、逻辑思维能力等都会得到较快的提高。

六、通过故事会的课外活动形式，进一步提高学生的口头表达能力。我经常配合班队活动，指导学生举行故事会，让他们把听到的、读到的或从电影、电视、戏剧中看到的故事，再讲述出来。开故事会这种活动，不但能培养学生口头表达能力，也促进了学生的课外阅读，有助于学生书面作文能力的发展。

培养学生说话能力的途径很多。我们要鼓励学生大胆地练说，特别是对胆小不敢说的学生，更要创造条件多给他们一些说的机会，进而使每个学生都能具备较强的说话能力和良好的说话习惯。

（选自霍懋征编著《霍懋征语文教学经验谈》，上海教育出版社1985年版）

提高后进生语文学习的能力

这里说的"后进生"只是指语文学习能力较差的学生,不是一般所理解的思想品德、学习成绩都差的学生。

要提高后进生学习语文的能力,我觉得首先要摸清他们语文学习能力较差的原因。从我接触的学生看,大致有两种情况。一种是学习潜力很大,也爱动脑子,但对语文学习就是不重视,认为国家建设要靠数理化,语文好坏关系不大,因而上课不用心,作业不认真,结果成绩上不去。成绩上不去又反过来影响学习语文的兴趣,恶性循环,后进了。另一种是基础比较差,跟不上正常的教学进度和要求,中间脱了一截子,赶赶没上去,失去了自信心,落后了。这两种情况,不论是对学习语文的重要性认识不足,还是失去了自信心,关键都在于要调动学生内在的学习积极性。

我的具体做法大致是这样的:

一、针对不重视学习语文的学生,我着重给他们补好思想认识这一课,不仅让他们从一般道理上懂得学习、工作、生活都离不开语文,而且,从学校生活或社会生活的实践中,让他们体会到学好语文确实重要。例如,在某一场合,学生要说,说不清,甚至把原来想好的意思说错了,这个时候,就可抓住机会,针对实例,对他们进行学好语文重要性的教育,使他们在感性认识的基础上,加深印象,从而提高学习语文的自觉性。思想上重视了,事情就好办多了。

二、针对缺乏自信心的学生,我着重给他们创造提高自信心的有利条件,先突破一点,再进一步培养兴趣。后进的学生一般都有自卑感。没有信心,当然更谈不上有兴趣。然而,信心和兴趣对提高后进生的语文学习能力来说却是必不可少的,从某种意义上说,甚至是第一位的。一定要在信心和兴趣上狠下功夫。

帮助学生建立信心、培养兴趣,首先要给学生创造有利条件,让学生在某一次或某一方面的语文活动实践中看到自己的成功,并能得到大家的鼓励。例如,有个语文学习差的学生,我让他读新课,开始读不好时,我从不批评,总是耐心帮助,当他读好了,我给他录了音,还拿到课堂上放,大家听了他的录音都夸他读得好。由于看到了自己的成功,并获得了集体的表扬,这个学生很快对朗读发生了兴趣,以后又对语文的其他方面发生了兴趣,成了班上语文学习能力比较强的一个。

创造条件,突破一点,就其精神实质而言,就是保护学生的自尊心、荣誉感,就是尽可能地让学生在语文学习中体验到语文活动给他带来精神上的愉快,从而进一步激发他渴望参加语文活动的愿望。突破点,对不同的学生来说,应是不相同的。有的在一次课堂答问中,由于受到老师的表扬,点燃了兴趣的火花,有的在课外的故事会中,由于赢得了同学们热烈的掌声,从此进入了语文爱好者的行列。因此,教师在给学生创造条件的时候,要尽可能地考虑到不同学生的不同情况。一定要多鼓励,多正面诱导,特别是在集体场合,不要挫伤后进学生的自尊心、自信心,相反,要充分利用集体的力量来保护后进学生的自尊心、自信心。例如,读书、回答问题等课堂口头练习,容易一点的内容可让差的同学来做,即使做得不理想也不要批评,而要耐心启发,或者让他坐下，认真听别人回答，然后，请他模仿别人再读或再说一遍。回答好的，让全班同学给他鼓掌，下课以后再鼓励他，并向他提出新的要求。其他作业、练习也是一样。学生不断地受到鼓励，积极性就会极大地调动起来。这样，语文学习的能力就不怕提不高了。

在提高后进生语文学习能力的时候，千万不要把注意力集中在消极的施加压力上。适当的压力是要的，但外因仍需要通过内因起作用，关键还在于调动学生内在的积极性。只注意施加压力，带强制性的学习是学不好的。

（选自霍懋征编著《霍懋征语文教学经验谈》，上海教育出版社1985年版）

教会学生理清文章的思路

理清文章的思路是语文教学过程中的一个重要内容,它对完成语文教学的任务关系重大。一个人写文章,首先得明确写作目的,写这篇文章要说明什么问题,赞成什么,反对什么。自古以来写文章总要有所指,这就是文章的"立意"。作者先得把立意定下来,然后根据文章的立意选材、取材、组材,再考虑布局谋篇、遣词造句,有条有理地写出来,使读者能够了解或者体会作者所要表达的思想内容。而老师在教学中,教学生学习文章,一般都是从字词到句段到全篇,最后理解文章的精神实质。这是一个事物的两个方面。作者是从文章的立意到遣词造句一层层地写下来。读者则是从文章的字词到文章的立意一层层深入地读进去。作者写下来的时候,有一条明确的想问题的路子,教师在教学生读文章的时候,也应该教学生顺着作者想问题的路子去读。这条想问题的路子,体现在文章里就是文章的思路。帮助学生理清文章的思路,不仅有利于学生读和写的能力的提高,而且有利于学生逻辑思维能力的训练。

每篇文章的思路虽然各不相同,但还是有一些规律性的东西的。例如,一般记叙文的思路,往往是按事情的发生、发展、高潮、结束这个顺序展开的；散文的思路往往是以意为中心展开的；常识性的文章，往往是以知识的内在联系来展开思路；小说的思路又往往是以人物的活动来组织思路；论说文一般则以提出问题、论证问题来组织思路，等等。

老师怎样教学生抓住文章本身的特点来理清思路呢？这里我想就小学语文课本中比较浅显的记叙文教学来谈一下这个问题。

一是从审题开始，围绕课题用提问的形式，把人们了解一件事情时最一般的思维的路子教给学生，即环绕事情搞清它的起因、经过和结果。比如《小马过河》这篇文章，题目标明了文章要说的事情，环绕小马过河这件事，阅读时就可顺着"小马为什么要过河？怎样过河？过去了没有？"这样的路子来思考，重点部分是怎样过河。文章是按这样的路子写的，读的人也应该按这样的路子去读。我从三年级开始，针对浅显记叙文的这一思路特点，教学生从审题开始，一看题目就想内容，一看内容，就要知道重点部分在哪儿。具体办法是围绕课题提出一些有内在联系的问题。例如，1979年北京市小学语文第八册有一篇阅读课文《人桥》，围绕"人桥"，我在教学中引导学生挨次思考了下面这样一些问题：

——看到课题，你们想到了一些什么问题？

——人桥，用人架桥，是什么人架桥？

——解放军为什么要用人架桥？

——怎样架桥？

——桥架起来了，过桥的时候他们怎么样呢？

——最后又怎么样呢？

学生循着教师引导的思维方向去思考，思路很快就畅通了，而且紧紧围绕课文的中心。这样的训练多了，怎样想问题，怎样理清思路，学生也就会逐步掌握了。

二是用简明扼要的板书帮助学生理清思路。例如，我在《设计好板书》一文中提到的《陶罐和铁罐》的板书设计和《林海》的板书设计，文字不多，加上几个箭头。学生看了一目了然，思路就很清楚。在教学生理清思路的时候，教师应该通过板书的示范，让学生也能学会利用简明扼要的书面形式来帮助自己做到思维条理化和思路的清晰性。

三是利用插图、挂图、概括课文大意等，帮助学生理清文章的思路。有的课文有插图，有的可利用挂图，要充分利用这些直观形象的手段，对帮助学生有效地进行思维是很有好处的。概括课文大意，保留主干，去掉旁枝末节，也是进行思路训练的好办法。如我讲《东郭先生和狼》一课，引导学生缩写成三句话：东郭先生上当受骗救了狼（第一段）；狼要吃东郭先生（第二段）；在老农的帮助下，东郭先生打死了狼（第三段）。这种将文章缩写成最简短的几句话的过程，实际上也就是帮助学生理清文章思路的过程。

（选自霍懋征编著《霍懋征语文教学经验谈》，上海教育出版社1985年版）

帮助学生积累词语

《全日制十年制学校小学语文教学大纲（试行草案）》指出："教师要采取多种方法帮助学生积累生动活泼的词语，使他们学习运用丰富的词语，正确地表达自己的思想。"

为了丰富学生的词语，我总鼓励学生多看书，并让学生准备一个积累词语的笔记本，把平时学到的词语摘录下来，随时进行适当的归类。造句、作文的时候，经常翻阅，这对学生掌握词语，提高运用语言的能力，很有帮助。

在课堂教学中，为了使学生牢固地掌握词语，丰富词语，我采用了以下几种措施：

第一，引导学生正确理解词语。

心理学研究的结果证明，机械记忆在效果上总比意义记忆差。学生对于那些没有真正理解的词语是不容易记住的，更谈不上恰当地运用。我们常会从学生的作业里发现错写、错用词语的现象。例如，有的学生把"异口同声"写成"一口同声"，这是因为"异""一"同音，学生不懂"异"是什么意思；有的学生写出了这样的句子："整整一天，雨断断续续地下个不停"，这是因为学生不懂得"陆陆续续"表示雨时断时续，和后面的"不停"矛盾。针对学生存在的问题，我在阅读教学中非常注意引导学生正确理解词语，不仅要理解词语的本义，而且还要弄懂词语在特定的语言环境里的含义。例如，在《我的伯父鲁迅先生》这篇课文中，鲁迅回答他的侄女说："你想，四周黑洞洞的，还不容易碰壁吗？""黑洞洞"和"碰壁"两个词语，在这句话里都是比喻的用法。"黑洞洞"指的是旧社会非常黑暗，没有光明，没有前途；"碰壁"是指人民在旧社会里没有丝毫的自由，革命者处处遭受迫害。只有让学生懂得了词语在课文中的意思和用法，他们才能牢固地记住这个词语，用的时候才能少出差错。

第二，启发学生准确地、灵活地运用词语。

学生是否真正掌握了某个词语，要看他能不能把这个词语恰当地运用到具体的语言环境中去。例如，在教学《陶罐和铁罐》这一课时，我问学生："几千年过去了，陶罐怎么样了？"学生有的回答"完整无缺"，有的回答"完整无损"。这两个词语只有一字之差，意思相近，却反映出学生选用词语的能力的高低。我及时地抓住这两个词语进行比较，指出"缺"是残缺，"损"是损坏。经过几千年，陶罐完好如初，还"和当年在御厨的时候完全一样，朴素，美观，乌黑锃亮"，这就不只是没有一点儿残缺，而且是没有丝毫的损坏。用"完整无损"比用"完整无缺"更准确，更能突出陶罐美好的形象。通过对意思相近的词语的辨析，启发学生准确地运用词语，能使学生对词语理解得更深，掌握得更牢。

在准确运用词语的同时，还要启发学生注意用词的灵活性。在汉语词汇中，常常可以用不同的词语来表达同一个意思。因此，在丰富学生词汇的教学中就要充分注意这种灵活性。例如，我讲《东郭先生和狼》这一课，我问学生："东郭先生救了狼，他怎样了？"学生回答说："东郭先生救了狼，他差点儿被狼吃掉。""还可怎么说？""他几乎被狼吃掉。"

"他险些被狼吃掉。"……"差点儿""几乎""险些",用不同的词语回答同一个意思,这种灵活运用词语的练习,不仅巩固了学生过去学过的词语,而且,在同一语言环境中,把过去没有联系的词语联系起来,对丰富学生词语有很好的效果。

第三,创造条件,帮助学生不断地巩固词语。

丰富学生的词语就要让学生在头脑里多多积累词语。而要积累词语就得不断地同遗忘作斗争。对于已经学过的词语,反复抄写固然可以产生机械记忆的效果,但是,用这样的方法积累起来的词语往往是消极的。要把消极词语转变为积极词语,特别需要经常运用,反复巩固。我常采用这样的一些方式,给学生创设巩固词语的条件。

1. 联系课文实际,让学生说出同义词。例如,我讲《毛岸英在狱中》这一课,就有意识地让学生把过去学过的表现敌人残暴和革命者气节的词语说出来,学生说出来不少,如写敌人的有"狠毒""凶狠""阴险""狡猾""虚伪""毒辣"等,写革命者的有"坚贞""勇敢""英勇""顽强""宁死不屈""视死如归"等。在教《林海》这篇课文的时候,为了让学生更好地体会到大兴安岭的"每条岭都是那么温柔",我就启发学生说出以前学过的形容高山峻岭的词语,他们回答出"巍峨耸立""拔地而起""悬崖峭壁""危峰兀立""孤峰突起"等。这些词语都是用来形容高山险峰的,而大兴安岭山势平缓,所以课文里说它"温柔","不孤峰突起,盛气凌人"。这样做,不仅可以使学生巩固已学过的词语,还可以进一步开阔学生的思路,突破难点,引起他们学习课文的兴趣。温故而知新,一举两得。

2. 同义词、同类词归类。经过一段时间的教学,让学生有意识地把学过的同义词、同类词作一下归类整理,这对积累词语、巩固词语是很有帮助的。形式可以多样,或者做作业练习,或者让学生设词语本,或者用卡片形式,等等。同义词归类,如"看""瞧""望""瞻仰""俯瞰",等等,写出词以后再注上每一词之间的差别。同类词归类,如把描写人物脸部表情的词集中起来,把写天气变化的词归类在一起,等等。这样归类整理对提高学生分析概括能力也很有好处。

3. 同一个词在与别的词组合时作不同词义的辨析。如"打"字,"打"毛衣作"织"解,"打"伞作"撑"解,"打"球作"玩"解,"打"眼儿作"凿"解,"打"开书作"翻"解……这种练习学生都很感兴趣。

4. 加修饰词。如在"说"前加字,我先让学生只加一个字,学生举出"叙说""述说""细说""乱说",等等。我又叫学生加二个字,"大声说""笑着说""慢慢说"等。我再叫学生加三个字,"轻轻地说""高兴地说"……加四个字,"气呼呼地说"……加五个字,"哭哭啼啼地说""斩钉截铁地说""七嘴八舌地说""兴高采烈地说""手舞足蹈地说"……这种加词练习,学生可以说出很多,而且越说越有劲。

……

丰富学生词语的方法很多,不管采用哪种方法,都要注意反复运用,使学生能在具体的语言环境中(不论是口头的还是书面的)去巩固词语,丰富词语。一定要防止孤立地死记硬背。

(选自霍懋征编著《霍懋征语文教学经验谈》,上海教育出版社1985年版)

鼓励学生质疑问难

学问，学问，学会提问，是学习过程的一项重要工作，要从小注意培养和训练。学生能独立地提出问题，质疑问难，说明他们有了一定的独立阅读能力和思维能力，也说明他们有学习的积极性和主动性。我国宋朝教育家朱熹说过："读书无疑者须教有疑，有疑者却要无疑，到这里方是长进。"这话很有道理。读书无疑，是不善于思考的表现；有疑好问，通过思考，解决了问题，就前进了一步。读书过程中，矛盾不断产生，不断解决，思维不断发展，阅读能力也就不断提高。所以说，鼓励学生质疑问难，是阅读教学中培养自学能力的一项重要工作，应当贯串在整个教学过程之中。

鼓励学生质疑问难，首先要鼓励学生"放胆"，大胆地提问。所提的问题，即使是芝麻西瓜一大堆，甚至提得不恰当，也不要挫伤学生的积极性，要充分肯定学生积极动脑筋的一面。例如，在三年级学习《李时珍》一课的时候，学生们刚开始学习预习，练习提出学习中遇到的问题。他们思路不清，提出的问题往往与课文的重点关系不大。有的同学问："金银花是不是一种草药？它能治什么病？""中草药不好吃，能不能把中草药都制成药丸呀？这样比吃苦草药强多了。"显然，这样的问题不是本课要解决的内容，但当学生提出来的时候，老师不能挫伤学生提问的积极性，更不要批评他，只告诉他这样的问题咱们课后再去研究就行了。同时，老师可以表扬提问提得好的学生，启发大家围绕教材的重点来提问题。这样，学生的积极性得到了保护，质疑问难就能"放胆"了。

在鼓励学生放胆问难的时候，教师要消除两个思想顾虑：一是怕学生提出的问题教师回答不了，有失威信；二是怕学生问题提得多了，占课堂教学的时间，打乱教学计划。其实，这两个顾虑都是不必要的。自己一时回答不了也不要紧，可以实事求是地告诉学生待课后想办法解决。这样做，不仅无损于教师的威信，相反，师生共同探讨问题，可以改善相互之间的关系；教师以自己勤学好问的精神影响学生，可以进一步促进学生的学习积极性。学生问题提得多了，会不会影响教学时间、打乱课堂计划呢？开始可能会影响一些时间，但当学生有了一定的提问能力，问题提到点子上，教师有的放矢地进行教学，教学的速度不是慢了，反而快了，教学效果不是低了，而是高了。何况，学生提的问题，不是每一个都需要当时解决的。有的可以在讲读课文中随着教学过程的进展结合起来解决，有的与课文关系不大的问题，可以明确告诉学生课后个别解决。如果学生提的问题确实是教学中的要害，而教师备课时又考虑不周，那么，及时调整一下教学计划也是完全必要的。这不是"打乱"计划，而是完善计划，是提高教学效率的一个重要因素。据我接触到的教师情况看，只要这两个顾虑消除了，教师就会放胆让学生问难了。要学生放胆问难，教师首先自己要放胆。

其次，学生放胆问难以后，要引导他们逐步将问题提到点子上，提高质疑问难的质量。这是进一步的要求。就是说，要在学生乐于思考、敢于提问的基础上，逐步引导学生善于思考、善于提问。要做到这一点，关键在于教师的引导。引导的方法，一是表扬问题提得好的同学，说明好在何处，还可让提出问题的学生说说他是怎样想到这个问题的。二是指导学生围绕重点、围绕中心来思考问题，发现问题。例如，《草船借箭》一课，中心是表现诸葛亮神机妙算的智慧和才能。但是，文章没有正面写出诸葛亮为什么会有这样的智慧和才能。如果围绕课文的重点和中心来思考，那就不难发现"为什么"的问题。事实上也正是这样。有个学生读了课文以后，提出"周瑜明明是要为难诸葛亮，诸葛亮为什么敢答应三天能拿到十万支箭呢？"在总结课文时，学生又提出来"诸葛亮为什么能有这么高的智慧和才能呢？"这些问题都提到点子上了。学生们积极思考、议论，有的说，他当军师多年，作战经验丰富；有的说，他上知天文，下知地理，能预测天气；有的说，他善于动脑筋思考。我也参加讨论，补充了一点：他还善于观察、分析，有知人之明。他知道曹操心细多疑，大雾之下，不会贸然出兵；他知道鲁肃憨厚，能帮他的忙。所以，诸葛亮是知己知彼，才能百战百胜。通过这样的问疑、讨论，教学逐步深入了；同时，学生见到自己提的问题在教学中起到了好作用，受到老师的表扬，质疑问难的积极性也就更高了。

再次，鼓励并引导学生联系过去已学过的知识质疑问难。这是更进一步的要求。就是说，不仅能对新课提出疑难的问题，而且能联想到旧知识（包括学生课外阅读获得的旧知识）提出新的问题。这种新旧联系的问难，对于巩固旧知识、促进掌握新知识是很有好处的。

例如，学生学习写人的文章以后，初步懂得了要通过人物在事情中的表现、外貌、语言、动作和内心活动等表现出人物的思想感情、精神面貌。当他们学习《我的战友邱少云》一课时，他们发现这课的写作方法和过去学的不同，因而提出："这篇文章重点是写邱少云，为什么没有邱少云的动作、语言、外貌的描写呢？"这个问题提得好，因为它涉及的正是这篇文章的写作特点。这样的问题提出来了，就能促使学生积极地带着问题来学习新课。

又如，学生们阅读时，老师常启发他们根据题目去思考课文的主要内容、重点部分以及文章的思路等，当他们读《草地夜行》一讲时，提出问题说："这课书重点部分是'夜行'，重点落在'夜'字上，课文应早些提出过草地的时间，为什么在后半部分才提出来'太阳快落山了'？"有的学生说："我们能不能给修改一下呢？"学生们思维十分活跃，最后提出在文章开头第一句写上"太阳已经偏西了，茫茫的草地一眼望不到边……"。他们说，这样改能使读者一上来就有一种时间紧迫的感觉，如果不赶快追上队伍就会被草地吞没了。老师同意了他们的意见，并把意见反映给编书的同志，学生们看到了自己学习的成果，高兴极了。

（选自霍懋征编著《霍懋征语文教学经验谈》，上海教育出版社1985年版）

谈 精 讲

长期以来，教师有一种片面的认识，我自己也是这样，总是从"教"的角度出发，觉得讲得越多越好，似乎只有讲得多，学生才能学得多。事实并不是这样。学生的认识总是受认识规律的制约，总是在已知的基础上逐步地由少知到多知。想一口吃成个胖子，只能是积食闹病。语文教学也是一样。一篇范文，不论篇幅多短，都是一个五脏俱全的"麻雀"。要在短短的一两节课中让学生全面掌握课文所涉及的全部内容及形式，那是办不到的。要提高语文教学的质量，又要不增加学生的负担，就要在课堂精讲、多练上下功夫。精讲为课堂上多练打好基础，课堂上多练是培养学生能力的重点，两者是有机地联系在一起的。课堂上多练的问题本书还有一篇文章，这里只谈精讲的问题。

有的同志问，什么是精讲？这个问题很难下一个科学的定义。就我体会，精讲并不是讲得越细越好，也不是简单地少讲，更不是只读不讲；精讲就是要根据教学的目的要求，结合教材和学生的实际，找出重点、难点，讲文章的精华，讲规律性的东西，讲学生不懂但又必须掌握的难点。要讲得准确，精练，特别是要善于在关键处启发、点拨学生的思维。

下面我想结合自己的教学实践具体谈一下怎样精讲的问题。

一、讲精华。所谓精华，从内容上说就是文章中本质的东西；从写作上看就是牵一发而动全身的地方，就是文章关键所在。例如，我讲《生的伟大 死的光荣》这一课，我认为文章的精华是毛主席给刘胡兰题的八个大字，也就是这篇课文的主题。课文开头部分，写刘胡兰十三岁参加革命，十四岁带领群众斗地主，做军鞋，支援解放战争，并且入了党，是一个优秀的中国共产党党员。这一段为写刘胡兰"生的伟大"打下了基础，是课文的精华，应当精讲。但考虑到这一段写得比较明白，学生容易理解，因此，在讲课时，我不是平均使用力量，而是把重点放在更需要精讲的地方，即放在"死的光荣"的一组对话上。课文里有这样一组对话：

敌人问："村里还有谁是共产党员？"

刘胡兰回答："就我一个！"

这组对话，从字面上看不难理解，但要小学生真正理解其深刻的含义却不那么容易。敌人问的目的是要破坏我们党的组织，杀害村上所有的党员。刘胡兰回答"就我一个！"这就表明她决心严守党的秘密，保护党的组织，维护党的利益。当敌人要用铡刀铡死她的时候，她大声说："我死也不屈服，死也不投降！"言外之意，也就是死也不暴露党的组织在哪里，死也不告诉你们谁是共产党员。最后她为革命而死，就是"死的光荣"。"就我一个！"这正是课文中牵一发而动全身的地方。过去教这篇课文要用四五个课时，现在突出重点精讲，只用了一个课时就完成了教学任务。在这一课时中，不但使学生比较深入地理解了课文，丰富了词汇，掌握了文章的线索，而且对学生进行了一次革命传统教育。

二、讲规律性的东西，就是结合课文讲一些读、写中带有普遍意义的，然而对学生来说又是最迫切需要的基础知识。如：三年级学生开始阅读一些较长的文章，并要开始练习命题作文，写一些浅显的记叙文了。但是，他们现有的水平怎样呢？从他们年龄特征来看，思维的条理较差，说事情、讲问题，往往没头没脑，东一句，西一句的。针对学生这种情况，我认为培养学生思维的条理性就带有普遍的意义。

根据三年级课文多数是浅显的记叙文这一特点，我在培养学生有条理地思考的过程中，首先注意他们在思考一件事情时最一般的思路问题，即环绕事情搞清它的起因、经过和结果。这也是人们在了解情况时通常遵循的思路。如讲《淡菜礁上的战斗》这一课，我从解题开始，让学生一看题就知道作者在这篇文章里重点要介绍什么事。我先让学生知道"淡菜礁"是个地名，"淡菜礁上的战斗"一定是有人在这个地方战斗。谁在这儿战斗？为什么战斗？学生一看课文，知道了是讲两个少先队员在淡菜礁上捉特务的故事。所以，这篇课文的重点段，就在淡菜礁上捉特务这件事上，作者大量的笔墨定会放在这里。但是文章一开始就写这一段行不行？不行。因为读者在读这篇文章时会产生这样的问题。他们是怎样发现特务的？特务是怎样跑到淡菜礁上来的？等等。所以，作者必须交待怎么发现特务，怎么和特务进行战斗，战斗的结果如何？抓住特务了没有？……从事件发生、发展、高潮到结束，这是一个故事的完整情节。但是光写上面这些还不行，读者还会问："少先队员为什么来到淡菜礁上？"作者得交待一笔。少先队员抓特务后，怎么返回海岛的呢？作者在这里又得交待一笔。这样，文章才完整了。我告诉学生，一般的记叙文差不多都有事情的发生、发展、高潮、结束，在阅读这类文章时可以按照这样的思路去读，写的时候也可按这样的思路去写。

我十分注意精讲这些规律性的东西，并且让学生在练中掌握。这样，学生学了以后就能举一反三。每当阅读这类浅显记叙文的时候，从审题开始，一看课题就能掌握文章的主要内容，并根据主要内容去掌握文章的思路，按照文章的思路抓住文章的重点部分，进而领会全文。这样，不仅能较快地培养学生读的能力，写的能力，而且培养了学生逻辑思维的能力，同时随着学生能力的提高，大大加快了语文教学的速度。

三、讲学生不懂但又必须掌握的知识。我在本书《鼓励学生质疑问难》一文中说道，当学生放胆提出问题的时候，往往是芝麻西瓜一大堆，这一大堆的问题是否都要精讲呢？不是的。有的问题与教学的目的要求距离较远，这样的问题可以告诉学生待课后再研究。学生提出的问题与教学目的要求或与课文重点有关的则需要讲解，否则就会影响学生对课文的理解。例如，我在本书《设计好板书》一文中提到，学生对《林海》一文中三次写"亲切、舒服"不理解，认为是重复。这个问题很重要，不解决学生就不能体会作者感情的三次深化。因此，就要讲清楚，而且还用板书把它突出出来，便于学生掌握。再如在《别了，我爱的中国》一文中，作者既然不忍离中国而去，为什么还要走呢？既然作者那么热爱中国，把建设中国作为己任，甚至要为建造新中国献出自己的身，献出自己的心，那么为什么又说自己是罪人呢？这些都是学生不懂而又必须掌握的地方，在教学中就要设法启发、诱导学生弄懂它。

当然，精讲并不是教师把文章讲得过细，也不是少讲，而是要内容精要，语言精练，要言不烦，讲在点子上；精讲要善于启发学生的思维，让学生在教师的点拨、引导下自己去消化教材的精华。

精讲虽然是个老问题了，但真正做到还不那么容易，还需要我们共同来探索，实践，提高。

（选自霍懋征编著《霍懋征语文教学经验谈》，上海教育出版社1985年版）

谈诗歌的教学

诗歌是韵文的一种形式,它不同于散文。它最明显的特点是语言有鲜明的节奏,读起来感到和谐顺口,儿童们很喜欢朗读。诗歌通常带有强烈的感情,作者用精练的语言,表达自己丰富的想象和感情,有充分的表现力,使读者受到感染和教育。

诗人写诗,不是看到什么,想到什么就写什么,而是要选取生活中最有特征的形象,集中歌颂最有意义的、最能激动人心的生活情景及由此所激发起来的情感去打动读者。像毛主席的《长征》诗,只用了八句话,写了五岭、乌蒙、金沙江的浪、大渡河的铁索桥、岷山的白雪等个别事物,用这些个别事物,高度概括了工农红军用十二个月的时间,长驱二万五千多里,纵横十一个省的整个长征过程,表现了红军勇往直前的革命英雄主义和藐视一切困难的革命乐观主义精神。这些都不是一般散文用简短的文字所能表达出来的。因此我们教学诗歌,就不同于一般散文的教法。尽管诗歌与散文在教学上都有使学生掌握语言文字这一工具的作用,都要培养学生的阅读能力,但在读写结合上就有不同的要求。在《小学语文教学大纲》中没有要求训练学生写诗的能力。因此在教学方法上,也就与散文教学有所区别了。

我在诗歌教学中，一般是让学生先理解诗句，再去熟读、背诵，从中受到教育，进而激发起学生阅读诗歌的兴趣，培养学生阅读诗歌的能力。学生有了一定的阅读能力，就加快了学习的速度。有些诗歌，甚至是古诗，只要教师稍加点拨，学生就能学会并很快地背诵下来。

例如，教学生学《花影》一诗：

重重叠叠上瑶台，
几度呼童扫不开。
刚被太阳收拾去，
却叫明月送将来。

学生读了两遍，他们立刻提出："瑶台"是什么意思？"几度"是什么意思？我让他们查查字典，理解这些词的意义。只用了几分钟时间，学生就学懂了这首诗。

在诗歌教学中，一般我注意做好以下几方面的工作。

（一）明确目的要求

同一篇教材在不同的年级应有不同的要求。像《花影》这首诗，在高年级，学生学习能力较强，完全可以放手让他们自学，老师适当进行点拨就行了。可是，在中低年级，就需要老师多进行讲解，出现课题《花影》后，先让学生明确这是讲花的影子。然后提问：第一句中"重重叠叠""瑶台"是什么意思？第二句中"几度""呼童"是什么意思？为什么几次让书童来扫都扫不开呢？"刚被太阳收拾去，却叫明月送将来"，每句诗是什么意思？为什么？通过学生诵读、回答问题以及教师的讲解，学生就能理解诗的内容，体会出作者的感情，在理解的基础上再背下来。

(二) 引导学生领会诗歌的内容

诗歌包含着丰富的想象和感情,因为诗歌是在诗人感情激动时产生的。诗人的感情,又是借助他对事物的丰富想象和联想,表达出来的。所以,有些诗歌往往是许多个别形象综合成为一个完整的形象,像杜甫《绝句》中的"黄鹂""白鹭""积雪""船只",似乎是各不相干的。四种事物,其实是一个整体,四句话描写了草堂前明媚秀丽的景色。因而,在教学时一般先要给学生一个完整的形象,然后再去分析诗中形象的个别部分,最后再综合起来,使诗中完整的形象再现出来,给学生一个完整的、明晰的概念。

教学时,教师先有感情地朗读全诗,再领读,使学生初步体会到这首诗写的是草堂附近的景色,好像是一幅风景优美的图画,然后再逐词讲清含义,引导学生体会每句诗的意思。在理解每句诗意思的基础上,体会全诗的内容和情感。

(三) 采取相应的教学方法

诗歌表达的内容相当集中,所以诗的语言是十分精练的,一个词,一个句子,都包含有深刻的意思。特别是有些语言表达的方法非常巧妙,艺术性较强。例如,有的诗用了不少形象化的语句:形容语、夸张语、比喻语等,还有对偶、排比、反复、反问等句式,尽管我们不要求学生去学会作诗,但这些都可以给学生提供学习语言表达的方法。因此在教学中,要针对教材和学生的实际,进行一些指导,一般在进行字、词、句的教学中会遇到以下几种情况:

1. 有些生字、新词,只要由学生查字典,联系诗句诵读就能理解的,都可让学生查字典,诵读诗句,小组议论,自行解决。如:《长征》诗中的"逶迤""磅礴"一类的词,既是生字又是新词,学生如能自己解决，就让他们去自学。

2. 有一些新词，在字典中能查出它的含义，但在诗句中又另有所指。这样一类的词语，必须由老师进行讲解，帮助学生联系诗的上下文来理解词语的意思。例如，《把牢底坐穿》一诗中"我们是天生的叛逆者"，"叛逆"一词的含义和诗中的"叛逆者"含义恰恰相反，书中指"革命者"，诗句的意思是：我们生来就是背叛旧社会、旧世界、旧制度的革命者。再如"我们要把这颠倒的乾坤扭转"，"乾坤"一词在字典中是象征天地的意思，而在诗中则指的是社会制度。

3. 有些不是生字、新词，但放在诗中就有了它特定的含义，如不经教师指点，学生很难理解。例如，《囚歌》中"为人进出的门紧锁着，为狗爬出的洞敞开着"这两句话，讲的是实事，意思都是虚指。诗句中没有明白地说出，革命者在反动派的监牢里受尽折磨，但他们坚贞不屈，视死如归；反动派用尽阴谋诡计，妄图以"自由"为钓饵，使革命者变为叛徒，做他们的走狗。诗中用人和狗，紧锁着的门和敞开的洞来比拟，我们在教学中就要使学生理解"人""狗""洞""紧锁""敞开"这些词所包含的意思。这里的"人"不是实指一般的人，而是指不屈服于敌人的革命者，"狗"不是实指真的狗，而是指那些被敌人收买，而出卖同志的走狗、叛徒。学生弄懂了这两个词的含义对下文就能理解了。

有些诗句中所用的数量词也往往是虚指的。如：《早发白帝城》中"千里江陵一日还"，"千里"不是实指一千里，而是形容路途遥远；"一日"不是实指一天，而是形容船行的速度很快。这也是诗人常用的一种夸张方法，可使读者引起想象，更深刻地领会诗的意境。

4. 诗人写诗，往往是用较少的语言，写出较多的事物和思想感情，因此，诗中用词多有比喻、比拟、夸张等修辞手法，教学中要使学生理解这些词的含义。例如，《囚歌》中"地下的火"指的是被压迫被剥削的群众的革命斗争；"活棺材"用来比喻反动派的监狱。再如，《长征》

中"五岭逶迤腾细浪,乌蒙磅礴走泥丸",表面上是写五岭、乌蒙,实际上是写红军战士。毛泽东同志把五岭山脉连绵千里,比喻为小河里的细浪,在红军身旁流过;把气势雄伟的乌蒙山,比喻为小小的泥丸在红军脚下滚过。在红军战士的眼里,五岭、乌蒙是十分渺小的,用这些衬托红军勇往直前、气势磅礴的英雄形象。

总之,在诗的词语教学中,要从学生实际和教材实际出发。凡是学生能经过自己努力学会的,老师不要过多讲解;对于学生不易理解的,也要根据词的特点采用不同的教法;对于表示事物名称的词,尽可能采取直观教具,用实物、图片等帮助学生理解;对一些抽象的概念,尽可能用具体的描述或用通俗的例子、易懂的例句等,帮助学生理解。千万不可从概念到概念,使学生得到一些似是而非的概念,不能获得真知。大部分词语,要结合课文来解释,一些词语在课文中,通过上下文的联系,学生反复诵读,不但懂得了词语的意思,还能体会到它的感情,学会它的用法。

(四) 要重视朗读

诗歌饱含着诗人丰富的想象和感情,为了帮助学生理解课文,掌握意境,必须十分重视朗读课文。无论在教师分析讲解,或是学生回答问题时,都要注意有感情地朗读诗句。诗歌一般都押韵,有节拍,读起来上口,应让学生高声朗读,培养学生朗读的技能,让学生能懂得读诗时要注意重音、停顿、语调、速度等。多读,有助于学生理解诗的内容,从感情上受到感染熏陶,而且还可以学习到多种语言的表达方法。当然有感情的朗读,要在学生理解词句的意义的基础上来进行。

(选自霍懋征编著《霍懋征语文教学经验谈》,上海教育出版社1985年版)

谈小学生要学点古诗

有的同志认为,古诗深奥难懂,小学生还是不学为好。我不这样看。我认为,小学生学点古诗有好处,也有条件学好。

古诗,是我国宝贵的文化遗产。它语言精练,感情丰富。一首诗往往就是一幅美丽的图画,有声有色,有动有静。例如,小学语文课本里的唐诗《登鹳雀楼》:"白日依山尽,黄河入海流。欲穷千里目,更上一层楼。"诗人抓住了最具特色的景物,通过想象和联想,精彩地描绘了在楼上望到的风光,抒发了作者昂扬向上的思想感情。白日、黄河、大海、高楼,本是不相关联的,诗人却把它们巧妙地交织在一起,浑然一体,构成一幅壮美的图画。这样优美的古诗,篇幅短小,即使背诵三十首,也只有六百个字,而每首诗涉及到的丰富内容,却是一篇短文所不能及的。

小学生学习古诗,可以陶冶情操,潜移默化地受到美的教育;可以丰富语汇,进一步领会祖国语言文字的特色;可以增长知识,开阔视野,启发想象。应该说,课本里的每首古诗都是发展学生思维的好教材。

古诗的字数少,读起来上口,容易记忆。一位心理学家做过一个实验，发现逐字逐句地识记，一年级的小学生能记得百分之七十二，初中二年级学生记得百分之五十五，高中二年级学生只记得百分之十七。这说明，小学生逐字逐句的识记能力强。经验也证明，小学时记熟了的东西，到老也忘记不了。因此，从小学生的接受能力来讲，多教他们学点古诗，是可以办得到的。

怎样教小学生学习古诗呢？

首先，要培养学生学习古诗的兴趣。

兴趣对记忆起着非常积极的作用，它能使学生感到学习古诗是一种美的享受，越学越想学。为此，我教学生学古诗，从不生硬地说"今天我教你们学古诗"，而是抓住学生爱听故事的特点，用一个有趣的故事或通过生动的谈话，引起学生学习古诗的兴趣。例如，在教《七步诗》之前，我给学生讲了曹植七步成诗的故事。当讲到曹植七步之内做不出诗来，就要被杀头的时候，学生急切地问："曹植把诗做出来没有？"有了这种心情，他们就急于想知道这首诗的内容了，为接下来学这首诗打下了基础。一首诗竟救了曹植的一条命，这首诗给学生留下了极为深刻的印象。他们要求我再教他们学一首。第二天，我又教他们学了《鹅》，告诉他们这首诗是骆宾王七岁时写的。七岁的孩子就能写诗，他们感到很惊奇，很快就把这首诗记住了。后来，我每天教学生一首诗，每次仅用十分钟左右的时间。学得多了，能力强了，用的时间少了，收到的效果反而好了。

第二，加强练习，反复背诵。

学过的古诗，不能随学随丢，应该创造条件，让学生经常重温过去学的古诗。每上语文课前，我都让学生背诵学过的古诗。两个学生背一首，不许重复。在阅读教学中，凡是可以联系背诵古诗的地方，我从不放过机会。教到《草原》，我让他们背诵"离离原上草……"，教到《林海》，我让他们背诵有关山的古诗；教到《月光曲》，我让他们背诵

《静夜思》。每节课差不多都有背诵古诗的机会。渐渐地背诵古诗就成了他们的习惯，说话、作文也能引用古诗，来丰富他们的语言了，他们感到很自豪。

第三，建立抄诗本。

我让学生每个人都准备一个抄诗本，把学过的古诗都抄下来，有的学生一个学期就抄了上百首。抄写古诗，不但可以加深记忆，便于查找，而且有助于学生对古诗内容的理解。古诗言简意赅，合辙押韵，读起来上口，但是，不写成文字却不容易弄明白每句诗讲的是什么意思。例如，学生在读《夜宿山寺》时，并没有谁感到这首诗有什么难懂的地方，动手一抄问题就产生了。"危楼高百尺"的"危"，平常都当"危险""危害"讲，"危楼"莫非是"危险的楼"吗？抄到这里，不少同学去翻字典，结果查出了"危"字的第三个意义，是"高的、陡的"意思。我认为抄写古诗，比抄写一般的课文，有更多的意义。

第四，讲解古诗要深入浅出，尽可能联系学生的生活实际。

古诗写作的年代久远，学生不易体会其中的意境。所以，我给学生讲解古诗，注意让学生领会他们能理解的那一层意思，不强求学生去体会诗中内在的更深的含义，什么时代背景呀，诗人的政治抱负呀，象征的手法呀，能避开的就避开，避不开的也只作简单的说明。学生毕竟年纪小，缺少历史知识，讲那么多，那么深，他们接受不了。例如，教柳宗元的《江雪》，我只讲到诗人给我们勾画出一幅让人感到空旷的寒江雪景图，至于诗人孤傲的性格，被贬之后的苦闷心情，诗中的倒点题的手法，等等，我都不涉及，因为学生理解不了，并且像这些大有讲头的著名诗篇，他们到中学、大学，还要进一步地学习，到那时再去体会这些更深的意思才有可能。可是，对那些能够联系学生生活实际的诗句，我总要让学生充分体会，透彻理解。例如，讲李白的《望庐山瀑布》，有的学生见过瀑布，有的学生听老人讲过银河，我就让他们发表自己的意见，肯定他们正确的认识，纠正他们错误的看法，使他们对诗句能有更深的理解。

让小学生多学点古诗，尽早地接触我国古代灿烂的文化，是非常必要的。只要教学得法，小学生每学期学习几十首古诗是完全办得到的。下面是我教学《望庐山瀑布》这首古诗的教学纪实，教学时间仅十分钟。

师：我们学过许多首李白的诗，谁能背？注意每人背一首，不要重复别人背过的诗。

（学生争着背诵，积极性很高。背了《静夜思》《赠汪伦》《早发白帝城》《望天门》《独坐敬亭山》《黄鹤楼送孟浩然之广陵》等。）

师：大家背得都很熟。今天，我们再学一首李白的诗。（板书：望庐山瀑布）

师：谁来讲讲课题的意思？

生："望"是看的意思。题目是说看庐山的瀑布。

师：什么是瀑布？谁看见过？

生：我在泰山上看见过瀑布，它是从高山上直流下来的水，水流得很急，像倒下来似的，远远看去像一块白布。

师：是一块铺在桌子上的白布吗？

生：是垂挂着的白布。

师：对，这样说就准确了。一说到瀑布就想到高山，从高山陡峭的地方，水流倾泻下来，远看像一块白布垂挂山前。水很急地流下来，可以用"倾泻"这个词。注意，"瀑"字怎样写？

生："瀑"是左右结构的字，左边三点水，右边是暴雨的

"暴"字，合起来念"瀑"pù。

生：把"暴"字加上三点水，就念瀑布的"瀑"。

师：说得对。齐读"瀑布"。

（学生齐读。）

师：知道庐山在什么地方吗？

生：庐山在江西省，是个风景很美的地方，很多人都到那里去游览。

师：我们一块来学习这首古诗。

（出示幻灯：望庐山瀑布

日照香炉生紫烟，

遥看瀑布挂前川。

飞流直下三千尺，

疑是银河落九天。）

师：谁能读一读？

（学生齐读，个别读，教师范读。）

师：你们再小声读读，共同议论一下，看能不能理解诗句的意思。有什么问题也可以提出来。

（学生分四人一小组议论。）

生：老师，银河是不是神话中说的，把牛郎、织女分开的那条河？

生：我奶奶告诉我，银河是天上的一条大河。

师：银河实际上是许许多多的恒星，民间传说是天上的一条大河。

生："九天"是什么意思？

生：我知道，"九天"是指很高的天空。

师：古人认为天有九层，九天指天的最高层。

生：香炉是烧香的炉子吗？

师：不是，这里的香炉指的是香炉峰。这座山峰的样子像香炉，所以叫香炉峰。你们懂得"日照香炉生紫烟"这句诗的意思吗？

（学生没有举手的。）

师：这句话的意思是，太阳照在香炉峰上，峰顶云雾弥漫，蒙蒙的水汽透过阳光，呈现出一片紫色，好像燃起的紫烟缭绕着香炉峰。多么美丽的景色啊！你们再仔细体会一下这句话的意思，想象一下高高的香炉峰是多么漂亮。谁能讲讲这首诗？

生："日照香炉生紫烟"，是太阳照在山峰上，峰顶云雾弥漫，阳光透过蒙蒙的水汽，好像燃起了紫烟。"遥看瀑布挂前川"，是远远地看去，瀑布挂在山的前面。"飞流直下三千尺"，是水从三千尺高的山峰上很急地流下来。"疑是银河落九天"，以为是银河从高天上落下来了。

师：能讲下来很好，你们有什么意见吗？

生：我给他补充一点，"川"是河的意思，应该说是挂在山前的河面上。

生：我有一点意见，"三千尺"不一定是个准确的数字，主要是突出山势很高。是不是可以说成是水从很高的山峰上急流下来。

师：讲得好。谁能再讲一遍？

（学生逐句讲。）

师：你们再小声读读，仔细体会一下，诗人写这首诗的目的是什么？

生：通过这首诗，诗人歌颂了庐山瀑布的壮丽景色。

生：诗人赞颂了祖国的美丽河山。

生：诗人赞颂庐山瀑布的美景，实际是抒发他热爱祖国河山的感情。

师：说得好！这是从什么地方体会出来的呢？

生：我是读出来的。诗人不仅把山峰写得很美，而且把瀑布写得十分壮观，好像是天河都掉下来了。

生：诗人借景抒情，把景写得这么美，实际上是抒发他的爱国之情。

生：我觉得这首诗写得好，有静静的香炉峰在紫烟的缠绕之中，又有那白色的瀑布从很高的山峰上倾泻下来，发出哗哗的声响。最后诗人赞叹，这好像是天河掉下来了。

师：分析得好。确实，这首诗中有静有动，有声有色，有景有情。我们再体会一下，作者写出了红日、青峰、紫烟和白色的瀑布，色泽鲜明，多么美丽啊！你们在头脑里，一定能勾画出一幅绚丽的图画。这首诗，充分表现了庐山瀑布的雄伟壮观，诗人借此抒发了热爱祖国大好河山的感情。你们再小声读几遍，看谁能背下来。

（学生纷纷要求背，一般都能当堂背下来。）

师：课后把这首诗抄在你们的抄诗本上。

(选自霍懋征编著《霍懋征语文教学经验谈》，上海教育出版社1985年版)

教给学生思考问题的方法

　　一篇一篇的课文，是作者运用语言文字进行思维活动并通过语言文字表达思想内容的结果。我们指导学生阅读课文，不仅要让学生能够通过语言文字理解课文的思想内容和语言表达方式，还应该进一步教给学生在理解课文的思考过程中掌握思考问题的方法。当然，教给小学生思考问题的方法，只能是结合具体课文来进行，不可能是系统的。

　　下面以我教《我的伯父鲁迅先生》和《我的战友邱少云》为例，谈谈怎样教给学生思考问题的方法。

　　《我的伯父鲁迅先生》，学生一看这个课题，就知道课文的内容一定是围绕着鲁迅先生这个人物来写的。"为什么呢？"我问学生。学生说："课题中'我的伯父'，指的就是鲁迅先生。""那么，为什么还要加上'我的伯父'四个字呢？这不是重复了吗？"我又问。学生动了动脑筋说："这四个字里，有两个词应该注意：一个是'伯父'，它表明了作者和鲁迅先生的关系，这篇文章一定是鲁迅先生的侄子或侄女写的；一个是'我'，它告诉我们这篇文章是用第一人称写的，写鲁迅先生离不开写'我'。题目中加上'我的伯父'四个字，意思更明确了，不是重复。"学生的理解很好。通过研究课题，他们弄懂了课题的含义，对这篇课文主要写的是谁，写作上的基本特点是什么，有了一个初步的认识。我及时表扬了学生，并且对他们说："你们这样的认识是怎么得来的呢？"学生说："是想出来的。"我说："很对，是想出来的。但是，怎么想的呀？"学生答不上来了。抓住这个关节，我给他们讲："刚才你们是不是根据老师提出的问题，把题目内容分成几个部分，然后再联系起来，这样一想就想出来了？"学生点头称是。接着我又说："读书就要想问题，就要像刚才老师带着你们学习那样，多问几个为什么，然后再进一步分析、思考，这样就会对课文理解得更深入了。"同学们得到了启发，初步地知道了分析、综合的方法。

《我的战友邱少云》一课，其中有一句"我担心这个年轻的战士会突然跳起来，或者突然叫起来"。这里的"担心"怎么理解呢？有的学生说"是不放心"，有的说"不是不放心"。遇到这个有争议的问题，我启发学生用假设、对比的方法动一番脑筋。我说："我们先来设想一下，假如我们的手不小心碰到了烧红的火炉子，这时，你会有什么反应呢？"学生说："我不是猛地把手缩回来，就是连蹦带跳地大叫起来。"我说："这是人的本能。"通过假设，学生有了这一感性认识以后，我再让他们对比一下邱少云的情况。邱少云整个身体被烈火包住了，这和被火炉烫一下相比厉害多了，可是，他并没有跳，没有叫，他得用多大的毅力才能克制住人的本能啊！这怎么能不叫人担心呢？经过这样的假设、对比，学生有争议的问题解决了。他们懂得了，"担心"在这里不仅表现了邱少云宁肯忍受烈火烧身的极度痛苦，也决不暴露隐蔽目标的坚强毅力，而且也表现了作者对邱少云的极大关心和爱护。为了使学生能够通过这一实例学到一些思考问题的方法，我又进一步引导学生回顾这一问题的解决过程，使他们认识到思考问题的时候，有的可以用假设的方法、对比的方法找到问题的答案。

《我的战友邱少云》一课第八、九自然段里有两个"才"字：一个是在"烈火在他身上烧了半个多钟头才渐渐地熄灭"这句话中；一个是在"从发起冲锋到战斗结束，才二十分钟"这句话中。这两个"才"都是用来表示时间的副词，但有什么不同呢？学生经过反复朗读、比较，明确了前句中的"才"是指烈火在邱少云身上烧的时间太长了，突出了邱少云同志为了战斗的胜利，忍受烈火烧身的革命精神；第二句中的"才"是指战斗进行的时间很短，说明战友们为了给邱少云报仇，怀着无比愤怒的心情，用最快的速度消灭了敌人。通过比较，学生知道同是一个"才"字，同样是表示时间，但在不同的语言环境中就有完全不同的含义。比较是一切理解和一切思维的基础。比较是一种很重要的思考问题的方法，运用比较法有助于提高学生认识事物的能力，我们应该在教学中教会学生运用这种方法。

  教育老专家叶圣陶先生说过："一篇好作品，只读一遍未必能理解得透。要理解得透，必须多揣摩。读过一遍再读第二第三遍，自己提出些问题来自己解答，是有效办法之一。"① "揣摩"就是思考，就是要"自己提出一些问题来自己解答"，这是独立阅读能力的重要标志之一。培养学生的独立阅读能力就是要在勤于思考，善于思考上下功夫。善于思考就有一个方法问题，方法对了头，事半功倍。从课文的实际出发，根据各自的不同情况，读读想想，边读边想，问题想出来以后又善于回顾总结自己思考的过程，从中吸取思考方法上的经验教训，这都是思考方法训练的内容。对小学生进行思考方法的训练，从小培养学生良好的思考习惯，这不仅对提高学生语文能力是必要的，而且对发展学生的思维能力也是完全必要的，是终身受益不尽的智力开发工作，一定要引起

---

① 中央教育科学研究所编：《叶圣陶语文教育论集》，教育科学出版社1980年版，第339页。

我们足够的重视。只要我们教师在思想上予以重视,在实践中做到也并不是很难的。

(选自霍懋征编著《霍懋征语文教学经验谈》,上海教育出版社1985年版)

指导学生学会观察

语文教学和培养学生的观察能力的关系极为密切。从阅读这个角度来说，每一篇课文都是客观现实生活的反映，如果学生能够对课文里描写的事物，经过认真仔细的观察，有了一定的感性认识，就能比较深刻地体会课文里的内容和所包含的思想感情。例如，《富饶的西沙群岛》中，有这样一句话："海滩上有美丽的贝壳，大的，小的，颜色不一，形状多样，真是千奇百怪，无所不有。"这些贝壳到底都是什么样的？怎样让学生真正体会到"颜色不一""形状多样""千奇百怪""无所不有"等词语的意思呢？我认为，只有让学生亲眼观察一下各式各样的贝壳才行。当我把贝壳标本一一展现在他们面前，让他们尽情地观察的时候，他们一边看，一边发出了啧啧的惊叹声。观察使学生大开眼界，增长了知识，他们不但理解了课文中词语的意思，而且对课文中描写的贝壳产生了感情，课堂气氛立刻活跃起来。从写作这个角度来说，每篇文章的材料都来源于客观现实生活，学生只有经过观察，对自己所要写的事物有了比较深切的了解，在头脑中形成了清晰的形象，才有可能写出具有真情实感的文章来。例如，有一个学生在作文里写杜鹃花，在她没观察杜鹃花之前，只写出了这样一句话："杜鹃花开了，花儿多么美丽，多么鲜艳啊！"后来，在老师的指导下，她对杜鹃花的花瓣、花蕊、叶子，以及它们的颜色和形状，进行了细致的观察，观察丰富了她对杜鹃花的认识，修改时，她写道："杜鹃花展开了漂亮的花盘，那淡红色的花瓣十分耀眼。花瓣中，还有几根柠檬色的花蕊，犹如彩盘里的珍珠，鲜艳夺目。花儿与那翡翠绿的叶儿相映衬，那么柔和，那么美丽。"从上述的例子，我们可以看出，不论是阅读，还是写作，观察和不观察，效果是大不一样的。

根据语文学科的内容和学生学习语文的特点，我们可以从以下几个方面来指导学生观察，养成他们善于观察的好习惯：

第一，教学生学会观察图画。

小学语文课本里，有"看图学词学句""看图学文"和配有插图的课文。小学生的作文训练，有"看图说话""看图写话"和"看图作文"。图画作为观察的对象，它表现的事物，一般处于相对的静止状态，有利于学生按照一定的目的和一定的顺序进行反复的观察，可以使观察活动尽可能做到细致周密。这类图画都有相应的文字叙述，观察这类图画，对培养学生观察后的语言表达能力，也是很有好处的。例如，我教《桂林山水》这篇"看图学文"时，阅读课文之前，先放幻灯，让学生注意观察桂林山水的图画。我指导学生，或者从近到远先看水，或者从远到近先看山，目的是教他们观察要有顺序。经过一步一步的观察，学生从画面的具体形象中，初步体会到：桂林这个地方，有山，又有水；山间有树，又有花；山环绕着水，水倒映着山，真是山青水绿的美景啊！学生一边观察，一边用自己的话描述画面的内容，他们感到要把桂林山水的秀美充分地表达出来，是非常不容易的，于是产生了学习课文的迫切感。在这样的基础上，学生再来阅读课文，感到特别亲切，积极性很高，收获也比较大。

第二，指导学生从课文的范例中学习观察的方法。

有不少课文是学生学习观察的范例，像《找骆驼》《蜜蜂引路》

《记金华的双龙洞》《火烧云》等。我在教学中，充分利用这些课文，指导学生体会作者观察的目的、重点和顺序，教学生学习作者观察时抓住事物的特点，写作时用准确的语言表达观察的结果。让学生结合课文范例来学习有关的观察知识，然后再经过实际练习，促进他们把知识转化为能力。例如，《麻雀》一课，作者写小麻雀怎样站在地上，猎狗怎样捕麻雀，老麻雀怎样救小麻雀等，观察细致，因而描写得很逼真。于是，我把培养学生的观察能力，作为学习这篇课文的目的之一，指导他们学习《麻雀》的作者观察事物的方法，并利用课间十分钟让他们仔细观察同学们的活动，如怎么打乒乓球，怎么跳猴皮筋，怎么爬竿，又怎么在教室里洒水：把袖子一挽，一手端盆儿，一手撩水，小水花儿溅到地上……观察完毕，马上让他们每人写一个片段。写这样的片段，难度不大，篇幅不长，教一点儿，写一点儿，学生有兴趣，老师批改也容易。经常进行这样的训练，学生的观察能力和读写能力都会得到提高。

第三，引导学生循序渐进地观察周围的事物。

小学生年龄小，经历少，观察事物、分析事物的能力都很低。在引导学生观察周围事物的时候，一定要从学生的实际出发，循序渐进，先简单后复杂，先静态后动态，先局部后整体，不要一下子要求过高。例如，低、中年级可从观察粉笔盒、书包一类简单而又熟悉的静物开始，逐步提高要求，再观察常见的花草、小动物和同学们的课间活动等，到了高年级再指导他们观察发生在身边的事情，例如，在五讲四美活动中，可以引导学生注意观察发生在自己周围的表现心灵美的人和事等。在学生还没有掌握最基本的观察知识和技能之前，教师要指导学生明确观察的目的要求，具体的方法、步骤，以及观察时应该注意的问题，并和他们一起观察，随时帮助他们解决在观察中遇到的困难。待学生掌握了初步的观察方法和步骤以后，就可放手让他们独立地去进行观察，使学生能够在观察的过程中，尝到独立获得知识的极大乐趣。每次观察之前，应该要求学生对观察的内容有所了解，并能列出观察提纲；观察之后，应该要求学生及时地说出或写出观察的结果，并随时注意发现他们在观察中取得的进步和存在的问题，给予适当的鼓励或纠正。只要长期坚持，学生一定能够养成善于观察的好习惯。

（选自霍懋征编著《霍懋征语文教学经验谈》，上海教育出版社1985年版）

谈合理地组织课文

所谓合理地组织课文，就是根据教学大纲、根据教学目的和需要，把联系紧密或者有相同之处的教材组织在一起，成为一个教学单元。在单元教学中，有的精讲，有的略讲，有的留给学生自己阅读。一般地说，教科书上课文的组织是合理的，但在具体的教学过程中，教师可以而且也应该根据当时的具体情况作适当的调整，或增加补充教材。不论是调整也好，补充也好，都要根据教学目的要求的实际需要和学生的实际情况，把课文合理地组织好。

我在结合教学实际情况组织课文时主要用了以下两种方式：

一是配合某一阶段思想教育的需要，从教材可能提供的条件出发，适当地调整或补充课文。例如，1979年四年级下学期的开学初，为了更好地配合学校贯彻小学生守则，向学生进行爱学习的教育，我根据教材提供的条件，把第八册中第二十二课《纪昌学射》和阅读课文《泉子学文化》提前，与第一课《珍贵的教科书》、第二课《董老学习的故事》、第三课《马克思的好学精神》组织在一起，还加了《王冕学画》《映雪囊萤》《学习谚语十则》《群鸟学艺》《我要读书》等，组成一个单元。这样既教给了学生知识，又使学生受到革命前辈和古人刻苦好学精神的熏陶，并能掌握这类文章的写作特点，提高了学生读写的能力。

二是根据语文教学自身的需要，使学生更好地掌握知识，培养能力，合理地组织课文。例如，《找骆驼》这篇课文，写一个商人丢失骆驼后，在一个善于观察、善于分析的老人的指点下找到了骆驼。这样的课文对培养学生观察问题、分析问题的能力很有好处。但是，北京的孩子没见过骆驼，对于骆驼的模样和作用缺乏认识。因此，我补充了一篇课文《沙漠之舟》。因为这篇课文就是讲骆驼的模样和作用的。另外，我还选择了一篇《蜜蜂引路》，写的是列宁善于观察、善于分析，以蜜蜂为向导找到了养蜂人的故事，与《找骆驼》有异曲同工之妙。我把这三篇文章组织在一起，着重培养学生观察问题、分析问题的能力。先教《沙漠之舟》，让学生看骆驼的模型，听读《沙漠之舟》的录音，并要求学生注意骆驼的模样，学着录音复述。课后作业是练习写介绍骆驼的小文章。接着，重点教《找骆驼》。课文第一层写丢失骆驼；第二层写寻找骆驼；第三层写找到了骆驼。审题后，我在黑板上板书"丢""找""结果"几个字，让学生在阅读中抓住作者的思路，注意老人的观察和分析的地方。最后用二十分钟时间让学生自己阅读《蜜蜂引路》，提问列宁为什么能找到养蜂的人？进一步促使学生学习善于观察、善于分析的方法。

组织和选择补充教材，为的是更好地提高教学效率。我把相同类型的文章组成一个一个单元，有的精讲，有的略讲，有的让学生自学。用以一带二、举一反三的办法进行教学，不仅大大加快了教学进度，而且让学生读得多，扩大了眼界，掌握知识也就更加丰富、更加牢固。能力的提高也就更快了。我在三年级的教学中，把《一头学问渊博的猪》《蚕和蜘蛛》《农夫的遗产》《旅人与熊》《鲁王养鸟》《砂锅捣蒜》等六则古今中外的寓言组成一个单元。先用一个多课时重点教了《一头学问渊博的猪》，接着用二十五分钟教了《蚕和蜘蛛》。然后，用一个课时让学生自己练习阅读其他四则寓言，读后说出寓意。这样，有讲有练，六篇寓言故事三个课时就学完了，学生视野开阔，不仅较好地掌握了寓言作品的特点，而且，通过独立阅读练习，提高了阅读寓言故事的能力，效果很好。

通过几年的教学实践，我深深地感到，合理地组织课文，确实有很多好处。

第一，为加大阅读量提供了有利条件，不仅在课堂上多教了课文，而且学生也有时间阅读课外读物了。

第二，学生读书多，能丰富知识，开阔视野，提高学习语文的兴趣。

第三，有利于让学生掌握学习语文的规律，提高了他们的自学能力。

（选自霍懋征编著《霍懋征语文教学经验谈》，上海教育出版社1985年版）

谈常识性课文的教学

小学语文教材选入了相当数量的常识性课文。这类课文，包括动物、植物、天文、地理等各方面的科学知识，内容极为广泛。这类课文大多采用说明文的形式，作者在观察事物的基础上，描述一定的概念和结论来传授知识。也有一些常识性课文，采用诗歌、童话、故事等文艺作品的形式，借助于形象化手段来传授知识。教学这类课文的目的，首先是让学生学习语言，在学习语言的同时获得初步的科学知识，使他们逐步认识周围的自然现象、社会生活和祖国历史，从小培养他们无产阶级的世界观和热爱祖国、热爱人民、热爱科学的思想感情。

进行这类课文的教学，我一般注意做到以下几个方面。

第一，突出语文课的特点。

语文这门学科，它的重要特点是思想教育和语文教学的辩证统一。语文课的任务，就是要指导学生学习语言，掌握语言这个工具。教学常识性课文，不能把语文课上成自然常识课。进行常识性课文的教学，应该在获得某些科学知识的同时，使学生理解常用的科学术语，掌握那些能够准确描写科学知识的词语。例如，学了《沙漠里的船》，学生除了应该懂得"胼胝""驼峰""脂肪"等词语的意思外，还应该学会运用

"缺乏""积蓄""维持"等词语来表述自己要说明的问题。有些常识性课文，常常采用形象化的手段描绘客观事物，语言清新活泼，更是指导学生学习语言的好材料。例如，《看月食》一课，运用了许多比喻句和排比句来描写月亮的圆缺变化，像"圆圆的月亮像大玉盘似的"，"月亮已经不是圆的了，好像被什么咬去了一块似的"，"慢慢地，月亮成了小船一般，接着像镰刀，像眉毛，像弯弯的细钩"，"像一面锣"，等等。学生如果弄懂了这些比喻句和排比句的联系和变化，也就了解了月食的整个过程，而且能够学会这些优美语句的写法去描写自己所见到的自然现象。这样有助于提高学生运用语言的能力。教学常识性课文要注意突出语文的因素，这一点是绝不能忽视的。

同时，常识性课文教学也要重视政治思想教育。例如，《冀中地道战》介绍的是抗日战争期间冀中人民在党的领导下开展地道战的有关情况，是一篇以介绍地道为主的常识性课文，但是，课文的内容自始至终都体现了人民战争的光辉思想。我们在教这篇课文时，必须围绕着这样一个中心思想，对学生进行政治思想教育，使他们认识到人民战争的伟大威力。大部分常识性课文写的是自然现象，表面看来没有什么思想性，如果我们深入钻研下去就会发现，这些课文里或多或少地都反映了自然发展的客观规律，使学生初步认识这些规律，对形成他们的辩证唯物主义世界观有着很重要的作用。例如，通过《沙漠里的船》这篇课文的教学，我们要让学生知道骆驼的生理特点，是它们适应生活的自然环境的天生条件。学生懂得了这一道理，就是受到了辩证唯物主义的教育。

突出了语文课的特点，才不至于把常识性课文上成单纯的常识课。

第二，充分利用直观教具。

常识性课文一般是在观察事物的基础上来介绍科学知识的，没有一定的感性认识，学生就不容易接受这些科学知识。因此，我在教学过程中，充分利用直观教具，帮助学生从感性到理性逐步深入地认识客观事物。例如，讲《沙漠里的船》，学生没见过骆驼，我就找来骆驼的模型，让他们仔细地观察；讲《富饶的西沙群岛》，我让学生看了龙虾的标本和各色各样的贝壳。学生一边观察实物，一边发出啧啧的赞叹声，这说明观察实物引起了他们学习的兴趣。有了兴趣，他们就能比较容易地接受课文中讲授的科学知识了。有时找不到可供观察的实物或模型，我就利用挂图、幻灯、实验等直观教学手段，启发学生的形象思维。这样教常识性课文，从具体到抽象，从现象到本质，符合学生认识事物的规律。

第三，根据常识性课文的特点组织教学。

常识性课文有着严密的逻辑性，所以教学方法一般采用从部分到整体的方式，按照教材的逻辑顺序，引导学生逐段阅读，逐段领会，读完一段归纳一段，这样做对传授知识、指导写作方法都有好处。例如，我教《沙漠里的船》一课，首先，指导学生按课文内容把课文分为两大段。第一大段的开头一句，写"骆驼生活在沙漠里"，我要求学生从课文中找出骆驼有哪些生理特征能适应在沙漠环境里生活。经过分组讨论、研究，学生对骆驼就有了一个比较完整的概念。在这种认识的基础上，我再指导学生进一步学习骆驼在沙漠中活动有什么本领，体会骆驼为什么被称为"沙漠里的船"。这样进行教学，学生不仅获得了有关骆驼的生理知识，而且搞清了骆驼的特点、本领和用途这三者之间的内在联系，对发展学生的思维能力很有好处。

第四，把阅读、观察和写作结合起来。

常识性课文是作者对客观事物经过细致的观察之后写成的文章。教学这样的课文，如果只停留在让学生获得某些知识的阶段，还不能说是完成了教学任务。我们应该趁热打铁，指导学生把从课文中学到的知识、观察的方法和写作的特点，及时地运用到自己的观察、写作的实践当中去，把阅读、观察和写作三者密切地结合起来。例如，《沙漠里的船》有顺序地介绍了骆驼的外形，写了它的"身体很高，脖子很长"，鼻子能开闭，脚上有胼胝，脚掌又宽又厚，背上有驼峰，从整体到部分，描述了骆驼外形的特点。教完这篇课文，我们就可以组织学生到动物园去观察大象、河马、长颈鹿……然后，让学生根据观察到的动物的外形，抓住特点，从整体到部分有顺序地写出来。经常练习写这样的片段，学生的写作能力会越来越强，作文中空洞无物的现象也就可以改变了。

现在，我们正处在一个知识爆炸的时代，随着科学事业的发展，会有许许多多的新知识充实到语文课本里来。我们语文教师必须不断地丰富自己的科学知识，以适应常识性课文教学的需要。

（选自霍懋征编著《霍懋征语文教学经验谈》，上海教育出版社1985年版）

阅读教学要贯彻启发式原则

我在语文教学中很重视贯彻启发式原则。究竟什么是"启发式"呢？这个问题古今中外的教育家都很重视探讨，至今大家对启发式的看法也不尽相同。毛主席在1929年提出的十大《教授法》中，第一条就是："提倡启发式（废止注入式）。"可见他很重视启发式。我这里主要谈自己对启发式精神实质的体会，以及我在语文教学中是如何贯彻启发式原则的。

一、启发式原则的精神

我理解启发式的理论基础是辩证唯物论的认识论。体现在语文教学中：（一）要从实际出发，根据不同的教学内容，不同的对象，不同的教学任务，采用不同的教学方法，不宜生搬硬套，僵死不变。（二）教师的主导作用与学生学习语文的积极性、主动性应当统一起来，教师要正确估计学生的心理活动，善于启发诱导，促进发展；能够最大限度地调动学生学习语文的积极性、主动性；教师要考虑运用科学的方法，引导学生掌握规律，举一反三，触类旁通，以达到教是为了学，是为了达到"用不着教"。由此看来，教的成分应该由多到少，从扶到放；自学的成分要逐渐增多，以至完全独立自学。如果光有教师教的积极性，没有学生学的积极性，必然无法达到教和学的统一。（三）启发式教学，符合事物发展的内因与外因的辩证关系。唯物辩证法认为，外因是变化的条件，内因是变化的根据，外因通过内因而起作用。教学过程中教师的作用是外因（但不是唯一的外因），学生学习的积极性是内因，内因是基础。对于学生来说，教师的教虽是外因，但不是一般的外因，而是起主导作用的外因。因此，作为教师就不能片面强调学生笨，埋怨学生不动脑筋、启而不发等。教师是人类灵魂的工程师，要善于运用精湛的教学艺术，打开儿童智慧之闸，并为他们的智能发展搭桥、铺路；引导他们方向明确、思维对路；通过学生自己艰苦的脑力劳动，并享受到劳动后丰收的喜悦。从语文教学活动看，老师应该相信绝大多数学生都存在智能发展的潜力，把学生看成是学习的主人。老师主导作用发挥得如何，主要看学生学习的积极性、主动性，看阅读和表达能力的高低。

二、对我国古人启发式精神的探讨，要批判地继承，古为今用

孔子说过："不愤不启，不悱不发。"朱熹曾解释说："愤者，心求通而未得之意；悱者，口欲言而未能之貌。"什么叫"启"呢？即"开其意"。什么叫"发"呢？即"达其词"。所以教师在教学中，要善于察言观色，善于听取学生的发言，善于调查研究。学生想知道而又不知道，想说而又说不出，在这种情况下，他们心理上产生了愤悱，注意力集中，凝神深思，但是思路又不通。比如，上课时老师提出一个词，让学生再换一个类似的词，他们一时想不出来，老师让学生再想想，或者稍加提示，学生马上领悟了，即意开词达，这就是启发。但是孔子是等待学生有了愤悱，才进行启发。今天科学技术发展很快，教育理论大大地提高，孩子们眼界开阔了，现代化教学手段不断发展，我们做老师的就不能等待学生愤悱，而是要用积极的方法，去为他们创造愤悱。创造

一个愤悱,进行一次启发,学生恍然大悟,再创造一个愤悱,再进行一次启发,学生再恍然大悟。这样循环往复,不断前进,使学生的认识能力和学习语文的能力不断达到新的境界。对古人经验不是照搬,而是用辩证唯物主义的观点,弃其糟粕,取其精华,古为今用。

三、在阅读教学中,贯彻启发式原则,提高阅读能力的几点做法

(一) 通过提问,启发学生深入思考

在教《再见了,亲人!》一文时,我先让学生审题,问学生这句话是什么意思。学生说:"这是中国人民志愿军抗美援朝回国时,向朝鲜人民告别时的一句话。""那么这句话是对谁说的呢?"学生说是对阿妈妮说的。再读第二段,他们说是对小金花说的;再读下面一段,学生说是对大嫂说的。我说到底对谁说的呢?学生只能说出阿妈妮、小金花、大嫂三个人。我进一步问:"送别志愿军是不是只有这么几个人呢?"学生思路活跃了,他们说,这句话是送别时志愿军对朝鲜人民说的;有的学生说,也是朝鲜人民对志愿军说的。这时学生的认识显然上升了一步。我又提出启发性问题,让大家边读边想:"阿妈妮、小金花、大嫂,她们对志愿军是什么样的友谊呀?"先让学生读或说朝鲜人民救护志愿军,支援志愿军,不怕流血牺牲的英雄事迹,学生情感激动。这时再问他们:"这是什么样的友谊呀?"学生思维积极。有的说:"阿妈妮为了给志愿军送打糕,冒着炮火硝烟来到阵地上,自己却昏倒在路旁;为了救出志愿军伤员,她献出了自己唯一的小孙孙,这是血的友谊。"有的说:"大嫂为了给志愿军采金达莱花,被炸倒在血泊里,失去了双腿,这也是血的友谊。"……我紧接着又问:那么志愿军战士在朝鲜的领土上洒遍了自己的鲜血,像罗盛教、邱少云……这是什么友谊呢?学生们激动地说:"血的友谊。""那么'再见了,亲人!'虽然是一句亲人之间告别的话,但是充分表达了中朝人民之间是一种什么样的友谊?"学生马上

认识到中朝两国人民之间的友谊是用鲜血凝成的，是牢不可破的。这就启发了学生把具体形象思维上升为抽象逻辑思维，并促进了学生对课文从感性认识上升到理性认识，从个别事例归纳出一个道理，即从分析综合中作出判断和概括。从以上过程可以看出，通过有目的、有计划、有重点、由浅入深的启发式提问，就可以促进学生认真思考，不断提高学生的认识能力、阅读能力和自学能力。

（二）补充知识，唤起联想，启发想象，提高阅读的积极性和自觉性

我在教学中经常抓住时机补充一些知识，唤起学生的联想，或背诵有关的诗歌、谚语、成语，或讲个典故，或欣赏名画，或观察自然等，以扩大加深学生对文章思想情感和意境的理解。比如教《月光曲》一课时，我让音乐课老师演奏了《月光曲》，并简单介绍了贝多芬的生平。当讲到贝多芬为盲姑娘弹第二首曲子时，学生们强调他同情劳动人民，觉得盲姑娘可怜。这说明学生难以深刻理解贝多芬创作《月光曲》的思想感情。我补充了俞伯牙与钟子期"知音"的典故，这样既补充了知识，又唤起了学生想象，为学生理解难点搭桥铺路。故事刚讲完，许多学生举手争着发言。在讲到"月光洒进茅屋，……像罩上了一层银色的白纱"时，我让学生背诵"床前明月光，疑是地上霜"的诗句，还背诵了"初闻征雁已无蝉，百尺栏杆水接天"的诗句，唤起学生的联想，启发学生想象创作《月光曲》的情景。又如，教《纪昌学射》一课时，我让学生背诵了有关学习态度、学习方法的谚语，还补充了科学家发明创造的几个小故事。这样，不仅不增加学生的负担，反而使学生丰富了知识，扩大和加深了对文章的理解，发展了思维和想象力，同时提高了阅读的兴趣，有利于培养学生的自学能力。

（三）设计一些启发性的课堂练习，发展学生的智能

这种课堂练习要有目的，有重点；有时口头，有时书面，练习的方

式多种多样，不拘一格，可灵活掌握；内容的深浅，要根据教学要求和学生实际来定。如，我教《陶罐和铁罐》一课时，文章的写作特点是通过陶罐和铁罐的对话表达中心思想的，在教学中，我设计了这么三个课堂练习：

第一，出示小黑板，让学生填上标点符号。我摘了书上几组对话，一组是提示语在前的，一组是提示语在后的，一组是提示语在中间的，还有一组是省略提示语的。让学生给四组对话加上标点，并读出语气来。

第二，我说一个陈述句，让学生使用对话的形式表达出来，先说一组对话，再是两组、三组对话。先让学生口头叙述，再整理成书面的练习，这样增加了学生动脑、动口、动手的机会，引导学生把知识转化为能力。

第三，练习仿作。书上的题目是《陶罐和铁罐》，我出了《红花和菊花》的题目，并给他们写了开头，让学生仿照课文的结构形式来写。提示学生要写出红花的高傲自满，用自己的长处去比别人的短处，处处看不起菊花，最后像铁罐一样，以失败告终。文章要突出不能以己之长比人之短的中心思想。学生对这样的练习很感兴趣，都写出了一篇较好的文章。

又如，教《林海》一课时，第一大段，我引导学生作了概括，并用精练的语言板书。第二大段，我引导学生半独立概括，并按第一段思路板书。第三大段让学生讨论，并独立概括板书。这就教给了学生读书方法，使学生举一反三，不断提高自学能力。

此外，我很重视启发学生质疑问难，培养他们发现问题、提出问题、解决问题的能力。

我体会提倡启发式，废止注入式，其根本点是真正认识到学生是学习的主人，核心是一个"思"字，就是最大限度地调动学生学习的积极性、主动性、勤思、善思，用科学的方法，引导他们不断前进，使他们学得生动活泼；绝不能把学生看成静止不变的容器，老师凭主观愿望灌注，其结果必定使学生学得死，想得少。久而久之，会使学生消极、停滞不前。总之，启发式有利于学生生动活泼主动地发展，有利于培养具有创造精神的一代新人。

（选自霍懋征编著《小学语文教学经验谈》，上海教育出版社1985年版）

阅读教学要做到读写结合

读和写是互相联系、互相促进的。教师在阅读教学中，不仅要教学生会读，理解作者在文章中所表达的思想内容，而且还必须教会学生理解作者在表达思想内容时所运用的方式方法及其遣词造句的妙处。这就是说，阅读教学本身就应该包括写作教学的因素。固然，两者各有各的重点，但不可能截然分开。现在有的教师提出以作文为中心，有的提出以阅读为中心，各有各的说法。我觉得读和写应该有机地结合起来。

下面我想结合自己的教学实践，着重谈一下阅读教学中读、写结合的三点体会。

一、从阅读范文中训练学生在阅读和写作文章时思路的清晰性

学生思路的清晰性，对于理解文章的思想内容是十分重要的，对于作文——表达所要写的思想内容，同样是十分重要的。在阅读教学中，我常常从审题开始，围绕课题，把人们想问题时最一般的思维方法教给学生，使学生一见题目就知道文章要写的主要内容，一想内容就知道文章的重点部分在哪儿。这样的训练多了，学生就能逐渐掌握最一般的思维方法。作文的时候，不仅能正确地审题，而且能清晰地、有条理地来

组织文章的层次，使文章围绕中心，突出重点。

二、从阅读范文中教给学生写作基本知识，并使之转化为学生的写作能力

例如，对观察能力的培养，在阅读教学中，我就选择某些能作为范例的课文来指导学生观察。教了以后，接着就让学生练一练。如有一次，我拿起讲台上的一个小粉笔盒，要学生把观察到的情形写出来。我慢慢地转动着小粉笔盒，让每个学生都能观察到粉笔盒的各个部位。观察完后，学生们就动手写。十几分钟，一部分学生写出了一篇小文章。其中一篇是这样写的：

"有一天上课的时候，霍老师从讲台上拿起了一个小粉笔盒。啊，我认出来了，它就是我们班上的那一个！你看，这个小粉笔盒是长方形的，它有一根粉笔那么长，一寸多宽，是用三块长方形的、两块正方形的小木板做成的，做得比较粗糙。里面装着长长短短的、五颜六色的粉笔。老师时常从盒里拿出粉笔在黑板上板书。我想：别看它小且粗糙，可老师上课少不了它。它对教育事业的贡献多大啊！"

三年级的小学生，十几分钟能写出这样的观察小文，我认为很不错了。

又如，学生作文时，最头痛的是没什么可写，不会立意，不会选材。针对这种情况，我在教《落花生》一课时，着重让学生讨论这篇文章好在哪里。有的说："语言简练。"有的说："末尾给我留下了深刻的印象。"有的说："写一颗小花生给我们这样大的教育，真有意思。"我说："能从平凡的生活中选择一颗小花生来写，而且写出这样有意义的文

章，这就是选材好，今天我们就学它这一点，你们能不能也从平凡的生活中选取一个小东西，写成有意义的文章呢？"学生们积极性很高，跃跃欲试。有的说要写小铅笔头，有的说写字典，有的说写蜡烛……一个平时学习不太好的学生说："我想写葵花，因为我爱吃葵花籽。葵花籽好吃，味道很香，价钱便宜，还可以榨油。特别是葵花老是向着太阳，我要像葵花那样永远向着党。"这样的学习、议论，实际上就是作文教学中开拓思路、选材、立意的训练。这就把阅读和作文的教学有机地结合起来了。

三、以课文的写作形式为范例，让学生仿写

小学语文课本中所选的课文，都是很好的文章。有的课文的写作技巧、布局谋篇、遣词造句、标点符号的使用等都恰到好处，很值得初学作文的小学生学习。例如，《陶罐和铁罐》这篇寓言，采用拟人化的写法，尤其是那段对话，把陶罐的谦虚和铁罐的傲慢形象写得活龙活现。我在教这篇课文时，就抓住课文的拟人化和运用对话来叙述事物的写作特点，让学生仿写题为《菊花和红花》的作文。写前，我先让学生明确两点：

1. 红花和菊花都是花，它们都是供人们观赏的。不同的是红花开得早，菊花开得晚，所以红花开时，看不起菊花。

2. 学习《陶罐和铁罐》一文的拟人化和过渡段的写法，特别要注意怎样过渡。

明确以后，我给大家开了一个头。

同学们对这样的作文不感到困难，拿起笔来就写。下课铃响了，不少同学已把作文写好了。下面是一个程度一般的学生写的作文：

学校门口的花坛里开满了五颜六色的花，其中有一朵骄傲

的小红花看不起身旁的菊花，常常奚落它。

一天，小红花问菊花：

"你敢和我比美吗？小菊花！"

"不敢，红花妹妹。"谦虚的菊花回答说。

"我就知道你不敢，丑东西！"红花摆出一副看不起人的神态。

"我确实不敢和你比美，但这也不叫丑呀！"菊花不快地说，"我们的任务是让人们观赏，在完成我们的任务方面我确实不见得比你差呀，再说……"。

"住嘴！"小红花愤怒地喝道，"你竟敢和我相提并论！"

小菊花说："我们还是和睦相处好，吵什么呢？"

"你算什么东西！"小红花说，"你等着瞧吧，总有一天，你会被人连根拔掉的！"

小菊花不再理会它。

随着时间的推移，夏去秋来了。小红花的叶子被秋风吹得一片一片地飘落下来，刮得无影无踪了，只剩下几个干枝子瑟缩地低下了头，而盛开的菊花呢，把校园点缀得异常美丽。看着菊花盛开的样子，听着人们赞美菊花的声音，小红花羞愧得无地自容。

我觉得教学生写作有一个从扶着走到放手独立走路的过程。让学生仿作就是扶他们走路。在扶着走的时候，老师要用各种形式引导学生一步一步地前进。这正如孩子学走路，妈妈用根带子兜在孩子腰部，妈妈在后拽着，慢慢地走。再经过一段时间，妈妈就拉着他的手，扶着他的胳臂走，慢慢地孩子就会自己走路了。仿写对于小学生学写文章是完全必要的。

阅读教学中，读、写结合的办法还有很多，如，尽可能地丰富学生的词语；句式变换，把陈述句改成对话的句式；教师说一句总起提示句，学生做片段小练习，这里就不一一多说了。

"读书破万卷，下笔如有神。"在阅读教学中，就指导学生写作而言，教师的责任就在于善于把读和写有机地结合起来。

（选自霍懋征编著《霍懋征语文教学经验谈》，上海教育出版社1985年版）

阅读教学要做到深入浅出

为了使学生学懂学会课文，教学时做到深入浅出很重要。如果深入深出，则使小学生食谷难化，即便跳起来，也摘不到果子；若是浅入浅出，则又会使学生吃不饱，感到潜力很大而无法施展，甚至索然乏味。

究竟怎样做到深入浅出，这是个很值得探讨的课题。现将我的一些做法、想法提供大家参考。

第一，教学中要有一盘棋的观点，如果一篇课文的难点、深处在后面，那么前面的讲解就要为后面搭桥铺路。例如，课文《我的战友邱少云》，深处在邱少云被火烧着时的思想意境，他在烈火中永生的高大形象和昭如日月的精神光辉。这一段文字不仅寓意深，而且表达方法也不易理解，是通过作者的观察、感受、体验来表达的。作者担心邱少云忍受不了，他不敢看，不忍看，又忍不住不看。所以盼望出现烈火突然熄灭的奇迹，他的心像刀绞。但是他看到的邱少云却是纹丝不动……为了使学生理解邱少云为什么纹丝不动，就必须在教前面课文时，把有关的问题搞清楚。如这次战斗的意义，虎口拔毒牙的险境，离敌人很近，身上要用茅草作伪装，敌人居高临下，战士们潜伏在敌人眼皮底下，稍有动静，就会暴露。尤其是邱少云伪装潜伏得更好，作者离他很近，都几乎找不到他,等等。这些问题弄清楚了,讲到后面时才能使学生体会出邱少云的精神境界,才能受到熏陶感染。反之,前后互不连贯,学生只是赞扬邱少云的勇敢、顽强,却不知道他为什么这样做,这样就无法了解邱少云的思想境界。所以说,要深入浅出,就得掌握难点,前面为后面打基础,或者说为深处、难处搭桥铺路。

第二,要善于用比喻、类比等方法增强学生感性认识,以激发学生的联想,促使深入思考,达到豁然开朗。比如,我教《月光曲》时,对月光下"微波粼粼",启发学生想象月光下海面的情景,让学生自己想象,自己比喻。学生说:"海面上像闪闪发光的鱼鳞";"像层层叠叠的白云";"像风吹沙滩上的细浪"……通过这些比喻,学生理解了这个词句所表达的情境。又如讲《我的战友邱少云》时,为了让学生对邱少云的精神境界体会深刻,我作了这样的类比:我们不小心把手碰到烧红的火炉上,马上会跳起来大声喊叫,甚至失声痛哭,而邱少云呢,烈火烧身,却一声不吭,纹丝不动。他当时怎么想的?为什么有那么大的克制力呢?联系学生亲身体验,对比一下,更显出邱少云的英雄气概。可见,善于运用比喻、类比等手法可以激发学生的思考,想象,促进学生的情感活动,这是达到深入浅出的重要方法。

第三,用生动通俗的语言讲解课文,并适当配之以表情、动作等,有助于做到深入浅出。毛主席在《教授法》十条中,有四条提到教师的语言,即:说话通俗化;说话要明白;说话要有趣味;以姿势助说话。这对语文教学来说,也是很有指导意义的。例如我教《将相和》一课时,讲到蔺相如在秦王面前捧着宝玉,往后退了几步,靠着柱子站定,他理直气壮地说:"我看你并不想交付十五个城,所以把宝石拿了回来。你要是强逼我,我的脑袋和宝石就一块儿撞碎在这柱子上!"说着就举起宝石要向柱子上撞。这时,我有感情地描述了这个场面,略作手势,并让学生看书上的插图,让学生议论,看秦王怎样。在学生议论的基础上，我用简练的语言帮助学生概括。蔺相如用自己的智慧和勇敢，抓住了秦王的贪婪、爱玉的弱点，识破他欺骗、霸道的本性，完璧归赵，胜利完成了使命。这就使学生从现象到本质，理解了较深的道理，收到了深入浅出的效果。仍如上文，当讲到最后一段"将相和"时，学生对廉颇的本质看不清楚，片面强调他争名位。我把三个故事中廉颇的作用加以点拨，又把蔺相如对廉颇的评价加以强调，特别是把廉颇负荆请罪的形象，描述得栩栩如生。学生对廉颇有了正确的认识，对他能知错就改，给予了高度的赞扬。最后概括出将相和好的共同思想基础是他们都以国家利益为重。他们都是我们学习的榜样。由于我在教学中把生动的描写与精练的概括结合起来，加上自己的情感、态度，学生就能乐于接受，效果也较好。

总之，深入浅出不是形式，不是单纯的方法问题。首先老师要吃透教材，深入理解课文所表达的思想感情，自己要进入课文中去。其次，还要认真考虑对象，从本班学生实际出发。从生动的直观到抽象的思维，从知识技能转化为能力，以及板书、教具、语言的配合等都要认真考虑。深入浅出，关键在于教师认真备课。

（选自霍懋征编著《霍懋征语文教学经验谈》，上海教育出版社1985年版）

阅读教学要注意直观性

在阅读教学中，怎样使学生理解文章的事实、道理、思想感情和意境呢？大家知道，儿童的知识、经验还不够丰富，抽象思维能力较差，注意力不易集中等，如果只是干巴巴地读、讲，小学生往往感到乏味，甚至厌倦。根据这种情况，我经常采用直观形象的方法，让孩子们耳闻目睹，尽可能使他们的多种感官参加学习活动，在兴味盎然的气氛中，学习书面语言，以提高教学效率。

直观，是教学原则、指导思想，也是教学方法，我这里侧重谈教学方法。直观教学不仅有利于学生掌握知识，理解课文，还可以发展学生的思维和想象，促进智能的发展。例如教《小溪的新家》时，我运用了图文结合的板书，边读、边讲、边板书，并画上几笔勾勒式的示意图，学生随之思考、想象，表情朗读。课后听学生反映：老师这样教，我们好像身临其境，似乎是随着小溪转了个大圈。我经常运用幻灯机，放大课文插图，运用形象化语言描述，运用直观性的板书等，有时是多种直观教具相互配合使用，效果较好。

在语文教学中运用直观的方法进行教学，我认为应该注意以下几个问题。

阅读教学要注意直观性

第一，根据教学目的、任务、主要内容，学生实际，恰当地选择直观的手段，要讲求实效。比如教"看图学文"，较高年级往往选择大幅综合图，特点突出，色彩鲜明，有主有次，与课文内容吻合，并留有较大的余地，让学生独立思考，独立发挥创见。如果年级较低，则宜采用顺序明晰，特点突出的多幅图（3—4幅）。当然，也要留一些让学生独立发挥的余地。又如教常识性课文，或者是知识性的新词，重点在于明确概念，那就要用实物和模型。我教"纺车""楼"这类生词时，城市孩子没见过，我就千方百计让他们看实物、模型。如讲"楼"字时，我自己也弄不清楚，就请一位老师帮助制造了一个简单的模型，学生们不仅获得了知识，而且很感兴趣。讲"纺车"时，有个学生的奶奶，还有一辆纺车，我请她纺给学生们看看。学生们既惊奇又高兴，知道了过去穿衣服真不容易。当然，不是为直观而直观，而是从教学目的、重点的需要出发，诱导学生从生动的直观，再到抽象的思维，逐步提高学生的思考力，从而提高学生的阅读能力。

第二，用形象化的语言，板书等，激发诱导学生思考、想象。

1. 运用形象化语言，勾勒出想象中的画面。例如教《少年闰土》，我让学生联系生活，联系课外阅读，想象少年闰土的形象。不仅想象他静止的肖像，而且把瓜田看瓜和刺猹时的动态联系起来，进行想象性描述。学生们一般都能在读课文的基础上，想象性地勾画出画面来：金黄色的圆月，银光泻满大地，绿色的瓜田里，站着一个紫红色圆脸，手捏钢叉，颈上戴着银项圈的少年。猹溜出来偷瓜，闰土立刻手持钢叉，向猹刺去……把闰土刺猹的动作，讲得活龙活现。通过学生描述，再看放大着色的插图，在直观的基础上，加深了对课文的理解，同时发展了学生的思考力和想象力，也渗透了美育的教育。学生们轻声诵读课文，欣赏着月夜下大自然的美，对瓜田少年威风凛凛，英勇刺猹的美，表现出向往的神色。

2. 从想象出来的画面引导到对事物本质的认识。例如，我教《林海》一课时，先通过简明、形象的板书，学生的表情朗读，师生的描述，勾画出"林海"美丽、壮观的三幅图景：

①平缓绵延的山岭，无边无际的森林，林间野花，构成对林海景色的印象。

②进入林海，真像进入森林的海洋，联想到祖国建设中的广厦良材。……

③到达林场，见到劳动的人们正在研究综合利用和改造大森林，联想到林海对兴国安邦的深远意义。

如果仅仅停留在想象出的画面上，局限性很大，教师还要善于引导学生从画面上升到对本质的认识。在教学过程中我用秦岭与大兴安岭对比，启发学生从文章的字里行间体会作者亲切舒服的感受，联想祖国的建设，畅想祖国美好的前景，充满了热爱祖国的激情。学生们深受感染，一般都能在形象思维的基础上，概括出林海对于兴国安邦的深远意义，从而体会出作者热爱祖国的思想感情，以及对祖国未来充满美好和光明的憧憬的精神境界。

第三，运用直观手段要讲求科学，重视效果。

有人认为多运用直观的方法，多运用直观教具总是好的。我看不论是方法或教具，并不是越多越好，而是要恰到好处。要有科学根据，要用在恰当的时机，还要注意技巧，才能收到事半功倍的效果。否则一节课时间有限，光摆弄教具，一会儿小黑板、一会儿图片、一会儿幻灯等，那就必然造成浪费时间，学生似乎是在看老师"变戏法"，却没有从中学到什么东西。直观教具，或直观的方法，虽然能激发学生的学习兴趣，但是首先还是要看是否有利于完成教学任务，不能为兴趣而兴趣。

第四，教师起主导作用，多种直观因素相互配合使用，让学生多种感官同时参加活动。

我经常使用的直观教具是投影幻灯机、录音机和板书、板画等。不是简单地让学生看看，而是紧密配合学习重点词句、重点段落，以促进从生动的直观到形成科学的概念，达到理解课文。比如，我教《月光曲》时，学生对盲姑娘怎么知道是贝多芬在给自己弹琴，贝多芬为什么给盲姑娘弹了一曲又弹一曲不理解，我就补充了一个古时候俞伯牙和钟子期"知音"的故事。先在黑板上展示了俞伯牙弹琴，钟子期听琴的一幅画，俞弹"高山流水"的曲子，钟点头赞赏，似乎自己真正看到了高山，听到了流水声。于是两人结为好友。随着看画，我把钟子期赞赏琴音的重点句子标示出来，很有感情地加以描述，学生们听完之后，马上举手说：我明白了盲姑娘怎么知道是贝多芬在弹琴，贝多芬给盲姑娘弹了一曲又弹一曲，他遇到了知音了。学生们又举了生活中的例子，概括说：最知心，最了解自己的人就可以说是"知音"。可见学生们已经理解了知音的含义。又如我教《桂林山水》时，学生看完彩色桂林山水图，结合板书，表情朗读。当读到有山如屏障，学生们似乎感到挡住了小船的去路，我结合挂图，描述了几句，说绕过小路，有更美好的境界。作者又荡舟前行……学生们异口同声地说："山重水复疑无路，柳暗花明又一村。"可见学生们已经身临其境，开始展开了想象的翅膀。

以上两个例子，充分说明在小学语文教学中要充分运用直观教学来调动学生积极性。而在直观教学中，老师要充分发挥主导作用。一是有目的、有重点、有计划；二是要及时引导。如画面、板书、朗读、描述等，怎样巧妙地结合，主要靠老师的引导；三是从生动的直观到抽象概念，要讲求方法，不能牵强。特别是教师的情感、态度、语言、动作，直接起着示范作用，比任何直观因素作用更经常、更有利。如果教师表达不出文章作者之所爱、所憎、所喜、所恶、所欢、所想，那就很难让学生既有所知又有所感了。总之，各种直观教具的使用，各种直观因素作用的发挥，起主导作用的，还在于教师。

（选自霍懋征编著《霍懋征语文教学经验谈》，上海教育出版社1985年版）

善教者，课外也生辉

孩子们的第一本日记

四十多年前，那是建国初期，学校的条件跟现在没法相比。校园都是土地，教室都是小而旧的平房，窗户的上半截糊的都是白纸，课桌椅当然也都是旧的了。但是，为了建设新中国，为了培养接班人，老师们的干劲特别足。孩子们呢？为了快快长大，建设祖国，都很努力，都想争当三好学生。那一年，我接了个一年级的班主任，并担任了语文和数学两科的教学工作。我爱那些孩子，课上课下，每当那一双双茫然无知的小眼睛惊奇地望着我的时候，每当他们仰起小脸儿问我"为什么"的时候，我就觉得他们好像在渴求着什么。一当他们明白了一个道理，学会了一种本领，受到老师表扬，那一双双小眼睛就变得格外明亮和兴奋。那时，我也在进行教学改革。在第一学期快结束的时候，我萌生了在一年级练习写日记的念头。

第二学期开学正值春天。春天，万物复苏，校园内、胡同里处处一派生机。我决定让孩子们集体写一本"自然日记"。一天，我对同学们说，春天来了，你们谁能告诉大家：什么树先发芽？什么树先开花？什么虫子先出窝吗？见同学们回答不上来，我又说，从今天起，请大家到校园里、到胡同里、到自己家的院子里去寻找春天吧。要认真去找，仔细观察，谁发现了春天，谁就把它写在我们的日记本上。说着，我把准备好的活页纸举了起来。孩子们非常兴奋，纷纷发问。

"霍老师，我不会写字怎么办？"一个男孩子急切地举手发言。

我说："没关系，大家想一想，不会写字就没办法了吗？"

"老师，我可以画画儿吗？"

"我可以用拼音写吗？"

"我遇到不会写的字可以问老师吗？可以查字典吗？"

"同学们真有办法，行，你们想的办法都行！"我笑着鼓励大家。

于是，在教室后面的"自然角"里又多了一本"自然日记本"。班干部还安排了每周的负责人。哪个同学观察到了新的情况，就在纸上写一笔。孩子们的兴趣可高了。

第一页上写的是：

"今天我看见蚂蚁出窝了，好多好多呢。"因为不会写"蚂蚁"和"窝"字，就画了个小圆圈儿，并从里向外点了许多小黑点儿，还在旁边用拼音告诉大家这是"蚂蚁"那是"窝"。

"今天我家窗户下边长出小草来了，叶子有点儿黄。"旁边还粘了一棵带根的小草。

"今天早上我看见迎春花开了，黄黄的，没有叶子。"后边贴了两朵压扁了的迎春花。

"今天下午我看见天上有大雁飞过来了。"不会写"雁"字，就画上大雁飞行时的"人"字队形。

在教室的"自然角"，同学们还养了蚕、蝌蚪和各种花。负责的同学在日记本上写道：

"今天小蝌蚪的尾巴掉了。"

"今天小蝌蚪怎么长出脚来了？真好玩儿。"

"我看见蚕宝宝又白又胖，吐丝了。"

在这些歪歪扭扭的文字下边还画了胖乎乎的似像不像的蚕和蝌蚪等等。全班同学没有一个不写的。

有一次，我表扬完大家写日记的积极性以后，指着一幅画问："安安，你为什么要把发芽的小草画在窗户底下，为什么不画在屋子后边呢？"

小家伙站起来，眨眨小眼睛说："我家住的是北房。窗户在南边，有太阳，暖和，草就长出来了。房子后边现在还冷呢……"

听了他充满稚气的回答，我高兴极了。啊，我的学生会观察了，也会分析了。

在这项活动中，同学们争先恐后，谁都想把自己看到的东西写在本子上。就这样，一年下来，同学们写了满满两大本。真是春夏秋冬、花草鱼虫景物齐全，红黄蓝绿实物标本色彩缤纷啊！这是孩子们眼中的大自然，它充满了童趣，充满了天真，也充满了孩子们的智慧和创造力。直到同学们能够独立写日记的时候，这种集体的"自然日记"才告结束。

错别字病院

我再讲一个消灭错别字的故事。

在按照"速度要快，数量要多，质量要高，负担要轻"的方针进行语文教学改革的过程中，随着教学速度的加快、阅读量的增加，同学们的知识面扩大了，语汇丰富了，作文也越写越长了。看到同学们的进步，我很高兴。但令人遗憾的是在作文和作业中的错别字也骤然多起来了。例如：有的学生把宽恕，写成"宽怒"；偶尔，写成"偶耳"；弹琵琶，写成"弹枇杷"；不知所措，写成"不知所错"；惴惴不安，写成"揣揣不安";沾沾自喜,写成"粘粘自喜",等等。怎么办?我没有采取每课生词写四遍,错别字改正以后抄十遍八遍的做法。这种带有惩罚性的识字方法,我是从来不用的。我的原则是相信学生,学生的问题要启发学生自己去解决。

于是,我就找班、队干部来开会。我问他们:现在我们课文学得多了,诗词背得多了,好不好?他们都说"好"。然后,我就把从作文中摘录出来的一些错别字给他们看,并说:"同学们的作文和作业中的错别字比过去多起来了,你们说怎么办?"当时他们想出了很多办法。有的说,让同学们准备个小本子,把自己的错别字抄写几遍;有的说,下午放学后,让错别字多的同学留下来,不改正,不让回家;也有的说,各小组开展一帮一、一对红比赛,看哪一组最先消灭错别字;还有的说,让语文科代表把错别字整理出来,贴在壁报上……

"你们再看看这些字词,同学们为什么会写错呢?问题出在哪儿?"我进一步引导大家讨论。于是有的说,是因为眼睛没把字的笔画看清楚,像"蔬菜"的"蔬"和"慌张"的"慌",不该有"点"的地方写上了一点,可该有"点"的地方却没写"点";有的说,是因为没有把同音字的意思记清楚,是因为不认真,脑子没好好想……我看同学们说得差不多了,就说:"大家说得很好呀。我们消灭错别字不能只等到写错了再来消灭,而应该消灭在出错之前,对不对?你们说,同学们的这种'病'该怎么治呢?"讨论到最后,大家决定在班上成立一个错别字病院。请没有错别字和错别字少的同学来当病院的院长和医生,把同学按照错别字的多少分成重病号和轻病号,来一个消灭错别字的人民战争。

当班长把这个新鲜的、生动活泼的办法向全班宣布之后,同学们非常高兴。于是选出了院长和医生,同学们根据自己的情况主动报名,确定了各种"病号"。为了争取家长的支持,我们还给家长送去了各种通知单。例如：

敬爱的家长：您好！

为了消灭同学们作文中的错别字，我们班成立了错别字病院。告诉您一个好消息，您的孩子被选为主治医生了，向您表示祝贺，希望您鼓励他做好工作。

错别字病院院长×××
年　月　日

敬爱的家长：您好！

为了消灭同学们作文中的错别字，我们班成立了错别字病院。告诉您一个不太好的消息，您的孩子得了"重病"，需要赶快治疗。不过您也不用着急，他会很快好起来的。希望您能支持我们的工作。谢谢！

错别字病院院长×××
年　月　日

对这项活动，同学们的积极性非常高。他们主动统计自己错别字的数量，分析出现错误的原因。院长和医生则向"病号"们介绍自己怎样识记形近字、同音字的经验和不写错别字的方法。遇到自己解决不了的问题就来问我——因为病院还给我封了个"顾问"的官儿呢。

孩子是很可爱的。只要是他们愿意干的事热情可高了，办法可多了。有的同学把自己的错别字写成小纸条装在口袋里；有的同学把错别字贴在家里，让爸爸妈妈督促检查；还有的同学三三两两结成"对子"，放学后在教室里互相默写。院长和医生则把全班出现的错别字整理订正，在"学习园地"上公布出来，约定时间全班听写。有许多家长还在"家校联系簿"上向我介绍孩子在家里积极更正错别字的表现。就这样,我们原计划用两周时间消灭错别字,结果只用了一个星期,作文和作业中的错别字就基本上绝迹了。

记得教育家陶行知先生写过这样一首诗:

> 有个学校真奇怪,
> 小孩自动教小孩。
> 七十二行皆先生,
> 先生不在学生在。

是啊,我们当时的情况就是"先生不在学生在","小孩自动教小孩"啊。

为了巩固这一成果,在此后相当长的一段时间里,病院的院长和主治医生们常常在同学们的作文和作业中搜集错别字,同学们则把自己出现的错别字,哪怕是一个,也要主动向院长汇报。然后在"不让一个错别字蒙混过关"的壁报专栏里订正公布,让同学们警惕。在两年多以后的升学统考中,我们班的试卷因卷面整洁和没有错别字而受到了领导的表扬。

孩子们的"作文选集"

在孩子们的眼里什么都新鲜。他们好奇、好动、好模仿,如果不从正面积极引导,是很容易染上不良习惯的。所以,老师,特别是班主任老师必须在课堂教学之外,积极指导学生开展课外活动,占领课外的时间和空间,使孩子们的身心志趣在正确的轨道上健康、主动地发展。这样做当然很辛苦,但是教师一人的辛苦换来的却是孩子们的成长和进步。这是一种充满着幸福感和成就感的付出。

在我的班上，课外活动是很多的。有乒乓球队、小足球队和各种小型的体育比赛；有读书小组、写作小组、书法绘画小组、数学小组、板报和壁报小组、朗诵小组；有些人负责班内小图书馆的借阅工作，有些人负责自然角、自然日记的管理工作，还有些同学负责班内的小药箱、当小医生，等等。全班同学按照个人的特长、爱好，人人都有一份甚至两份工作，谁也不闲着。这些活动，既可以发挥孩子们的特长，使他们的精力志趣有充分的用武之地，又可以使他们在自己动手动脑的过程中发挥创造力，学到新知识、新技能，更重要的是通过这些活动可以培养孩子们的团队精神、协作精神和为他人为集体的奉献精神，有利于全面提高学生的素质。

就写作小组的同学来说吧。我对他们的要求是不但自己要多读书，多观察，多写作文，而且还要帮助同学，搜集同学们的好作文、好日记。同学们对工作非常上心。他们在教室的后墙上办了个作文园地，还取了个名字叫"苗苗"。他们把同学中的优秀作文都用统一的纸让小作者们抄好，再画上红红绿绿的插图，整整齐齐地贴在作文园地里。谁的作文能在这块园地里展览，那实在是一种莫大的光荣。所以，这项工作对激励孩子们的写作起到了非常好的作用。

有一天，组长秀秀问我："老师，我们都存了很多好作文了，怎么办呀？"

"你说呢？你们小组商量商量，能不能想办法给同学们留个纪念？"我笑着，用诱导的口吻请她们想办法。

几天后，小组长秀秀兴冲冲地对我说："老师，我们几个人开会了。我们要出一本书。"

我故作惊奇地问："什么？你们也要出书？你们想怎么出？能告诉老师吗？"我的语气变得亲切而又有点神秘。

"老师，我们想好了，能自己出书。我和小宁家里都有钢板和铁笔，我们五个人已经买了一筒蜡纸了。我们要自己刻蜡纸。"她说得很天真，也很轻松。

于是她们就利用下午放学以后的时间在教室里伏案刻写，有时还在星期天忙碌。因为是第一次刻写，铁笔总是在钢板上打滑，但她们并不灰心。她们还找来了有关美术字和插图的书，在文章题目和结尾的空白处画上了大大小小、各式各样图画。还让我给他们写了一篇"前言"。刻好以后，就到学校油印室（那时候还没有复印机，只有手推式油印机）请老师帮助印刷。印完后就发动全班同学用蜡笔给插图上色，再折叠、装订，最后便成了一本本虽然粗糙，但却可爱的作文选集了。

为了鼓励同学们的写作热情，班委会还专门举行了作文集发放仪式，就是现在常说的"首发式"。当同学们拿到这本定名为"我们的作文选集"的时候，甭提多高兴了，一个个捧着"书"，排着队，让我给他们签字。最后作文小组的同学们还把自己的"书"自豪地送给校长、主任和老师们。这种活动在20世纪60年代初算是很新鲜的了。

这项活动，从开始到创意，到文章编选、刻写、印刷和装订，都是同学们独立完成的。我的作用就是引导和鼓励。作文小组的成功，对同学们的影响很大。谁不想让自己的作文也编入作文选集呢？所以，从那以后，同学们都在作文课上下起了大功夫，课上课下的写作热情非常高。在大家的要求下，后来，我们每学期都有一本作文选出版问世。那时候，我们班的学生在各种考试中一类文章最多，与一本本作文选集对大家的帮助是分不开的。

作家王蒙先生在他的《华老师，你在哪儿》一文中，谈到他的华老师仅仅表扬了他所造的一个"长句"，而使他终生不忘的情节。文章说：

"小学二年级，平生第一次做造句，第一题是'因为'。我造了一个大长句，其中有些字不会写，是用注音符号拼的。那句子是：'下学以后，我看到妹妹正在浇花呢，我很高兴，因为她从小就不懒惰。'华老师在全班念了我的这个句子，从此，我受到了华老师的'欣赏'。"

的确，老师对学生的真诚的表扬和赏识，不仅可以激励他们当时的学业，有时候甚至能决定他们日后成才的趋向。王蒙先生用自己的经历证明了这个道理。我的学生也一样，当年参加作文小组、编选刻印作文选的学生，长大后多数人当了编辑、记者；当年背着小药箱的小医生，后来几乎都成了大大夫。

今天，孩子们的课外生活比以往任何时候都更丰富、更多彩了，成才之路也更广阔了。

(选自梁星乔编著《没有教不好的学生——一代名师霍懋征爱的教育艺术》，中国大百科全书出版社2003年版)

指导学生课外阅读

在语文教学中,我主张在不加重学生负担的前提下加大阅读量,让学生多读书,读懂书。在我执教的班级中,凡是读书多的学生,知识面就较广,思维就较敏捷,遣词造句和写文章的能力也较强。

让学生多读书,只靠课堂上是不够的,还必须指导学生进行课外阅读。在课内,我主要是指导学生多读、精读范文,教会他们怎样读书,掌握读书的方法。学生只要学会了读书的方法,有了读书的习惯和能力,就可以在课外独立阅读。因此,指导学生进行课外阅读,应该是语文教学的一个重要组成部分,一点也不可忽视。

怎样指导学生的课外阅读呢?我的做法是:

首先,把书介绍给学生。小学生看书往往是出于兴趣和好奇心。所以,我向三年级小学生介绍书时,从来不规定他们要读什么书,写多少读书笔记和读后感,也不规定要摘抄多少好词、好句。我把着眼点放在调动学生内在的积极性上,注意点燃学生心灵的火花。等水到渠成、瓜熟蒂落时,才给学生推荐适合他们看的书。开始,我主要是结合教学把书介绍给学生。语文教材的选择都是从小学生的年龄和心理特点出发的,适合小学生的兴趣。我每教完一课书后,学生总是提出很多问题,刨根问底，好奇心、求知欲很强。每到这种时候，我便给学生介绍一本书，建议他们下课后去看，如讲《我要读书》这一课，我就介绍学生读《高玉宝》；讲《卖火柴的小女孩》一课，便介绍学生读《安徒生童话选》；讲《草船借箭》一课，便介绍读《三国演义》中几个有关章节；讲《景阳岗》一课，就介绍读《水浒》；讲《小英雄雨来》的节选，就介绍读《小英雄雨来》一书。这种方法效果很好，下课铃一响，学生们便围着我，一个个兴致勃勃地向我借书。这时，我就把书送到他们手里，并说："你们读完后，找个时间讲给我听听好吗？"他们回答说："好！"

其次，通过讲故事的形式，把书介绍给学生。 小学生是最爱听故事的，但我讲故事，总是讲到最精彩、最能引起学生兴趣的地方，突然煞车，不讲了，叫学生自己去看。一次，我给大家讲《苦牛》这个故事。苦牛是一个苦孩子，他和比他大两岁的姐姐相依为命，住在豺狼虎豹时常出没的荒山上，过着非人的生活。……当讲到苦牛骑着黑狗与骑着毛驴的地主儿子赛跑的时候，我突然停下来不讲了。这时，学生们却急于要知道谁胜谁负。他们希望苦牛赢，但赢了没有，不知道，因此很着急，一再催促我讲下去。我乘机对学生们说："你们要想知道结果怎么样，我这里有书，你们自己读吧！"于是，我给每个人发一本《苦牛》的书。同学们拿到书后，津津有味地读着，争先恐后地读完了这篇故事，而且还能把故事情节讲出来。我觉得指导小学生课外阅读要有个循序渐进的过程。开始要求不能高，只要能引起学生的兴趣，把书读完，并能讲出故事大概的情节就可以了。

再次，每逢节假日，我事前都要准备一些书，介绍给学生看。 在假期里，对四、五年级学生的课外阅读，我要求又高了一些。鼓励学生摘录好词、好句，写点读书笔记。一般小学生是听老师话的，只要老师一提倡，学生就会自动去做。假期过完后，学生回校了，不少学生带来了课外阅读摘录的好词、好句的本子，有的还写了读后感。对此，我及时给予了表扬。还把他们的读书心得和摘录的好词、好句抄出来，让大家互相观看。这一来，班上出现了读书热。

受到表扬的同学，读书的热情更高了；没有受到表扬的同学，也有了想多读点书的愿望。对学生读书的欲望和热情，我总是及时给予鼓励和扶植，并根据每个学生的特点，随时介绍有益的又能引起兴趣的书给他们看。看完一本，再介绍一本。这样久而久之，学生们读书的习惯就会在不知不觉中养成，读书的能力也会随之增长。

除了把书介绍给学生外，我还特别注意开展一些课外读书活动，以巩固学生读书的成果。如：结合少先队队日、班会，举行故事会、赛诗会、朗诵会，让学生们把自己读过的故事情节讲出来，把学过的诗背出来，把故事中好的段落朗诵出来。这对巩固学生的读书热情大有好处。

我们班上的学生大都订了《少年报》，有的还订了其他一些少年儿童杂志，我便在每天中午，抽出十几分钟组织学生轮流读报，让每个学生都有读的机会。对读报，大家觉得新奇，每个学生轮到自己读报时，可积极啦，早早地在家就读过好几遍了，有的在头天晚上还把第二天要读的内容先念给爸爸、妈妈听，然后再到班上读给同学听。开展这样的读报活动，有利于提高学生的阅读能力。

对于书中一些内容，学生看不懂或不理解，我便找时间让他们质疑问难。如：我介绍大家读《高玉宝》后，让学生提问题，他们一下子提出了几十个问题。如，高玉宝为什么那么穷呀？高玉宝的老师为什么惋惜他不能上学读书？等等。对学生们提出的问题，我先让大家互相议论，自己解答，然后我再进行点拨。这样，每个学生对书的内容都有了较深的了解，读书的兴趣就慢慢地浓了。

课外阅读以后让学生质疑问难，就要求教师自己要不断地学习。我自己努力做到，凡是介绍给学生看的书，我都认真读一遍。这样，在和学生们谈论这些书时,才有共同语言;当学生们质疑问难时,我才能胸有成竹地给予解答。

(选自霍懋征编著《霍懋征语文教学经验谈》,上海教育出版社1985年版)

谈对小学毕业考试语文命题的看法

小学毕业考试的命题是一项很细致的工作，它不仅关系到能否考查出学生平时学习的成果，而且在很大程度上还影响着教学工作前进的方向。我作为一个曾多次辅导学生参加毕业考试的教师，在这里就语文试卷命题问题谈点不成熟的看法，供大家参考。

第一，明确语文的考试目的，命题应重在考查学生的读、写基本能力。

小学毕业考试考语文，目的是考查学生的阅读能力和写作能力是否达到小学毕业的水平，看他们理解语言和运用语言的能力能否适应中学的学习。这个目的，也是语文试卷命题时应遵循的原则。虽然小学生应该掌握的基础知识和基本能力都在考查范围之内，但是重点要放在读、写基本能力的考查上。因为学生有了读、写的基本能力，就可以更好地使用语文这个工具去获取知识，发展思维，提高智力。

第二，语文试卷的命题，应以语文教学大纲为线索，以教材为依据，不要出难题、出偏题。

《小学语文教学大纲》对小学生的要求，是针对我国小学语文教学实际情况制定的。平时要本着大纲精神教学，考试命题时也不能随意降低或超越大纲的要求，否则教学工作就无所适从，甚至造成教学工作被考试牵着鼻子走的被动局面。例如作文，那种模仿高考作文试题，考小学生写议论文、写说明文以及考小学生平时少见的写作形式的做法，就不符合大纲中"小学以学写记叙文为主，也要会写常用的应用文"的要求。这样做，脱离学生的实际，会导致平时的作文练习盲目追求形式的花样翻新，也会造成小学生"编"作文，在作文里说假话的现象，不利于从根本上提高小学生的思想水平和文字表达能力。

语文基础知识的范围很广，但考试不能抛开学生读过的课本去另搞一套。例如，教材里没有讲语法的名词术语，考试就不应该让学生辨别词类、划分句子成分；课本的"基础训练"中只要求学生点标点，并没有要求学生断句，试卷中让学生点标点的语句就不应该连排。只要超出大纲要求、偏离教材的题目就是"难题""偏题"。要确保命题的质量，命题前重温大纲和教材是非常必要的。

第三，命题要灵活，富有启发性。

小学语文考试的内容，不外乎基础知识、阅读和写作三大部分。基础知识包括拼音、写字词、造句、点标点、改病句等项，阅读包括分析文章的段落层次、体会文章的思想内容等项，写作主要是写简短的记叙文或常用的应用文。考试的内容就那么多，而命题的方式却是灵活多变的。题目出得活不活，不在于形式多么新奇，而在于题目是不是富有启发性。富有启发性的题目，可以促使学生逐渐改变死记硬背的学习方法，学会举一反三，提高学生理解语言和运用语言的能力。像"写出十个表示手的动作的词"，"写出打"在'打球、打水、打算盘、打主意'四个词语中不同的意思，这样的题目就比较灵活，既能考查出学生掌握词语的真正水平，又能打开学生的思路，靠死记硬背是答不好这类题目的。像《我的××》《我和×××》一类的作文题，学生可以写人、写动物、写植物，也可以写日常的生活用品和学习用具，题材广泛，每个学生都有材料可写，容易检查出学生实际的写作水平。

（选自霍懋征编著《霍懋征语文教学经验谈》，上海教育出版社1985年版）

第三辑

论班主任工作

班主任工作的几点体会

多年的班主任工作使我深深体会到，班主任工作是非常重要和艰巨的。重要的是它不仅关系到每个学生的健康成长，更关系到千千万万的家庭乃至国家的未来；艰巨的是班主任工作是复杂和多面的，它所包括的任务很多，需要采取多种多样的方法开展。下面谈谈我自己从事班主任工作的几点体会：

一、必须通过一切途径、利用一切机会，自觉地按照党和国家的教育方针，把学生培养成德、智、体全面发展的社会主义现代化事业建设者和接班人

一棵小树苗能长成参天大树，是辛勤的园丁不断修枝、灌溉的结果。班主任工作就像辛勤的园丁，按党和国家的教育方针培养人才。作为班主任，要从小培养学生优秀的思想道德品质，培养学生树立正确的学习目的，养成良好的学习习惯，不断提高学习成绩；关心学生的健康，使他们在德智体等几方面都得到发展——德、智、体是个有机的整体，决不能把它们割裂开来，孤立地进行教育。班主任应自觉地从每项细小的工作做起，而且这一做法不仅要贯穿在日常的思想教育工作中，同样，也应贯穿在各科教学中。举例来说，在语文教学中，除利用课文内容进行思想教育，还应利用其他一切机会对学生进行思想品德教育。当一个学生朗读课文后，大家进行评议时，同学们站起来往往是先提出缺点，这时教师就要引导大家首先要看到别人的优点，然后再指出不足之处。这样做不仅能使学生具备对事物一分为二的观点，而且还能引导他们善于发现别人的长处，取人之长，补己之短，不断进步。当学生起立回答问题时，老师对他们的站立姿势、语言表达都要提出要求，培养他们养成良好的习惯。教师要周密地组织好课堂教学，充分利用四十五分钟时间完成教学计划，不给学生增加课外负担，使他们能在课外参加有意义的活动，这是关心学生健康的重要方面。总之，班主任要创造条件，通过各种途径、利用一切机会把学生培养成为品德高尚、知识丰富、体魄健康，即德智体全面发展的社会主义现代化建设者。

二、要培养和形成一个团结友爱、积极向上的班集体

班主任的主要任务是，把全班学生培养成一个团结友爱、奋斗目标明确的集体，然后通过集体对每个学生进行教育，以便顺利完成教育、教学任务。

为了实现这个目标，还应做到以下几点：

1. 班主任要向各任课教师公布自己的工作计划，使各任课教师了解班级的情况和奋斗目标，以便配合班主任工作，形成一个以班主任为核心的教师集体对学生进行教育。

2. 班主任接到一个新班后，不仅要对全班学生进行全面了解，制订班级工作计划，明确每个时期的工作重点，一步步带领全班前进，更重要的是发现人才、培养干部，使他们成为老师的得力助手和班集体的核心。班主任要重视对学生干部的培养，尤其要在处理班级事务中，培养他们分辨是非和独立工作的能力。

3. 班主任要根据儿童年龄特点开展各种有趣的活动，使学生在活动中受到教育。例如，为了培养学生热爱科学的兴趣，可以举行"我们爱科学"的主题班会。在准备过程中，班主任要指导学生搜集科学家的故事，请科学家和大家见面、制作各种模型、进行科学实验，等等。当工作中遇到困难时，要鼓励学生知难而上直到取得成功。通过这些活动，不但可以培养学生坚强的毅力和克服困难的决心，而且使他们增长了知识，开阔了眼界，汲取了科学的养分。

班主任还特别要注意通过各种活动教育学生热爱集体、关心集体，增强他们的集体荣誉感，使他们懂得人人都应为集体贡献力量。例如，在开展讲卫生的活动中，我做了一个针线盒，盒里有针线、扣子等，盒上边放一张纸条，上面写道："同学们，当你的扣子掉了，请你把它钉上；当你的衣服破了，请你补上。你要保持爱整洁的好习惯。"大家都不知是谁做的，可是看了很受教育，也都暗暗地为集体做好事。有时班上出现一盒擦手油，旁边注明："同学们，请你洗完手后擦点油，免得把手冻裂。"这样的事多了，班里就会形成互相关心、互相帮助的好风气，进而就会创建出团结友爱、积极向上的班集体。

三、要努力培养学生的学习兴趣

在对学生进行思想道德教育的同时，班主任要运用各种方法帮助学生树立学习目标，端正学习态度，掌握学习方法，养成良好的学习习惯。在班集体中要形成重视学习的氛围，在学习上倡导既独立思考又互相帮助、切磋琢磨的好风气。特别注意的是，对那些学习上的"懒汉"和只知珍惜自己的时间而不愿帮助别人的学生要进行教育。

班主任还应培养学生的学习兴趣，调动学生学习的积极性——前提是要提高自己的教学水平，掌握教学规律，改进教学方法，使学生每一堂课都学有所得。例如：在教《找骆驼》这一课时，课文中有这样一句话，"你的骆驼是不是左脚跛右眼瞎的?"其中"是不是"属于疑问句，我接着提问一个同学："你是少先队员吗?"同学回答："我是少先队员。"我板书"是"，并问同学它是什么意思，同学们都回答：肯定的意思。我再问另一个同学:"你是少先队员吗?"他回答:"我不是少先队员。"我再板书"不是"。于是我说:"'是'是肯定的意思,'不是'是否定的意思,但是'是不是'是什么意思呢?"同学们一看,肯定加否定变成疑问的意思了。他们感到十分有趣,我再进一步启发他们:"你们生活中有没有肯定加否定变疑问的句子?"学生经过思索,纷纷回答:"会不会""要不要""想不想""看不看""来不来""去不去""吃不吃""说不说""洗不洗""穿不穿"……大家争先恐后地发言,课堂十分活跃,同学们学习的积极性调动起来了,不但增长了知识,而且发展了智力。这样一来,同学们就爱听你的课了,老师的威信自然就树立起来了,就会更顺利地完成教学任务。

四、要培养学生养成自觉遵守纪律的好习惯

自觉遵守纪律是保证学校良好的教学秩序和提高教学质量必不可少的条件——这就是说,培养学生在学习、劳动、工作各方面的组织性和纪律性是班主任工作中一项十分重要的任务。

培养学生自觉遵守纪律的习惯是一个细致而复杂的工作。班主任要根据小学生守则的要求和本班学生的具体情况,拟定培养学生遵守纪律最有效的办法。这就要求班主任首先要了解学生,特别要注意每个学生在组织和纪律方面的表现——即学生已经养成了哪些符合纪律要求的行为习惯,哪些还没有养成,特别是对个别学生破坏纪律的原因要进行调查,然后制定出行之有效的方法,提出切实可行的要求。

自觉遵守纪律习惯的养成必须和提高学习质量联系起来,必须跟培养学生的任务联系起来。班主任要和所有任课教师共同努力,以教学为中心,对学生提出纪律方面的要求,并通过各种活动,如主题班会、队会、故事会、讨论会等贯彻执行。在执行过程中,树立榜样、鼓励先进,使遵守纪律成为每个学生的自觉行动。

五、必须热爱、关心和尊重学生

多年的班主任工作使我深深体会到,只有热爱学生才能关心学生,只有尊重学生才能要求学生,只有了解学生才能教育学生。这是做好班主任工作的关键和前提。

我们面对的是几十个天真可爱的孩子,由于每个孩子的家庭环境和生活条件不同,因而每个孩子的性格和习惯也不相同,但不管他们之间有多么大的差别,甚至有的孩子可能脾气古怪,缺点较多,很难教育,然而他们都是祖国的花朵,是革命事业的接班人。我们要爱护他们,急他们之所急,爱他们之所爱,做他们的知心朋友。热爱和严格要求是一致的。辛勤的园丁爱护他种植的小树苗,希望它们长大成为有用之才,但他们绝不心疼砍去在主干上滋生出来的七枝八杈。班主任爱自己的学生,就必须严格要求他们,关心他们的成长,绝不放过每一个小问题,针对学生身上的缺点,及时给予帮助和教育。千里之堤,溃于蚁穴,班主任对学生的教育要做到未雨绸缪,防患于未然。

平时对学生的要求若不与对他们的尊重相结合,就不会收到应有的效果。特别是对后进生的教育,如果不把"尊重"放在第一位,而是一味批评指责,这样就会挫伤学生的自尊心,使他们不但不能了解老师的苦心反而产生对抗情绪,更有甚者有的学生会因此失去上进心,产生破罐子破摔的思想,这就更难教育了。所以尤其要尊重后进生,使他们真正体会到老师是为他们好,这样他们才愿意接近老师,认真按照老师提出的要求去做。

为了教育学生还必须深入了解他们。由于每个学生的性格、爱好、习惯和家庭环境不同,因此教育的方法也应因人而异,比如胆小懦弱的孩子和胆大的孩子,在教育方法上就应有所不同。胆小的孩子要鼓励他勇敢,为他创造条件进行锻炼。如在课堂上,要选择适当的时机让他起来读书,回答问题。稍有进步就要进行表扬,增强他的信心。在班队活动中给他安排一些工作,让他在老师和同学们的帮助下提高工作能力,增强胆量。但对胆大的孩子就要求他细心、沉着,遇事多加思考,然后再付诸行动。只有对孩子了解得深透、细致，教育方法得当，才有可能把孩子教育好。

六、班主任要做好家长工作

学校与家庭，老师与家长都希望孩子长得活泼健壮、品德好、学习好，将来长大了有所作为，两方面的目标是一致的。在这个基础上，学校与家庭完全可以配合起来，把孩子教育好，因此学校必须采用多种办法与家长取得联系，共同做好这一工作。

班主任与家长联系，除了通过家长了解学生及家庭教育的情况，更重要的是让家长了解，如何配合学校教育子女。我在家访时，常结合各个孩子和家庭教育的情况，向家长深入地介绍我们学校采取的教育办法和措施。可是孩子比较多，要把每个学生的家庭都访问一遍，就得花很多时间，因此我总是有计划、有目的地进行一些访问。

比如，对一般孩子平时就利用家校联系簿联系。班上每个学生都有这样一本联系簿，要求他们每周把自己在校的学习、劳动、纪律等方面的表现，存在的问题和下周努力的方向，以及家务劳动的情况、每天作息时间的安排等简单小结一下，然后送给家长和班主任看。家长和班主任看后都写下自己的意见，如此一来家长和班主任可以通过书面形式每周交换一次情况，及时了解和解决问题。这样做不仅能对一些情况较好的孩子起到督促和鼓励的作用，而且能对学习和纪律较差的孩子采取家校一致的方法进行教育。

另外，召开家长座谈会也能起很大作用，因为在座谈会上不只是班主任谈，还有更多的家长谈。家长们对学校教育措施的体会有深有浅，具体做法也各有不同。如果让体会较好的家长谈谈自己的看法和做法，对其他家长也有启发作用，而且比教师自己谈还有说服力。

在一次家长座谈会上，我请王星的妈妈介绍她教育孩子的经验。王星以前是个比较淘气的孩子，贪玩、不爱学习，对自己要求不严格，上课喜欢随便讲话，学习成绩也不好。经过一个学期的教育，这孩子转变了，上课时能比较踏实地听讲，作业写得比较用心，成绩有了明显的提高。王星为什么转变这么快呢？原因是他不仅得到了同学们的帮助，而且也得到了家长的帮助。王星的爸爸妈妈都是机关干部，每天工作很忙，晚上除了开会，在家里不是工作就是学习。开学不久，我到他们家里谈到王星的情况，提出这个孩子的特点，希望家校紧密配合，共同教育这个孩子。我们又一起细致地分析了王星的问题，肯定他的优点，找出他存在的主要缺点，家长也认识到过去对他估计不足，觉得他很聪明，学习和纪律差不多，虽然存在一些毛病，但认为长大了就自然会好。通过这次家访，他们明白了过去的想法是不合适的，开始重新对他进行教育。家里把他的生活、家务劳动和学习等都做了具体的安排，晚间爸爸妈妈工作或学习时，也要求王星在旁边复习功课、做习题，姐姐妹妹也是如此。有时爸爸指定一本书让他们看，看完后组织他们姐弟进行讨论。这样使王星在思想认识上有了很快的提高，学习成绩有了很大的进步。王星妈妈在这次会上介绍经验后，许多家长受到了启发和鼓舞。在第二星期的家校联系簿上，许多孩子都谈到这次家长座谈会上提到的情况，最突出的是张丽这个女孩子，她在联系簿上写道：

今天妈妈把家长座谈会的情况告诉我了。她讲到王星进步的原因，对我很有启发，我决心向王星学习。我们家里已经开了一次家庭会议，提出要和王星一样，每天做一定的家务劳动，晚上七点到八点半认真做作业，不听广播。八点半以后看书、记日记等，九点睡觉，最晚不超过九点一刻。在课堂上要认真听讲，积极举手发言，关心小队的活动，做好小队长的工作，吃饭时彻底克服说话的缺点，并保证说到做到……

张丽的妈妈在这次座谈会上受到很大的启发。过去她强调工作忙没有时间,这次认识到家长不仅要言教,更重要的是身教,决心和学校配合进行教育。在张丽那些话后面她写下了自己的意见:

> 你有决心向王星同学学习,努力克服缺点,使自己天天向上,很好!妈妈也有决心,向王星妈妈学习,配合学校,帮助你在品德和学习方面取得进步。为了配合学校对你进行教育,妈妈还要经常主动地把你在家的情况告诉老师,也希望老师把你在学校的情况,经常告诉给家长。

我翻阅孩子的联系簿,不只看到了那次家长座谈会的影响,也看到王星妈妈教育子女的经验在家长中广泛传播。由此我想到,作为班主任,通过各种方式加强同学生家长的联系,争取他们在各方面给予帮助,是十分重要且必需的事情。

另外,多年的工作经历也使我深深体会到,家长和老师之间,对孩子的看法是不尽相同的。有些家长总是觉得自己孩子的优点多一些,即使孩子犯了错误,也常常原谅他们,而老师呢,对学生的要求就严格一些。如果老师和家长缺乏联系,就容易使双方出现矛盾,增加教育的难度。所以教师要积极争取家长的配合,对孩子的教育采取一致的看法和措施,如此才能收到更好的效果。

为了把班主任工作做好,我们必须加强学习,不断提高政治觉悟,忠诚党的教育事业,把我们的工作当成事业而不是职业。我们还要努力学习教育理论,要懂得儿童心理、年龄特点,如此才能更有效地进行教育。我们还要努力学习自己所担负学科的业务,不断提高自己的业务能力和教学水平,只有这样才能担负教书育人的重任。我们的工作任重而道远,但只要忠诚党的教育事业,勤勤恳恳、兢兢业业,我们一定能把祖国的广大少年儿童教育好，培养好，使其成长为合格的社会主义现代化事业建设者和接班人。

（选编自霍懋征著《班主任工作札记》，人民教育出版社1980年版）

素质教育与"十学会"

几十年来,北京实验二小几乎是国家每一次教育教学改革的实验基地,我也一直自觉地站在改革实验的前沿。根据多年的实践,我认为,对小学生进行全面的素质教育,语文承担着重要任务。为此,我拟定了学生素质教育"十学会"。即学会做人、学会自律、学会学习、学会思考、学会创造、学会审美、学会乐群、学会健身、学会生活、学会劳动。

所谓"做人""自律",就是要培养学生做正直无私、有爱心、有奉献精神的人,做一个严于律己、宽以待人,也就是如韩愈所说的"其责己也重以周,其待人也轻以约"的人。

所谓"学习""思考""创造",就是要从小教学生学会读书,学会从书中吸取营养发展自己的才能,进而学会做事,学会独立地、创造性地工作。让学生懂得"学习—思考—创造"是一个不断深化和提高的过程,懂得"不学自知,不问自晓,古今行事,未之有也"(王充语)的道理。

所谓"审美",就是要有正义感,要有善辨是非美丑和"贤与不肖"的能力,会欣赏美的事物,会创造美的生活。

"乐群",就是要学会与人共处,培养学生的公益精神和助人为乐的品质。身体是学识的载体,身心健康是成就事业的物质基础,所以必须学会健身。

学会生活,首先要热爱生活。要培养学生健康的生活习惯。会生活的人,必然是会劳动的人。让学生懂得劳动创造生活,要培养学生动脑、动手进行创造性劳动的能力。

"十学会"实际上就是重视对学生的德、智、体、美、劳全面发展的教育和创造能力的培养。德育是素质教育的灵魂,智育是素质教育的关键,体育是素质教育的基础,再加上审美能力和劳动技能的养成,我们的素质教育才是一个完全的有机的整体。为了让学生做到这"十学会",我在语文教学中坚持教在今天,想到明天,学在课堂,行于生活,掌握知识,重在育人的原则。为此,我着重抓了以下几个问题。

第一,以文喻理,加强品德教育。

文章都是为宣传、教育而写的,都有各自的思想理念和宣传教育目的。辞章越好,教育作用就越大。老师是做什么的?"师也者,教之以事而喻诸德者也。"老师是通过教授文章事理来培养学生高尚思想品德和健康情操的人。所以,语文教师教语文一定要尊重文道统一的原则,把文章所"载"的"道"教给学生。我注重从大处着眼,从小道理入手,处理好每一篇文章的教学程序,要使学生听得入耳、入脑、入心,务使其在思想上与文章趣旨发生共鸣,用文章中的喜怒哀乐之情、健康通达之理去感染、熏陶学生,使学生从中受到教益。在教学中,我十分注重挖掘字、词、句的内涵,努力使语言文字训练与思想感情教育水乳交融。例如,在《我的战友邱少云》一课中,有这样两段话:

"烈火在他身上燃烧了半个多钟头才渐渐熄灭,而邱少云一动没动,两只手深深地插在泥土中。"

"战斗打响了,才20分钟就取得了胜利。"

开始，同学们对上下文中的这两个"才"字读得平平淡淡，没有什么领悟。我就引导同学们反复朗读，让他们思考：如果有人不小心把开水泼在你身上，你会怎样？假如有开水不停地往你身上浇，你又会怎样？同学们纷纷回答，"我会疼得受不了的"，"我会疼得大哭大叫，大喊救命的"，"我会疼得满地打滚儿"，"我会被烫死的"……这时候，再启发同学们思考课文，大家终于明白了第一个"才"字的含义。于是抢着说：

"这个'才'字说明大火燃烧的时间很长，说明敌人惨无人道。"

"邱少云同志被烈火烧了那么长时间都一动没动，这个'才'字表现出他为了战斗胜利，不怕牺牲自己的伟大精神。"

"表现了邱少云同志坚强不屈的革命意志。"

记得，当时一个小男孩儿激动地说：

"老师，您讲了半天我才认识到了邱少云叔叔的伟大精神，我太笨了。我要向他学习，克服自己怕苦怕累的思想。"

在明白了第一个"才"字的含义之后，同学们兴奋地发现，这第二个"才"字所表现出的是战士们化悲痛为力量，为战友报仇的杀敌气概。因为有了这种杀敌的勇气，所以才用了二十多分钟就把敌人打败了。像这样通过重点词语凸现文章思想宗旨的例子几乎课课都有。这不是给文章贴的标签，而是文章本身发出的思想火花，是作者著文的苦心。事实上，我们一代一代人的思想文化素质，正是在这种长期的学习、阅读中形成的。古人说，学习能改变人的气质，大概就是这个道理吧。

第二，举一反三，开拓创新思维。

我先讲个故事。从前，有一家人家的老爷子过六十大寿，两个儿子、两个女婿都回来给老人祝寿。老人想，这么坐着喝酒没意思，就说："我们做个拆合字的游戏吧，谁做得好，谁就多喝一点。"老人用手指蘸了点儿酒在桌子上写了个"口"字，说："就拿这个'口'字，每人做四句喝酒的诗吧。"

大女婿最聪明，马上说：

  我先写出一个口，一个十字在里头。（田）
  再把十字推上去，古人端杯喝一口。（古）

老人说"好"，就这么做。于是大女婿喝了一口。大儿子心想就这么做呀，于是说：

  我也写出一大口，里边再放一小口。（回）
  我把小口推上去，吕洞宾也来喝一口。（吕）

于是大儿子也喝了一大口。小儿子一看，"嗨，这谁不会呀，太容易了"，于是说：

  我也写出一个口，再把木字放里头。（困）
  又把木字推上去，吃着杏儿喝口酒。（杏）

于是，小儿子端起酒杯喝了起来，二女婿本来就没上过什么学，一看别人都做完了诗，喝完了酒，心中一着急，就说：

  我也会写一个口，再把一字搁里头。（日）
  我把一字吊上去，这，这，这是什么字呀？哎，咱们一人喝一口。

大家被逗得哈哈大笑。二女儿一看自己的丈夫也在那儿傻笑，气不打一处来，就说：

> 你这个呆子听着：大家都写口，你也写个口，抱来一根木，放在口里头。再把木字踢下去，让你这呆子喝个够，喝个够！（呆）

酒桌上又是一阵大笑。

当然这是一则笑话，不过，它用汉字的增减拆合来做诗对句，确是一种很好的模仿、推理和创造性游戏。这或许是最简单的"举一反三"吧。

我们的教学，最忌教一得一、教二得二的"死教"。老师应该通过字词句篇的分析，使学生达到"举一反三""闻一以知十"的效果。这就要用启发式，要致力于启迪学生的心智，开掘学生的创造性思维能力。在教学中要积极创造条件，创造语言环境，带领学生进行多方面的训练。例如，课文中出现"打主意"一词，我就引导学生说出许多带"打"字的动宾词组，并让他们分析不同词组里"打"字的不同含义。于是学生说出："打球"是玩球，"打伞"是撑开伞，"打井"是掘井、挖井，"打毛衣"是编织毛衣，"打水"是接水、灌水，"打车"是叫车、要车，"打鼓"是敲鼓，"打拳"是练拳，"打油、打醋"是买油、买醋，"打针"是扎针注射的意思，等等。再如，学过"上课""上学"等词之后，我就写出"上心、上色、上口、上门、上路、上火、上访、上冻、上操、上场、上报"，等等，让学生分析"上"字的意思。这种训练既丰富了学生的语言素材，又开拓了学生的思路，而且形式生动活泼，有利于激发学生的学习兴趣。

第三，学生为主，鼓励质疑问难。

学起于思，思源于疑。有疑才能促使学生积极思考，通过释疑，才能使学生的求知欲得到满足。因此，我在课上课下总是鼓励学生质疑问难。对于那些善于思考、敢于提出问题的学生，我都给予特别的表扬。老舍先生的《林海》一文我讲过好几遍了，同学们没有提出过什么问题。忽然，有一次，一个男孩子却提出了一个没料到的问题："老师，课文里为什么出现了三个'亲切舒服'？是不是作者写重复了？"

在表扬学生敢于提出问题的同时，我意识到，必须马上改变部分教案的教学程序。于是，我对同学们说："这个问题提得很好。现在我们再读读课文，看谁能解释这个问题。"通过认真的阅读讨论，大家发现，"亲切舒服"是作者在三次不同的情况下产生的一种逐层递进的深刻的感受。

第一次，老舍先生刚到大兴安岭，看到了一种"景"——山岭起伏，林木无边，百花满地，于是产生了"亲切舒服"的感受。

第二次，进而将注意力集中在大兴安岭特有的宝物上——苍天林木，皆为栋梁。看到这么好的木材，"亲切舒服"的情感再次涌上心头。

第三次，当老舍先生接触到林场工人，感悟到他们一手为建设祖国而伐木，一手又为子孙后代植树造林的崇高精神时，那种"亲切舒服"的情感达到了高潮。

通过这样的分析，同学们不仅明白了作者从景到物，从物到人，层层深入的写作方法，而且也体会到了大兴安岭的人们一手伐、一手栽，一手向大兴安岭要宝、一手为后人造福的精神。正因为大兴安岭人有这种精神，大兴安岭的"林"才会万古长青。文章中三次出现"亲切舒服"，充分表达了老舍先生对祖国大好河山的爱，表达了对造福于人类的大自然的感激之情，更表达了对大兴安岭人民的崇敬和爱戴。

教学，教学，为学而教。教是手段，学会、学好才是目的。所以，在教学过程中，老师应该在启发引导上多下功夫，要引发学生多提问、多答疑，让他们在读书的基础上自己去寻求答案。教师必须把学生置于主人的地位，让他们在一种民主和谐的、言者无罪的气氛中充分发挥个人的潜能，使他们生动活泼地、主动地提高自己。

有首劝学小诗说：

为学贵知疑，知疑贵问师。
问师可释疑，释疑则有知。
小疑获小进，大疑得大知。
知疑且善问，学成必无疑。

我曾把这首小诗抄给学生，鼓励他们质疑问难，鼓励他们从"疑"中求"知"。

第四，四好五多，教学生学会学习。

在教学中，我们不但要让学生掌握所教授的知识和技能，而且更应让他们学会学习。学会，是在老师的指导下进行的；会学，则是由学生独立完成的。前面引用过叶圣陶先生的话，他说："教师当然必须教，而尤宜致力于'导'。导者，多方设法，使学生能逐渐自求得之，卒底于不待教师讲授之谓也。"从老师"多方设法"的"教"，到最后的"不待教师讲授"而学生能"自求得之"是教学的过程。这"自求得之"则是教学的最高境界。

为了达到学生"会学"和"自求得之"的境界，在教学中我努力让学生掌握学习语文的基本方法。我把这些方法归纳为"四好五多"。"四好"，即课前预习好，课堂学习好，课后复习好，实践运用好。"四好"的关键是"课堂学习好"，所以，我总是精心组织教学内容，安排教学程序，务使每个学生都学会学好。"五多"是多读、多想、多听、多问、多练。"多听、多问"不只是要听老师讲，向老师问，而且在生活中也要多听多问，不懂就问，要学习孔老夫子的那个"每事问"。听后、问后，不能盲从，还要多想，因为多想才能出智慧。这五多中最重要的是"多读"。一是读的数量多。每学期我除了要讲授八九十篇课文外，还要布置课外读物。二是读的遍数多。"文章不厌百回读"，"读书百遍，其义自见"。老师一定要教学生多读书，读好书，让学生通过读书来学会读书。这方面叶圣陶先生也有一段精辟的论述，他说："果能善读，自必深受所读书籍文篇之影响，不必有意摹仿，而思绪与技巧自能渐有提高。我谓读书为写作之基础，其意在此。""老师果能引导学生善于读书，则其功至伟。"

学生学会了读书，便学会了学习。在高科技迅猛发展的今天，对学生知识的质和量提出了更高的要求。我们的启蒙教育也必须适应时代要求，加大教与学的力度，增加阅读量，使学生学会精读、略读与浏览，学会自主阅读、网上自学，学会探究性阅读和创造性阅读。还要学会在阅读中搜集和处理信息的能力。这项任务尽管不是启蒙教育阶段能完成的，但是必须为学生的日后发展打好基础。

第五，正视个别差异，注意因材施教。

基础教育的根本任务之一是为提高全民族的素质奠定基础。因此，老师有责任把所有的孩子都教好。在教学中，我有两条原则：一是没有爱就没有教育。我热爱自己的学生，千方百计把所有的学生都教好。几十年的经验使我悟出一个道理，那就是没有教不好的学生，只有不会教的老师。二是没有兴趣就没有教育。学习兴趣是学生取得成绩的重要条件。

首先，要爱每一个学生，相信他们都能学好。其次，要承认学生之间的差异，不使成绩好的学生骄傲，也不让成绩差的孩子自卑。在教学中要区别对待，做到"慢学生吃得了，好学生吃得饱"。在这过程中，老师既要耐心等待，又要严格要求。比如，《陶罐和铁罐》是以对话为主的一篇寓言故事。学完之后，要学生仿写一篇作文。我就根据学生的不同程度分层次指导。第一层，要求学生学会用几种解释语和标点符号，于是我在黑板上写出"小红的妈妈要去上班了，临走时嘱咐小红要好好复习功课"这样一个长句子，要学生改写成对话，并加上适当的标点符号。第二层，我先给学生提供素材，并写出文章的开头，再要求学生按课文的形式写完短文。第三层，要求学生自选题材，按照课文的形式特点写一篇寓言故事。这样安排，既照顾了不同学生的差异，又充分调动了不同层次学生的学习积极性，因材施教，让每个学生都能取得好成绩，都能看到自己的进步。

为了照顾不同程度的学生，做练习的时候，我也常常采取分层练习的方法，来充分调动每个学生的积极性。举个例子，《草原》这篇课文采用的是先总述后分写的方法，讲完之后，我就引导学生做了如下的练习。

我先总起一句："今天天气很冷。"然后请同学们具体说一说天气冷的表现，但不许说冷字。于是同学们你一句、他一句地说开了："下大雪了"，"西北风呼呼地刮着"，"小河里结了厚厚的冰"，"同学们穿上了棉大衣"，"小弟弟冻得直跺脚"，"小妹妹脸蛋儿冻得像苹果"，"窗上结满了冰花"，"教室里生上了大火炉"，等等。接着把全班学生分为三组，让他们按照天气冷的表现、御寒措施和人被冻的样子三个方面，把上述凌乱的内容加以整理归纳，然后集体汇报。汇报时，仍然由我开头，我说：

"今天天气很冷。"

第一组的代表说：

"北风呼呼地吹，大雪纷纷地下，小河里结了厚厚的冰，窗户上结满了美丽的冰花。校园里的小树被西北风刮得吱吱地响。"

第二组代表说：

　　同学们穿上了厚棉衣，有的围上了毛围巾，有的戴上了大皮帽。同学们穿上了厚棉鞋，晓红还穿上了皮大衣，教室里生上了大火炉。

第三组接着说：

　　"小红冻得上牙打下牙，小明冻得浑身直发抖，小丽的脸蛋儿冻得像两个大苹果，小朋的手指冻得像胡萝卜。同学们迎着大风向教室跑来。一进门，都深深地呼了一口气，大声说：'教室里真暖和呀！'"

　　就这样，仅仅几分钟，同学们便完成了一篇短文。也是在同一节课上，用同样的方法，同学们还完成了主题为"今天天气很热"的短文。课后作业是每人以"今天天气很冷"为题写一篇文章。这样的作业，同学们的热情当然是很高的了。

　　第六，加强课外活动，全面提高学生素质。

　　课堂教学是素质教育的主要阵地，所以各学科都必须抓好课堂教学。但是一本教材的内容和课堂教学的时间毕竟是有限的。因此，把课内与课外有机地结合起来，充分利用课外时间，积极开展课外活动，历来是学校教育的重要内容。我的做法是：

　　（1）少留或不留课外作业，即便有作业也不超过半小时。鼓励学生参加各类课外小组活动。除参加学校的活动以外，班里还组织了诗歌组、写作组、朗诵组、板报和壁报组、唱歌组以及各种球类小组等。我的要求是每个学生最少要参加一项小组活动。

（2）辅导学生多看课外书。为此，班里成立了小图书馆，选出馆长、管理员，制订借阅制度。还指导学生练习写读书笔记，并告诉他们"不动笔墨不读书"的道理。

（3）从四年级开始，在班里成立习作小组，专门负责收集整理同学们的进步作文、优秀作文。然后自己刻蜡纸，自己油印，自己装订，每学期出两本作文选，发给每一个同学。这一措施极大地调动了同学们的写作积极性。

（4）按时召开班会、队会进行思想品德教育。还常常举行诗歌朗诵会、读书心得交流会和讲故事比赛等活动。

（5）组织好教学计划内的活动。如参观展览、访问劳动模范、访问老红军、游览名胜古迹、进行社会调查，等等。同学们走访了公共汽车公司，调查了西单商场的历史，还到工厂、药店和农村听工人农民讲今昔变化。最后，同学们以"伟大祖国在前进"为题，自画自写办起了大型展览，请全校师生和家长们来参观。这些活动对提高学生的思想文化素质和实际工作能力都起了很好的作用。

总之，素质教育是全社会的一项"树人"工程。小学教育是素质教育的启蒙阶段，是基础教育阶段。人生的许多优良品质和习惯几乎都是在这一阶段养成的。所以我们当教师的一定要慎于教育，勤于教育，善于教育。我们给予学生的不仅仅是知识本身，更重要的应该是获取知识的方法和途径，是做人的道理。"书籍是人类进步的阶梯"，高素质的人才几乎都是读书读出来的。倘若我们能教学生从小学会学习，学会读书，那就像叶圣陶先生所说的"其功至伟也"。

（选自梁星乔编著《没有教不好的学生——一代名师霍懋征爱的教育艺术》，中国大百科全书出版社2003年版）

素质教育的金砖玉瓦（一）

——成语典故也育人

我们的祖国有着丰富灿烂的文化遗产。作为中华民族的子孙，我认为，从小吸收一点中华文化的营养，接受一点熏陶，对孩子们的成长是很有好处的。就说成语典故吧，它是我国文学宝库中的明珠，是我们民族智慧的结晶。我们一代又一代的文学家、文化人，谁没有从成语典故中吸收过营养呢？所以，我要把这些美好的东西传给我的学生，丰富他们的知识，启迪他们的智能，提高他们的语言表达能力，为他们日后的文化修养打点儿基础。所以，几十年来，我的每一届学生都有一个抄录成语典故和诗文短语的本子。

我指导学生积累成语典故主要有三条渠道。

第一，是语文课本。在教学中，每遇到成语典故，我就引导同学们体会其寓意和用法，并要他们用彩色笔在书上画出来，课后再抄在本子上。在备课过程中，有些句段可以用成语典故概括说明的，我就把它写入教案，上课时再介绍给孩子们。这种有意识的随堂引用，对提高学生分析概括能力是很有好处的。

第二，这种学习更多的则是随事随景的即兴式学习。这种不定时、不定量的即景生情式的学习是轻松愉快的，效果很好。比如，郊外春游，就教"春光明媚""春暖花开"；在烈日下干活儿，就学习"烈日炎炎""汗流浃背"；秋天，教"秋高气爽""五谷丰登"；冬天又教"冰天雪地""天寒地冻"。运动会前大讲"一鼓作气""勇往直前"的毅力，下乡劳动则提倡"吃苦耐劳""你追我赶"的精神，同学间有了矛盾就用"彬彬有礼""亲如手足"去化解，学生有了进步则用"再接再厉""百尺竿头，更进一步"来勉励。如此等等，只要有机会、有时间，我就教他们几个，并鼓励大家在作文中运用。

第三，鼓励同学们自己搜集成语典故。到了中高年级，同学们看书看报的能力强了，我就鼓励大家在课外阅读中采集成语典故，在与他人的交往谈话中运用成语典故。俗话说："集腋成裘，聚沙成塔。"时间长了，每个同学都写满了这样几个小本子。这也是财富啊！

这种学习要想长期坚持是很不容易的。为了保护大家的积极性，我就利用班会和少先队中小队活动时间搞一些比赛。例如，我们在"赞美祖国语言文化"的主题班会上组织同学们进行成语"接龙"比赛，就非常受欢迎。班委会把同学分成四组，看哪一组说得最多、最快。每到这种时候，同学们都摩拳擦掌，积极"备战"，兴趣可高了。比赛现场，四组对擂。教室里成语声声，此起彼伏，像连珠炮一样，一组一个循环往复，哪一组接不上就算输。例如，最简单的数字成语接龙：

一心一意——一心二用——一干二净——一尘不染——
一马当先——一日千里——一知半解——一目了然——
一毛不拔——一钱不值——一丝不苟——一窍不通——
一望无际——一览无余——一针见血——一团和气——
一举两得——一步登天

当然，也有说"一五一十""一上一下""一去不回"的，有个同学一着急，没词儿了，就说："老师，我说'一股脑儿'行吗？""行！"我也赶快表扬。再比如，轮到以"三"字开头的就说：

三十六计—三更半夜—三三两两—三心二意—三人行必有我师—三天打鱼，两天晒网

还有说"三句话不离本行"的，也有说"刘玄德三顾茅庐"的，并说这是从小人书上看到的。就这样，一个接一个，一直说到"十拿九稳""十全十美""十万火急""十字街头""十年树木，百年树人"……

到了中高年级，我们就搞首尾衔接式的"接龙"比赛，也可叫作成语连珠。例如：

一马当先—先发制人—人山人海—海枯石烂—烂熟于心—心猿意马—马到成功—功不可没—没齿难忘—忘乎所以—以貌取人—人定胜天—天长地久—久别重逢—逢山开路—路不拾遗—遗臭万年—年富力强

又如：

一日千里—里应外合—合二为一—一言难尽—尽人皆知—知足常乐—乐极生悲—悲欢离合—合久必分—分文不取—取之不尽—尽心尽力—力不从心—心驰神往—往来不绝—绝处逢生—生离死别—别开生面—面红耳赤—赤胆忠心—

心平气和—和气生财—财源广进—进退两难—
难舍难分—分秒必争—争先恐后—后来居上

这种比赛，尽管有些成语的意思同学们还不一定完全理解，但他们能脱口而出，我就肯定，我就表扬。对于高年级的学生，我并不满足于说得出，更注重用得好。这方面我们还组织过"句句用成语"的说话比赛。试举几例：

我们做事应该一心一意。
百米赛跑我一马当先。
我做作业向来一丝不苟。
乒乓球比赛，我一败涂地。
我对下象棋是一窍不通。
我写作文一挥而就。
南霸天想一手遮天，痴心妄想。
解放军打仗一往无前，百战百胜。
老师讲话一板一眼，句句在理。
不要说我们一无所有，我们是天下的主人。

在老师的引导和鼓励下，同学们在春游、秋游等各种活动中，还能即景生情用成语典故来抒发自己的观感呢。例如：在颐和园登临佛香阁，同学们一边向上爬，一边用"欲穷千里目，更上一层楼"来互相鼓励。在山林中游戏，惊得乌鸦们"哇"的一声飞起，同学们就会说"一鸣惊人，一飞冲天"。在昆明湖上划船，就用"千帆竞发""离弦之箭"去形容他们的比赛，用"碧海蓝天""一望无际"来形容眼前的景色；有的同学还能用毛主席的名句"一片汪洋都不见，不知向谁边"

来抒发感情。

有一次，同学们排着队在路边走，一匹大红马拉着一车红砖，昂首挺胸地从同学们身边走过。一个同学脱口说了句"路遥知马力"，话音刚落，一个女孩子冒出一句"日久见人心"。我惊喜地问："你是从哪儿学来的？"她说是从爸爸的书上看到的。我很高兴，因为我的学生已经学会自己积累词汇了。

同事都说我们班的学生语言丰富，思路敏捷，会说话，会写文章。其实，这都是大家一点一滴地积累起来的，都是反反复复地训练出来的，都是长期耕耘的结果。在这过程中，同学们手中的小本子起到了很好的作用。前几年，有十几个学生来给我拜年的时候，还专门把当年他们抄录成语典故的小本子送给我做纪念呢。后来，我把这些成语分类整理成了下面的内容：

一心一意	一日千里	一无所知	一本正经
一扫而光	一帆风顺	一知半解	一网打尽
一落千丈	一蹴而就	一笔勾销	一鼓作气
一无所有	一无是处	一反常态	一成不变
一言半语	一贫如洗	一览无余	一哄而起
一面之交	一触即发	一技之长	一念之差
一塌糊涂	一概而论	一马平川	一鸣惊人
一丘之貉	一事无成	一板一眼	一见如故
一手遮天	一筹莫展	一发千钧	一呼百应
一孔之见	一毛不拔	一日三秋	一意孤行
一衣带水	一朝一夕	一字千金	一字之师
一目十行	一去不返	一言难尽	

二话不说　二心不定　二龙戏珠　二虎相争
二者必居其一　二分明月　二人同心，其利断金

三三两两　三六九等　三头六臂　三五成群
三心二意　三言两语　三长两短　三天打鱼，两天晒网

四分五裂　四面楚歌　四平八稳　四舍五入
四体不勤

五光十色　五彩缤纷　五花八门　五体投地
五颜六色　五湖四海　五谷不分

六神无主　六出祁山

七上八下　七手八脚　七扭八歪　七窍生烟
七嘴八舌　七拼八凑　七尺之躯　七情六欲
七长八短　七死八活

八仙过海　八面威风　八面玲珑　八拜之交
八方来客

九天仙女　九死一生　九牛二虎　九九归一
九牛一毛　九霄云外

十全十美　十拿九稳　十恶不赦　十指连心

百里挑一　百发百中　百无一失　百花齐放
百家争鸣　百步穿杨　百废俱兴　百炼成钢
百依百顺　百战百胜　百折不挠　百孔千疮
百尺竿头，更进一步　百思不得其解　百闻不如一见

千锤百炼　千方百计　千儿八百　千真万确
千篇一律　千虑一得　千奇百怪　千差万别
千钧一发　千人一面　千载难逢　千变万化
千刀万剐　千里之行，始于足下　千里送鹅毛
千里之堤，溃于蚁穴

万古长青　万籁俱寂　万儿八千　万马齐喑
万人空巷　万寿无疆　万水千山　万无一失
万众一心　万紫千红　万马奔腾　万象更新
万般无奈　万死不辞　万变不离其宗

不三不四　不伦不类　不管不顾　不计其数
不耻下问　不可胜数　不可一世　不可思议
不可救药　不甘寂寞　不由自主　不动声色
不共戴天　不谋而合　不约而同　不胫而走
不劳而获　不学无术　不成体统　不出所料
不翼而飞　不寒而栗　不速之客　不上不下
不足为奇　不求甚解　不欢而散

自力更生　自食其力　自食其果　自作自受
自吹自擂　自高自大　自卖自夸　自生自灭

自觉自愿	自私自利	自古而然	自强不息
自惭形秽	自告奋勇	自欺欺人	自以为是
自作聪明	自愧不如	自顾不暇	自鸣得意
自我批评	自始至终	自知之明	自不量力

大刀阔斧	大发雷霆	大名鼎鼎	大惊小怪
大智若愚	大腹便便	大模大样	大庭广众
大千世界	大声疾呼	大失所望	大惊失色
大公无私	大显身手	大有作为	

（选自梁星乔编著《没有教不好的学生——一代名师霍懋征爱的教育艺术》，中国大百科全书出版社2003年版）

素质教育的金砖玉瓦（二）

——诗文箴言见精神

我国古代的诗文名篇不可胜言，其中警语箴言灿若群星。翻开今天的书刊，凡是有点分量的文章几乎都少不了引证古人诗文和成语典故。作为一个中国人，读没读过几篇古诗文名句，记没记住几句古诗文名言，几乎是一个人文化素质的一种标志。只要稍稍留意，你就会发现，在我们每日的口语和文字中几乎都离不开前人为我们创造的警句格言。它们像金砖玉瓦一样装饰着我们的人生，使我们的修养升华，使我们的语言文字闪光。所以，我以为一个人诵读一些诗文短语（孩子们当然不可能读更多的原文）和识记成语典故一样，都是非常必要的。这样做不但是在继承祖国语言文化的精髓，而且也是在提高青少年一代的文化素质。

也许正是这个缘故吧，我们的家长几乎都在教孩子背诵"床前明月光，疑是地上霜"和"欲穷千里目，更上一层楼"。可以说这是我国传统的教育子女的方法，古往今来哪一位文人学者没有受过这种熏陶呢？如果不是从小接受这种熏陶，怎能有那么多"神童"的故事流传至今呢？例如：唐朝诗人骆宾王，自幼聪明过人，被喻为神童。七岁那年客人来家，带他到池塘边玩耍，客人想试一试他的才华，便指着池中戏水的鹅群让他做诗。骆宾王思索片刻，高声念道：

鹅，鹅，鹅，曲项向天歌。
白毛浮绿水，红掌拨清波。

唐朝大诗人白居易十二岁时便写出了千古绝唱的诗句：

离离原上草，一岁一枯荣。
野火烧不尽，春风吹又生。

明末清初，浙江省出了个小才子，名叫毛先舒。八岁那年，父亲带他去杭州游览西湖。走着走着，不见了孩子。父亲回头一看，小家伙正坐在岸边石凳上沉思呢。父亲问他干什么？他说要写诗，于是脱口而出：

杨柳千条绿，桃花万树红。
船行明镜里，人醉画图中。

父亲听后，十分惊讶，以后便教他更多的诗文。到了十岁，毛先舒已经能写一手好文章。十八岁便出了第一本诗集《白榆堂诗》。

明朝翰林学士解缙更是个有名的才子。据说他家的大门正对着一位叫做曹尚书家的竹园。有一年春节，他刚六七岁，便在大门上写了一副对联：

门对千竿竹,
家藏万卷书。

曹尚书看了很不高兴,一个穷孩子竟然拿我的竹子做文章,于是命家人把竹子砍掉半截。解缙一见竹子短了半截,于是便在对联下添了一个字:

门对千竿竹短,
家藏万卷书长。

曹尚书一看更加生气了,就命家人把竹子连根砍掉,心想,我看你还怎么写?不料,解缙又在自己的对联下添了一个字,便成了:

门对千竿竹短无,
家藏万卷书长有。

曹尚书又惊又喜,决定见一见这孩子。于是命家人把解缙叫来,但是不开大门,只让解缙从旁门而入。解缙拒不进门。曹尚书说:"你若能对上我的对子,就让你走正门。"这位尚书老大人便念出了上联:

小犬无知嫌路窄。

解缙马上对了下联:

大鹏展翅恨天低。

于是曹尚书只好敞开正门迎客。

再举一例。据说林则徐自幼聪颖过人,有一次幼年应试,因为路远,父亲让他骑在自己肩上。主考官见他这么小就来应试,而且还骑在父亲脖子上,便说:"你若对得上下联,方可进场。"考官便说出四个字:

以父为马。

林则徐见父亲十分难堪,在从父亲肩头下来的瞬间,大声对道:

望子成龙。

考官见孩子如此聪明,只得叹服。

我不厌其烦地讲这些久远的故事,是想说明,这些名人学者若不是自幼接受成语典故和诗文的熏陶,是不可能有如此惊人的聪明才智的,是不可能给后人留下这么多动人故事的。

几十年来,我一直工作在教育教学的第一线,一直和孩子们生活在一起。我爱每一个孩子,我希望孩子们都能成为高素质的人。在课业之余,我大量阅读,广为搜集可资教育的材料,教孩子们学习。不定时,不定量,遇到什么情况,看到什么景物,就从记忆中找点东西出来,教给他们,让他们诵读,让他们写在小本子上。这是一种即兴式的教学。

1978年,我结束了"牛棚"生活,重返学校,开始了新的教改实验工作。当时我想,要加快教学速度,增加阅读数量,提高学生的思想品德修养,有必要把搁置了十几年的诗文背诵活动纳入教改实验中来。开始的时候,我就用白话告诉学生,什么叫"读书百遍,其义自见",什么是"熟读唐诗三百首,不会吟诗也会吟"。在吊起了他们的"胃口",激发起他们的学习兴趣之后,便逐步加大了古诗文及其名句格言的朗读背诵量。记得第一次教给孩子们的是曹植的《七步诗》。我告诉孩子们,曹操有两个儿子曹丕和曹植,他们是亲兄弟。弟弟曹植很聪明。哥哥曹丕当了皇帝以后,害怕弟弟夺他的权,就想杀害他。有一天当着大臣们的面,曹丕让弟弟在七步之内做一首诗,如果做不出来,就要把他杀死。听到这里,孩子们都很紧张,好几个学生瞪大眼睛问:"老师,曹植做出诗来没有?""做出来了,就是后来有名的《七步诗》。""老师,你教给我们行吗?"看到学生急于学习的样子,我立即把写在小黑板上的四句诗挂了起来。我朗读之后,就让他们用"燃、泣、何"三个字组词。于是说出了"燃烧、哭泣、泣不成声、为何"等。明白了这几个字的意思以后,又让他们查字典,看看"豆萁"和"釜"是什么意思。然后是集体、小组和个人朗读。就这样,大家一会儿就背会了。

第二天一上课,同学们主动要求背《七步诗》,还要求再教一首。我一看同学们兴趣强烈,就借机讲古人怎样吟诗,我们为什么要学古诗,怎样朗读古诗,并给他们示范。记得过去我们讲课本中的四句古诗,常常是"时代背景""作者介绍""白话翻译",烦琐地讲一大堆,结果一首四句的小诗却要讲起码两节课,而这次教改实验中,我简化了程序,突出了重点,一节课就可以学完两首或三首。

这种学习,像过去几十年一样,我还把它放在课下的各种活动中进行。例如,在大树的阴影下打扫保洁区,我就事先在小黑板上写出:

重重叠叠上瑶台,
几度呼童扫不开。
刚被太阳收拾去,
却叫明月送将来。

学校修缮教室，院子里放着一堆堆白灰，我就把于谦的《石灰吟》抄在小黑板上，让孩子们读，让孩子们猜：

千锤万凿出深山，
烈火焚烧若等闲。
粉骨碎身浑不怕，
要留青白在人间。

为了勉励学生珍惜时间，刻苦学习，我就让他们记诵：

百川东到海，何时复西归？
少壮不努力，老大徒伤悲。

古人惜光阴，贵于惜黄金。
光阴金难买，黄金失可寻。
大禹惜寸阴，陶侃惜分阴。
我辈方少年，更应惜光阴。

去农村参加义务劳动，或外出游览，我就教他们：

君子防未然，不处嫌疑间。
瓜田不纳履，李下不整冠。

为了勉励同学们按时复习功课，互相帮助，团结友爱，我还教他们：

学而时习之，不亦说（同悦）乎？
有朋自远方来，不亦乐乎？
人不知而不愠，不亦君子乎？

吾日三省吾身：为人谋而不忠乎？
与朋友交而不信乎？传不习乎？

总之，这种学习是轻松愉快的，老师虽然辛苦一点，但是看到孩子们求知的眼神，听到孩子们琅琅的背诵声，我感到非常欣慰。

我国的古代诗文和成语典故其内容异常丰富，我们生活的每个角落，人生的每一个举措和理念，几乎都可以从这些诗文中找到优美的语言来形容、来注释。我衷心地希望家长们能在茶余饭后、旅行游玩的过程中多给孩子们念叨一些诗文句段。

这种练习是可以毫不费力地收到"无心插柳柳成荫"的效果的。指导孩子诵读古诗文及其名句名段，不仅是我们中国的教育传统，而且在世界华人社会也很盛行。我曾经看到一份马来西亚华文学校的华文教学大纲，其中明确列出上百条华语名言作为孩子们诵读记忆的内容，并指出这是提高学生中华文化修养的重要途径。国外华人尚且如此重视，我们更该当仁不让。

（选自梁星乔编著《没有教不好的学生——一代名师霍懋征爱的教育艺术》，中国大百科全书出版社2003年版）

霍懋征老师谈素质教育

记者：霍老师，世纪之交，展望未来，我们应如何进行小学语文教学改革，全面实施素质教育呢？

霍老师：未来世界范围内的竞争，归根到底是高科技的竞争，人才资源的竞争，民族素质的竞争。基础教育是人才工程的基础，是人的智力开发、各种能力的形成、各种优良行为习惯养成的最佳时期，稍有失误，就会贻误一代新人的成长。

在小学语文教学中实施素质教育，我认为要努力使学生做到以下十个方面：学会做人、学会自律、学会学习、学会思考、学会创造、学会审美、学会乐群、学会健身、学会生活、学会劳动。这十个"学会"包括了德、智、体、美、劳的教育和创造能力的培养。做好这一工作的关键是教师要更新教育观念，树立新的教育观、人才观、质量观，明确培养目标，努力做到"为育人而教"。

记者：您在如何具体实施素质教育方面有独到见解，使我们耳目一新，深感素质教育并不是高不可攀，关键是要更新教育观念。我注意到，您特别强调当前的教育要"为育人而教"。您能联系小学语文教学，具体谈谈吗？

霍老师： 首先一点是要正确处理语文教学与德育的关系。语文教育是塑造人的教育，一篇篇课文是把人类在社会中产生的经验、科学文化知识、思想观点、行为规范等传授给学生，使学生受到启发教育。因此，在语文教学中一定要做到文与道的统一。小学阶段主要要从思想道德品质入手，进行道德品质、行为习惯的培养，教师要从大道理着眼，小道理入手，使学生入耳、入脑、入心，从思想上产生共鸣，通过形象的感染熏陶来塑造一代新人。

譬如，小学生一入学就要学习写字，问题在于如何要求，如何培养。仔细分析一下，写字姿势正确，这是健康教育；写字不乱涂、乱抹，作业整洁，这是审美教育；按笔画顺序书写，一笔一画都到位，这是培养学生做事认真，对学习负责的态度，等等。由此可见，在语文教学中，字、词、句、段、篇，甚至一个标点符号，其本身都有极其丰富的内涵，或动之以情，或晓之以理，使语言文字的训练和思想教育水乳相融。

记者： 您的这番话，使我们看到了文道统一的丰富的内涵，这也充分说明，文道统一不是空话、大话，它就体现在实实在在的教学过程中。目前，广大教育工作者已充分认识到，学校教育不仅是要传授给学生知识，还要发展学生的智力，培养其能力，使他们将来能适应社会，成为社会栋梁之材。我想请您谈谈您的观点。

霍老师： 这就是我要说的第二点：正确处理传授知识与发展智力、培养能力的关系。1989 年，国际教育委员会提出，为适应未来社会的发展，学生必须具备四种能力：

1. 求知的能力——掌握认识世界的工具，学会学习方法。
2. 做事的能力——有处理信息和人际交往的能力。
3. 生活的能力——学会在合作中竞争，在竞争中合作。
4. 生存与发展的能力——学会适应环境以求生存，创造环境以求发展。

知识是能力的基础，智力的核心是思维，我们在教学中要注意思维训练。如，回答教师提问，鼓励学生各抒己见，有助于思维的灵活性。一篇文章从审题到理清思路，是思维逻辑性的训练。深入文章内容，分析、综合、抽象、概括能力的培养是对学生思维的独立性及深刻性的训练。要求学生创造性地复述或回答老师的设疑，有助于学生创造性思维的训练。学生的思维品质主要表现在一定的独立性和创造性上，要教育学生能灵活地、创造性地运用所学的知识，能做到举一反三，触类旁通。

记者：您说得太好了！这对教师提出了更高的要求，那就是认识自己在教学中的作用，把学生的主观能动性充分调动起来。

霍老师：是的。我要说的第三点是正确处理教与学的关系。素质教育的核心是个性发展的教育，旨在努力开发每个个性的潜质，成为21世纪创造性人才。因此，课堂教学要以学生为主体，培养他们的自学能力，让他们不仅学会，更应该会学。在当今国际形势中，知识已成为经济发展的主要动力，而以知识为基础发展经济就必须依靠知识的创新。基础教育是创新人才成长的摇篮，任何领域的任何一种创新都和基础教育分不开。在基础教育中，一定要开展"创新教育"。

记者：根据您多年的教育、教学经验，以及雄厚的理论基础，实施"创新教育"，培养学生的创造性，应从何处入手呢？

霍老师：其实，我们很多教师都已经在做了，只是目的不那么明确。现在我就归纳几条：

一、引导一年级学生主动参与学习，要从观察身边事物入手。如，春天到了，我问同学们：谁能告诉大家，春天到了，什么树先发芽？什么树先开花？什么虫先出窝呢？学生答不上来，我要求他们到校园里、到树林里去找春天，仔细观察周边的事物，把观察到的事物记录下来。

学生一听就急了："老师，我还没学会写字，怎么记呢？""大家想想办法，我相信你们一定能记得很好。"大家积极思考："不会写的字可以问老师，问爸爸、妈妈。""用拼音代替。""用图画画。"我肯定了他们的想法，这本日记就叫"自然日记"，一天记一页。二年级时，我们班建立了"自然角"，让学生们观察种子的发芽，观察蚕和蝌蚪的变化……观察后分组记录下来。三年级时我们班成立了"饲养小组"，喂养小兔、小鸡，学生负责喂养，打扫兔窝、鸡窝的卫生。这些活动使学生开阔了视野，丰富了知识，提高了观察、写作水平，同时养成了爱劳动、工作认真负责的态度，增强了爱护花草树木和小动物的情感。长大了，他们一定会热爱自己的家乡，热爱自己的祖国。在学习上，也同样要从一年级做起，让学生参与学习，引导他们去发现问题、提出问题，想办法解决问题，激发他们的写作兴趣，调动他们学习的积极性。

记者：您谈的这一点使我深受启发，从一年级起就把学生当作学习的主人，而不是一味地灌输知识，就从根本上解决了学生主动参与、积极思考、学有成效的问题。

霍老师：二、在教学中，我们要鼓励学生质疑问难。读书无疑，是不善于思考的表现。有疑好问，通过思考不断解决问题，思维不断得到发展，阅读能力也就不断得到提高。质疑问难是阅读教学中培养自学能力的一项重要工作，应当贯穿在整个教学过程之中。

三、教给学生学习方法。学习语文的方法很多，但最基本的方法应让学生掌握。即"五多，三好"。"五多"是多读、多思、多听、多问、多练，"三好"是课前预习好、课上理解好、课后复习好。另外还要注意让学生从单纯获得知识中解脱出来，要重视认识的过程。我们要教育学生不能只满足于认识的结果，而在于怎样认识。除了这三条外，还可借助板书，帮助学生理清文章的思想，掌握文章的写法，提高读写能力。还要建立良好的师生关系，注意课堂教学的科学性、艺术性，从而达到培养学生学习兴趣的目的。

记者：前一段时间，社会各界对语文教学的种种现象提出质疑，小语界对此展开了热烈的讨论。大家畅所欲言，认识到深化小语改革的必要性，"精讲多练"已成共识。那么，我们应该怎样处理讲与练的关系呢？

霍老师：现代化生产的特点是：少消耗，多产出，在教学上也应做到"低负担，高质量"。因此，我们要在课堂上做到"精讲多练"。精讲即是讲精华，讲文章中本质的东西，向40分钟要质量。"牵一发而动全身"的地方就是文章关键所在，教师要讲规律性的东西，讲学生不懂而又必须掌握的知识。精讲要善于启发学生思维，让学生在老师的点拨、引导下自己去消化教材的精华。这样可以节省出大量的时间让学生去练习，在老师的引导下，从字、词、句、段、篇到听、说、读、写，从口头到书面都是练习的主要内容，这要根据教材实际和学生情况而定。实践证明，在老师引导下的练习，效果很好。课上大量练习，课后适当留点作业就可以了。这样可以有更多的时间组织学生参加课外活动。

记者：素质教育的一个很重要的内容是"全体性"，就是说不让一个学生掉队。而学生的个体差异是客观存在的，教师应怎样根据班级实际情况，有的放矢、因材施教呢？

霍老师：基础教育的根本任务是为提高全民族的素质奠定基础，教育法总则第一条明确提出：要提高全民族的素质。这对我们教师提出了很高的要求，我们必须把全班学生都教育好。有人说："教育不是万能，不可能都教好。"但是，人的可塑性是很强的，人的可塑性，就是人的可教育性。教育好学生的关键在于"爱"，没有爱就没有教育。教师要热爱每个学生，更要偏爱差生，给他们创造成功的机会，增强其信心，使他们能天天有所进步。

教师是学生接受信息的重要来源，学生只有亲其师才能信其道。教师要做学生的良师益友和引路人。人的发展不是同步前进，有人在这方面差一点，而另一方面可能很突出。由于每个学生的家庭环境不同，兴趣爱好不同，个人主观能动作用不同，心理素质不同，所以，教师要了解学生，因材施教，因人而异，要善于发现每个学生的闪光点，要不断鼓励他们。教师的工作是光荣而又是十分艰巨的，艰巨就在于我们如何把所有学生都教好。几十年的教学工作使我深深体会到：只要功夫到，一定能成功。

记者：实施素质教育，就是要培养、提高学生的各种能力，那么最重要的一种能力是什么呢？

霍老师：那就是自己读书的能力。学生掌握了这把金钥匙，就打开了知识宝库的大门，看到了广阔的天地，增强了他们强烈的好奇心、好胜心，求知欲和表现欲都得到了满足。一名好的教师，就是要把课内外有机地结合起来。如，课内学完一篇课文，教师就介绍相应的课外读物。课内学习写板报，课外成立板报小组。为更好地开展课外阅读，成立各种兴趣小组、写作小组、读书小组、新闻报道小组，还有小记者组等。组织课外活动，如参观、访问、调查、游览、劳动等。

课内与课外结合，实际上是把德育与智育、书本知识与实际运用、课堂讲授与实际能力的培养结合起来。学生在活动中接受了教育，增强了热爱祖国的情感。事实证明，全面进行素质教育，面向全体学生，教育教学质量不是低了，而是更高了。他们将是开创 21 世纪大业的生力军，坚信他们在未来世界人才竞争中会立于不败之地。

（选自梁星乔编著《没有教不好的学生——一代名师霍懋征爱的教育艺术》，中国大百科全书出版社 2003 年版）

学生至上

家访的时候,我从不向学生家长"告状"。我家访的"面"很"全",家访的次数很多。比如,接了新班,我要拜访每个学生的家长。我要向家长介绍学校和班级的教育教学计划和对学生的要求,要了解学生在家里的表现,听取家长对学校工作的意见。夏天来了,离学校近的学生在家里午睡,我就常常骑车去家里检查睡觉情况。学生没来上课,我就一定要去问个为什么。更多的则是利用"家校联系簿"把班级工作和学生的进步表现通知家长,并随时了解学生在家的情况。总之,我与家长的关系极好。我认为学校和家庭是孩子们接受教育的主要基地。家长是老师的同盟军,老师应该积极调动和借助家长的力量来加强对学生的教育效果。现在不是讲究顾客至上、旅客至上、用户至上吗?在我的心中是学生至上。只要是学生的事我都应该管,只要是学生需要,再辛苦,再受累,我都高兴。

20 世纪 70 年代,有一段时间,北京的干部大批"下放"。我遇到了这样一件事。

一个星期天的中午,我刚吃完饭,学生小慈带着妈妈走进了我家的小院。孩子见我迎出屋门,便飞也似的跑过来,双手紧紧地抱住我,委屈地说:"霍老师,爸爸妈妈要带我去青海了,我不去。"话音未落,仰着的小脸上便流下来两行泪水。我急忙把母女俩让进屋,还没等我开口,她妈妈便说话了:"霍老师,我们今天是来向您告别的。我和她爸要下放到青海去了,下星期就得去报到。"停了一会儿,她用沉重而又十分诚恳的语气说:"霍老师,这几年多亏您的教育,我这疯丫头长进多了,谢谢您。"

孩子偎依在我的怀里,转头瞪了妈妈一眼,嘟囔着:"谁是疯丫头呀!霍老师才不说我是疯丫头呢!反正我不走!"

这个倔强的小姑娘,在我刚接这个班的时候,确实像个疯丫头。她性格直爽,爱说爱动,天不怕地不怕,男孩子都畏惧她三分,像个假小子似的,真没少惹祸。就说上课吧,常常因为男同学的书放过了她在桌子上画出的中线,而把人家的书摔到地上。但是,每次家访我总是把她改正错误后的进步表现讲给她爸爸妈妈听。所以,她很信任我,有什么事都敢跟我说,也很听我的话。一年多以来,她已经排名到好学生的行列里了。

今天,面对这突如其来的事件,面对着这个偎依在我怀里的小家伙,我真不忍让她离开北京去外地上学。于是我说:"小慈她妈,你们小慈现在确实是个懂事的孩子了,如果你相信我,就别带她去了,让孩子住我家吧。你看我家挺宽绰的,让她跟我女儿住一起。"

她妈妈连连摇头:"那怎么行呢?您还有自己的孩子要管,再说我这丫头又淘,会给您添麻烦的。"最后,还是从我怀里把孩子拉走了。

她们母女走了以后,我心中十分沉重。"下放""外调"这是国家的政策,以后或许还能调回北京的。对于国家干部这是很正常的事,可是对于我的学生,这绝不是……况且她现在已经很有进步了,这一转学肯定会耽误学业的。就在当天晚饭后,我带着小女儿找到了小慈家。

我的突然出现,她爸爸妈妈很意外。坐定后,我说:"这件事我仔细想过了。如果你们放心,就把小慈留给我,这不,我女儿都来接她来了。我不能看着孩子到外地耽误了学业。"

孩子听我这么一说,好像来了"救星"一样,立刻扑到我怀里,喊着说:"我不走了,我不走了。"她爸爸叹了口气说:"哎,青海的学校肯定没有北京条件好,我们就这一个女儿,也怕耽误学业。把孩子交给您,我们当然放心,只是那四十多个学生已经够您累的了,家里再给您添这么个累赘,我们于心不忍啊。"

"叔叔阿姨,没事儿的。小慈是我的好朋友,别让我们分开吧。"我女儿拉住小慈的手,打断了她爸爸的话。

就这样,孩子留在了北京,住在我家。

经过这样的转折,我们的小慈好像长大了许多,学习比以前更努力了。两年后,她以品学兼优的成绩升入了一所寄宿制中学。那些年,我成了她的家长,我的家也真的成了她的家了。同事们都说,我又多了个女儿。后来,当她爸爸妈妈重新调回北京的时候,我们的小慈已经初中毕业了。

我就是这样一个人。几十年来,学生在我心中都是至高无上的,不管是什么样的学生,我都愿意为他们操劳,甚至为家长解忧。

有一年,我接任了一个实验班的语文课。刚一接课就发现一个叫平平的女孩子,每次上课都显得无精打采,好像心不在焉似的,而且只要一放学,背起书包就回家。我想可能是家里有什么事儿。作为一名科任老师,对这种现象我完全可以不想,更可以不管,但是我心中总是放不下,于是我向班主任反映了情况。正在我们打算去家访的时候,平平又一连两天没有来上课,也没有交请假条。我就赶紧和班主任一起去家访。那是一个深秋的傍晚,天气已经有点儿凉了。当我跟着班主任走进平平家的时候,我愣住了。那是一间不大的西房,因为是傍晚时分,显得很暗。孩子正躺在床上睡觉呢。靠窗户摆着一张老式的红漆八仙桌,桌上放着一个暖水壶——空的,壶旁边放着一个搪瓷碗,碗里有水——凉的。床头上挂着她的小书包,枕边是打开的语文书。当班主任去摸她头的时候,孩子惊叫道:"妈!"然后改口道:"老师!"声音变得有些颤抖,两只小眼睛呆呆地看着我们,像个犯了错误的孩子,显得有点胆怯。

我说:"平平,你发烧了,我们上医院吧。"

就在我给孩子穿衣服的时候,班主任递过来一个小本子:"霍老师,您看看吧。"只见在那发黄的横格纸上写着:

爸爸:明天我们考试,您早点儿回来吧。

平平:桌上有五毛钱,放学后你去买点儿肉末儿,晚上爸爸给你包饺子。

平平:今天星期六,下午回来把屋子打扫一下,妈妈今天回来……

看着父女二人的"留言",我的心紧缩着,眼泪夺眶而出。屋里静静的,孩子站在地上,睁大眼睛,惊异地看着我们。几十年过去了,但是平平那种惊异的、无助的眼神我是至今也忘不了啊。

天黑了,当我们给孩子看完病,再回到那间小屋的时候,她爸爸也进门了。在谈话中我得知,平平的爸爸是丰台一所中学教育艺术学校的老师。每天天不亮就出发,晚上七八点钟才能到家。常常是爸爸到家了,孩子也睡着了。她的妈妈也是老师,工作单位更是远在房山。两三个星期才能回来一趟。哎,原来如此!

这次家访,我们虽然不是为"兴师问罪"而去,但是,当我看到孩子卧床,没有人照看的时候,心中却陡然升起了责怪家长,想劝他们多关心点儿孩子的念头。可是那本父女的"留言簿"使我看到了生活的另一组镜头,感受到了心灵的又一种高尚。多么好的一对教师夫妇呀!他们宁可"牺牲"自己的孩子——那是刚刚读三年级的孩子啊,却不愿舍弃自己的学生;他们放弃了对女儿的直面教诲和沟通,却用一页纸维系着彼此的心。面对着我可爱的学生,这个无人照看的孩子,我能做些什么呢？

在回家的路上，我的心很沉重，脑子里充满了问号。这件事我管不管？我管得了吗？但转念又想，学生的困难我能不管吗？如果不管，这种父女留言的日子什么时候是个头呢？于是我想只有把她妈妈调回城里才能使孩子摆脱"留言"的生活，才能有一个温暖的家，孩子的心理才不会在孤独中扭曲。

此后，在将近半年的时间里，我多次向教育局反映情况，到处为平平妈联系接收单位。听说她妈妈是骨干教师，学校不愿放行。我就又打电话，又一次次地去房山教育局谈平平家的困难，劝领导放行。经过半年多的奔波，到三年级第二学期，平平妈终于调回了城里的一所中学。孩子终于有了一个温暖的家。父女二人互相留言的日子结束了。生活的温暖，心情的愉快，使平平的性格也逐渐开朗起来了。她与同学的交往活跃了，也主动关心班内事务了，学习更有了明显的进步。到四年级班委会改选的时候，同学们选平平当了学习委员。六年级毕业以后，平平顺利地上了中学，以后又上了大学。大学毕业后在外地当了一名中学教师，现在大概有50岁了吧。

2001年，当她从报纸上得知北京为我举行从教60周年庆祝活动的时候，给我寄来了一封长信，开头第一行写道：

"亲爱的霍妈妈：您好！"

40多年了，她还记着她的老师。我很感动，当然也很幸福！学生至上，这就是我的教师观；为学生服务，全身心地培养学生，这就是我的幸福观，这就是一个人民教师的幸福啊！

（选自梁星乔编著《没有教不好的学生——一代名师霍懋征爱的教育艺术》，中国大百科全书出版社2003年版）

手执"金钥匙"打开学生的心扉

人们称誉教师是"手执金钥匙的人",意思是说,教师手执"金钥匙",能打开学生的心扉。从这个称誉中,我们可以看出教师的工作在人们的心目中是何等重要,何等光荣!

然而,打开学生的心扉却不是一件容易的事情。一个班级有四五十个学生,不但性格特点各不相同,就是接受教育的能力也是参差不齐的:有的敏捷,有的迟钝,有的能言善辩,有的笨嘴拙舌……学生之间的差距,无疑会给教师的工作带来种种的困难,因为教师手中的"金钥匙"并不是一把"万能钥匙"。要想打开每一个学生的心扉,必须做到"一把钥匙开一把锁"。

怎样才能做到"一把钥匙开一把锁",打开每一个学生的心扉呢?

我们要全面地了解每一个学生。造成学生之间的差距的原因是多方面的。家庭、社会、学校对学生思想品德的形成和知识技能的增进都有着重要的影响。如果某个学生品质上有了问题或学业上不够长进,我们不能只从学生自己的身上找原因,一味地埋怨他是一把打不开的"锈锁"。即使是一把"锈锁",我们也应该从多方面查找生锈的原因,然后像医生治病对症下药一样,耐心地清除掉它身上的锈污,研制出开启它的"金钥匙"。在这方面,许多先进教师教育、挽救失足青少年的动人事迹,为我们树立了很好的榜样。

在了解学生的基础上,教师应该全面地关心自己教的每一个学生,不能只关心那些好学生。我们在听课的时候,也许会发现这样的情况:有几个学生总被老师叫起来读书、回答问题,他们书读得好,问题回答得正确,老师对这几个学生很满意;有的学生偶尔被叫起来,如果读书不那么流利或者回答问题打磕巴,老师眉头一皱,就马上打断,让他们坐下,再也不叫他们了;还有的学生尽管多次举手要求读书、回答问题,可老师却总不叫他们。出现这种情况的原因很明显:好学生能与老师配合默契,使教学生辉;差学生可能会当众"出丑",影响教学"效果"。这样进行教学,势必会造成学生之间的差距越来越大。成功的教学经验告诉我们,好的教学效果在于"好学生吃得饱,差学生吃得了"。例如,讲完《陶罐和铁罐》这篇课文以后,我让学生做对话练习。对话的内容是"小红的妈妈要去上班,临走时嘱咐小红要好好复习功课,小红听了点点头"。针对学生的不同水平,我提出了不同的要求。表达能力差的学生,用一组对话的形式写:"小红的妈妈要去上班,临走对小红说:'小红,你要好好复习功课呀!'小红听了点点头,说:'妈妈,您放心吧,我一定要好好复习功课。'"表达能力强的学生,用两组对话的形式写:"小红的妈妈要去上班,临走时问小红:'小红,你们什么时候期中考试?'小红说:'听说下星期就要考了。'妈妈说:'那你要好好复习功课呀!''妈妈您放心,我一定会好好复习的。'"进一步还可以让学生用三组、四组对话形式来写。这样进行练习,差生也能得到锻炼的机会。我认为,好学生能否"吃得饱",要看教师的水平,教师有"一桶水",才能给学生"一杯水";差学生能否"吃得了",除了要看教师的水平,还要看教师的师德,教师心里时刻关注着差生,才会想着他们是否"吃得了"。因此,给差生以更多的关心,才能找到打开他们心扉的"金钥匙"。

关心学生、热爱学生最重要的是给每个学生以增长才干、施展才能的机会，启发他们自己打开心扉。我在教学中努力做到给每个学生发表意见的机会。有些比较容易的问题，我就叫差生先回答，如果他们回答得正确，就及时给予表扬，让他们也得到成功的喜悦。不要小看老师一两句鼓励的话，学生的心扉往往就是在受到老师公正表扬的一刹那开启的。我教过的一个学生，在《教工月刊》1982年第2期上发表了一篇文章，题目是《潺潺的流水》，内容是感谢小学老师对他的教育。他在文中写道："五年级以前，我是一个有点胆小，自信心不强的孩子，作业本上常打四分……一次，老师在讲评作文时表扬了我的作文……文章怎样开的头儿，如何结的尾，我已记不清了，但是真切地留在记忆深处的，是老师朗读的声音。那声音饱含着激情，充满着希望，把我的心打动了。我也能写得动人嘛！在发作文后的好几天里，我都仿佛沉浸在节日的欣喜之中，打那儿以后，看书对于我来说，便有了更多的意义。"从此，这个学生爱上了文学。如今，他实现了自己童年时的理想，当了编辑，成了一名文学工作者。在这个学生成长的过程中，我并没做什么特别的工作，只不过像对待其他学生一样，公正地表扬了他，使他有了能正确认识自己才能的机会。在老师的启发下，他打开了自己的心扉，开始有了前进的目标和成功的希望。

前两年，我教过一个后进生叫小鹏。他在二年级的时候，是全班出了名的闹将，语文成绩很差。到三年级的时候，我开始教他。怎样转变这个后进生呢？我没有采用训斥、请家长等消极的办法，只是注意用讲课来吸引他，通过适当的鼓励增强他变好的信心。有一次，不少外校的老师来听我教《落花生》一课，教完课文后，我指导学生学习《落花生》的选材方法，让他们用五分钟时间，也选择一个生活中熟悉的小东西来说明一个道理。我发现小鹏早早地就把手举起来了，一副很有把握的样子。我让他先讲,结果他回答得很好。他说:"我选的是葵花籽,因为我爱吃葵花籽,它味香,能榨油,还便宜。更主要的是朵朵葵花向太阳,我要像它那样永远向着党。"我和学生们都没想到小鹏能回答得这么好,我带头为他鼓掌,只是给他选择的材料换了一个更合适的题目,叫《向日葵》。当着外校的老师,得到全班的鼓掌表扬,这是小鹏从未有过的荣誉。从此,小鹏同学上课积极回答问题,再也不闹了。到毕业时,他从一个后进生变成了一个很好的学生。我的体会是,真诚的爱、热情的鼓励是打开学生心灵的"金钥匙"。

(选自霍懋征编著《霍懋征语文教学经验谈》,上海教育出版社1985年版)

让孩子们聪明起来

学生之间有差异,这是客观存在。我们教师的任务之一就是要努力缩小这种差异,使孩子们知道人都是可以学而知之、学而会之的,只要好好学习,大家都能变得越来越聪明。为了鼓励孩子们争当聪明人,几十年来,每接一个新班,我都要给孩子们讲一讲一个人怎样才能变得聪明起来的道理。

我说,同学们,你们每个人身上都有四件宝贝,只要用好了这四件宝贝,谁都可以变成一个聪明的孩子。你们猜猜是什么?

第一个宝贝:东一片,西一片,隔着山头不见面。
第二个宝贝:上边毛,下边毛,中间夹着个黑葡萄。
第三个宝贝:红门楼儿,白门槛儿,里边有个嘻嘻孩儿。
第四个宝贝:白娃娃住高楼,看不见,摸不着,想一想,都知道。

这虽然是几个传统的老谜语,但是,对孩子们却是常讲常新的。当他们依次猜出是"耳、眼、口、脑"之后,我便在黑板上写出一个大大的"聪"字。然后说，你们看这个字，左边是我们的耳朵，右边是个"总"。"总"字上面的小点小撇，就像你们的两只小眼睛，中间是你们的小口，下边是个"心"字。"心"是什么？这个"心"呀，就是人的脑子。我们常说"你再用心想想"，意思就是要用脑子想想，对不对？现在我们把耳朵、眼睛、口和心合在一起，组成一个"聪"字，你们知道这是个什么字吗？这就是聪明的"聪"字。

这样解释之后，我就请大家想一想，一个人怎样才能变得聪明起来，于是同学们就会说出：我们上课的时候要认真用耳朵听，用眼睛看，还要多用心想想，再用口回答老师的问题。在孩子们回答的基础上，我就进一步说，这就是我们的四件宝贝。但是，这些宝贝只用一次两次，我们能聪明起来吗？当然不能。于是我又在"聪"字后边写出一个"明"字，并告诉大家，只有懂得这两个字的意思才能真正聪明起来。这时候，同学们当中就会响起这样的声音："我们的四件宝贝应当每日都用，每月都用。""老师，'明'字左边是'日'，右边是'月'。它告诉我们，四件宝贝要天天用、月月用，我们才能聪明起来。"

有一年，同学们还自己编成了四句顺口溜，他们取了个好听的名字叫《四宝歌》。歌中说：

眼、耳、口、脑四个宝，
比比看谁用得好。
天天月月随时用，
用得越多越聪明。

在激发起孩子们对四件宝贝的兴趣之后，我几乎每次上课都要说：

"请准备好你们的四件宝贝，老师要开始讲课了。"

"请同学们睁大眼睛,看老师在黑板上写什么?"

"请准备好你们的耳朵,我要提问了,要用心好好想想,然后再回答。"

在训练的过程中,我特别注意那些学习不得法、注意力不集中和学习成绩比较差的孩子。我热情地引导他们想问题,树立他们的自信心,并帮助他们解决具体困难。这样的训练,使每个学生都觉得自己最聪明。上课的时候,教室里总是充满了比聪明的气氛。说具体一点,就是同学们都在运用这四件宝贝专心听,认真看,积极思考,大胆发言,争先恐后地表现自己,都希望老师表扬自己"最聪明"。同学们都怀着这样的心态上课,那课堂纪律、教学效果自然就好多了。

对四件宝贝的训练,不但培养了孩子们对学习的浓厚兴趣,使上课成了一件快乐的事,而且还养成了孩子们善于观察、善于思考、敢于发表自己意见的习惯,使课堂成了孩子们表现聪明才智的场所。在这种良好的气氛中上课,同学们精神集中,心情愉快,思维活跃,敢想敢说,几乎每堂课都有一种成就感。

记得,有一次,我在学校的大礼堂做研究课,讲的是许地山先生的散文《落花生》。这是一篇传统课文。几百位听课的领导和老师手拿笔和本子坐满了礼堂,把四十几个小孩子团团围在中间,这阵势真够吓人的。他们要看看,对于这样一篇从主题思想到写作方法老师们早已背得滚瓜烂熟的课文,今天还能再讲出什么新意来。

这堂课同学们非常投入,各个环节进行得都很顺利。按照教学计划,在分析完写作特点之后,留出20分钟的时间让孩子们讨论做人的道理,提高孩子们的思想认识,也为作文训练作好准备。

我说:"同学们,这篇课文从花生和苹果、石榴的对比中,写出了爸爸对孩子们的要求，告诉了我们一个做人的道理。请大家想一想，你们愿意做什么样的人呢？"同学们听到我的问题，几十只小手立刻举了起来。

"老师，我要做一个像花生那样的人。它虽然埋在土里，外表也不好看，但是对人们有用，有好处。"

"老师，我要做一个像花生那样默默地为人民做好事的人，不做只讲外表漂亮的苹果和石榴。"

许多孩子都发表了赞美花生而批评苹果和石榴的意见。忽然，晓龙也举起了手。这是个胆子比较小的孩子。半年多以前，随着爸爸妈妈的工作调动来到了北京。刚插班的时候，真有点儿像林黛玉初进荣国府——不敢多说一句话，不敢多走一步路。但是，经过几个月的训练，现在勇敢多了。虽然东北口音还是有流露，但是敢说话了。我用目光注视着他，说："晓龙，你想说什么？"

"老师，为什么非要做落花生那样的人呢？落花生有用，也有很多优点，可是，作者说苹果、石榴不好，我就不同意。"

一石激起千层浪，课堂气氛顿时更活跃了起来。我赞许地冲他点了点头："很好，请你继续说下去。"

他把小脑袋一歪，接着说："老师，你看，苹果、石榴挂在树上多好看呀。要是都像花生那样埋在土里，不把它挖出来，别人就看不见，那多没有意思呀。我家院子里就有两棵石榴树，那又红又大的石榴，谁见了都说好。"他的意见和那稚嫩的声音博得了热烈的掌声。掌声还没平息，一个叫王晗的女孩子站起来说：

"老师，我想做石榴那样的人。石榴开花红艳艳，结的果子又好看又好吃，学校不是也要求我们注意自己的外表吗？"

"可是，可是我们也不能因为苹果、石榴有好的地方就认为作者错了呀?"我的课代表，一个扎着两个小辫儿的女孩子大声地为作者辩护了。她接着说:"作者批评的是他们的那种献媚和骄傲，唯恐别人不知道自己。反正我就喜欢像花生那样谦虚朴素的人。"

　　同学们的思路这么活跃，真有点儿令听课的老师们吃惊。我兴奋地说:"同学们敢说出自己的意见，这非常好。时间不多了，谁还想说?"

　　"老师，我同意晓龙和王晗的看法。"这是我们的大班长，一个男孩儿的声音，"苹果和石榴外表漂亮，又很好吃，它们表里如一，有什么不好? 为什么要像花生那样藏着掖着呢? 如果一个人有能力却不让别人知道，还怎么为祖国作贡献呀! 所以我们应该做苹果和石榴那样的人，他们表里如一。不过……"

　　停了一下，他又加了一句，"不过，做花生那样的人也不错。"

　　班长的话音一落，听课的老师们便不约而同地鼓起掌来，真是掌声雷动啊! 最后，我说:"同学们，今天，你们用自己的小嘴儿说出了心中的话，很好。其实，你们每个人的发言都是一篇口头作文。回去以后，请大家以'花生与苹果'为题目写一篇文章，可以把自己的想法和同学的意见结合起来写。我手写我心，我手写我口，一定要写出自己的特点来，好吗?"

　　"好!"在同学们兴奋的欢呼中，下课铃响了。

　　老师们说我的学生聪明，其实这聪明是在长期的训练中渐渐形成的。训练什么? 自然是"耳、眼、脑、口"四件宝了。俗话说:"会看的看门道，不会看的看热闹。"上课不是让学生"看热闹，听热闹"，而是要教会孩子们怎样看，想，怎样说，直到孩子们学会为止。基础打了，到开始写文章的时候，自然就容易"我手写我口"了。这种训练就像孩子们的身体一样，虽然不见其长，但确实是日有所增的。一旦他们把老师的训练变成了自己的习惯，那可就真的变聪明了。

另外，训练好孩子们的口语表达能力要特别注意四句话：第一，积累语言素材。让学生多读多记课本中的词语篇章、诗词名句和成语典故。这叫储存。第二，创设说话环境。无论课上课下都要给孩子们创造一种宽松的、民主的、平等的、利于自我表现的环境气氛。第三，鼓励学生开口。老师要公平地给学生以说话的机会，要给胆小语迟的孩子以更多的鼓励和指导。第四，抓好两个重点。一是表现好的，让他们别骄傲，好上加好，起个带头羊的作用；二是比较差的，使他们不自卑，给他们吃点偏饭，为他们创造点"一鸣惊人"的机会，树立他们的自信心。

（选自梁星乔编著《没有教不好的学生——一代名师霍懋征爱的教育艺术》，中国大百科全书出版社2003年版）

淘气未必不成才

孩子，尤其是男孩子，没有几个不淘气的。"淘气"是孩子精力充沛的一种表现，也是孩子思维敏捷和好奇心理的反映。一个智力低下的痴呆儿童和生病发烧的孩子，能见鸡捉鸡，见狗追狗，到处爬高下低掐花踩草吗？所以，家长不可讨厌淘气的孩子，老师切勿嫌弃淘气的学生。

我给你们讲个故事，这是前几年的事。一天上午，我正在家看书，忽然有人敲门，还带着哭声叫"奶奶"。我开门一看是隔壁家的小宝。他奶奶出去买菜还没回来。我就把孩子领进屋，帮他放下书包，擦去眼泪，问他怎么了。他说，老师把他"轰"回来了。原来，那天上课老师讲"床前明月光，疑是地上霜"的时候，小宝没经老师允许就大声发问：

"老师，过去没有玻璃，'月光'怎么能照到'床前'来呀？还有，李白睡觉干嘛不关窗户，也不挂窗帘儿呀？"

小宝的问题使年轻的老师非常尴尬。"你怎么知道人家没有玻璃？捣什么乱呢？你想不想学？不想学滚出去。"

就这样，小宝作为课堂的"捣乱分子"被赶了出来。仔细想想，这不正是孩子聪明的表现吗？怎么能说是"捣乱"呢？古人说："读书贵有疑，疑则有进。小疑获小进，大疑获大进。"我们的小宝本当受到表扬，结果却被"无知"的老师"轰"回了家，岂不可悲！

有些年轻老师多次问我："霍老师，您对每个学生都爱吗？淘气的您爱吗？学习很差的学生您爱吗？总跟您捣乱的学生您爱吗？"我真诚地告诉他们，我几十年的教育生涯中，什么样的学生都遇到过。孩子嘛，哪有不淘不闹的？但是，我从来没有骂过孩子，没有把孩子罚出过教室，也没有向他们发过"火"、动过怒，更没有对学生失去过信心。我和学生是平等的。我爱他们，尊重他们，帮助他们解决一切渴望解决的问题。我的原则是：再"淘"再"笨"的学生也不放弃，一个也不放弃！一个老师如果放弃了对学生的信心，放弃了对学生的教育权，那是失职，那是无能。和我"作对"的孩子，也有过，但他们都变成了爱我、尊敬我、听我的话、跟我走的好孩子、好学生。回首往事，我心里坦荡荡的，并且充盈着幸福感。因为我的学生们都成人成才了，我没有让一个学生掉队，一个也没有！

有一年，我接了五年级一个班的数学课，并兼任了班主任。班里有个女孩子叫小琦，是个独生女。她从小被家人宠着、惯着，真是任性、蛮横、不讲理。在家，父母得事事让她七分；在学校，动辄就跟同学吵架，同学们给了她个外号叫作"不讲理"。课堂上常常被老师"罚站"，甚至被逐出教室"反省"，但都无济于事，真是个"拧种"。

我第一个星期的课上得还比较顺利，可是第二周就不行了。一天，我去上课，刚走近教室门口，就听见她大吵大闹的声音。见我走进教室，那个男同学虽然脸红脖子粗，但不再嚷了。可是小琦却照吵不误，还把男孩子的铅笔盒摔在地上，把人家的小木尺掰成两段。我心想：好厉害的姑娘，真是名不虚传呀！怎么办？让他们各自说明原委？不行，那将耽误大家的时间。把他们"轰"出教室？那不是解决问题的办法，更不是我霍懋征的为师之道。在不明真相的情况下，是无权评判是非的。于是我把两个孩子拉回到各自的座位上，可小琦跳着脚就是不坐，也不听劝。我对全班同学说：

"同学们，现在有两个同学在争吵，我们是上课呢，还是听他们吵架？"同学们齐声说："上课！"

我又对他们两人说："你们吵架会浪费同学们的学习时间，有问题下课再谈好吗？"

也许是小琦为了讨个"面子"吧，她说："上课可以，不过，要让他给我把桌子整理好。"懂事的小队长走过去替她摆好了桌子。

这样的"冷"处理，既维护了大多数同学的利益，使教学得以正常进行，又给了两个小家伙一个"台阶"，维护了他们，尤其是维护了小琦的尊严，不至于使她太难堪。

中午，我把小琦他们二人叫到办公室让他们谈谈争吵的原因。小琦理直气壮地说：

"课间喝水的时候，他把半碗开水倒了，我说不准浪费开水。可是他说我管不着，还说我'讨厌'。所以，所以我就给了他一拳，他就踢了我一脚。我爸爸妈妈都不敢打我，让他踢我，没门儿……"

"那你为什么要把人家的铅笔盒摔在地上，把人家的尺子掰折呢？"

"我要出出气，不能让他占便宜。明明是他错了嘛！"小姑娘摆出了一副得理不饶人的架势。

小男孩叫二虎。虽然名字很凶，但却是个老实而嘴笨的孩子。见小琦像炒豆子一样振振有词，小家伙却涨红着脸，讷讷地说："我倒水，她管不着。是她先打的我。"

我见他们的"火"消得差不多了，就说："你们是五年级的学生了，都是懂事的孩子，你们看，这问题该怎么解决呀？"

还是小琦心直口快，马上说："他要承认错误，我就承认错误。是他首先不对的。"

我看了看二虎,说:"二虎,你说呢?"

"老师,我不应该浪费水,同学帮助我,我也不应该说'管不着',我以后改还不行……"

二虎还没说完,性急的小琦抢过话茬儿说:"我也不对,我不该动手打人。二虎是好学生,他没有跟同学打过架。我以后不打人了。"

我笑着握住他们的小手说:"这不是都挺明白的吗?干嘛一生气就糊涂了呢?你们想想,拳头和脚丫子会解决问题吗?"

听我这么一说,两个小家伙扑哧一声都笑了。我接着说:"怎么样,这不是你们自己把问题解决了吗?以后有了矛盾要用脑用口去解决,不要动手动脚。记住了吗?"

"记住了!"两个孩子互相一击掌,笑着跑了。

两个小家伙"好了",但我的心并不平静。小琦这孩子倔强、厉害,可她很聪明,有是非感,嘴还很巧。我该怎么帮助她呢?事也凑巧,没过几天,语文老师拿着小琦的作文本来找我。"霍老师,看你们小琦,这是什么学生!"这是一位女老师,还很年轻,带着一脸的委屈,放下作文本就走了。

我打开作文本,"妈呀",这个小琦竟然在老师批改过的地方都打上了"×",还在老师最后的批语上打了个大"×"。旁边写着一行大字:"你都给我改错了!"我把原文仔细地看了两遍,发现老师批改得很认真,但她忘记了多保留、少删改的原则,大部分内容都被老师删去了。这无疑是对学生写作热情的伤害,而且有两个地方确实误解了小琦的本意,改错了。怎么办?要维护老师的"面子",就得批评小琦,而且她也应该挨批评。要说小琦敢提意见也是个优点,表扬她吧又可能会降低老师在学生心中的威信。我必须找个两全其美的办法。

第二天上课的时候,我对大家说:"昨天我看了你们的作文本,发现一个同学有个大优点。"我把"大优点"三个字说得很响亮。有的同学瞪大眼睛问:"谁呀?谁呀?"在大家全神贯注倾听下文的时候,我便又大声说:"是小琦呀!她在作文本上能对老师改错的地方提出自己的意见,这很好,这说明她写文章很认真,对老师的批改很重视,说明她特别喜欢作文。这一点我们应该向小琦学习。"同学们兴奋得鼓起掌来。小琦的脸上也露出了得意的神色,她还从没有受到过这种表扬呢。趁热打铁,我又说:"但是,我也希望小琦同学今后对老师有意见要直接找老师说,可不能拿自己的作文本撒气呀!这样做既不珍惜自己的劳动,也等于对老师没礼貌。我想小琦是能改正的。"这个倔强的小姑娘不但没有当堂发脾气,下课以后还主动找我承认错误来了。憋了半天,她噘着小嘴说出了令人落泪的话:

"老师,我从小就很淘气,很犟,跟谁都敢吵架。爸爸妈妈嫌弃我,老师也讨厌我,同学也不爱跟我玩儿……你说,我是坏孩子吗?"

这可真是个聪明、刚直而又爽快的孩子呀。我替她擦去泪水,告诉她:"你还小,这些缺点只要你有决心很快就会改掉的。回去把作文重写一遍,给老师送去。记住,你很会写作文,要好好努力。"

此后,我们的小琦再也没有跟同学吵过架,她变得稳重了、好学了。到六年级毕业,她的作文一直稳坐前三名的"宝座"。如今,我们的小琦早已是中学高级语文教师了。

我再讲一个男孩子的故事。

那是"文革"的后期,我恢复了组织生活,接任了六年级一个班的班主任和语文、数学课的教学工作。这种安排等于我把这个班"承包"了。一年以后这四十多个孩子就要升中学,我感到压力很大。前任班主任老师向我介绍情况时说,班里有个男孩子叫小晋,是个典型的"混世魔王"。课堂上常常大喊大叫洋相百出,课下疯跑疯闹,打人骂人,自称是"英雄"。几乎所有的老师都说这是个软硬不吃、刀枪不入的顽石，是一颗"蒸不熟，煮不烂，炒不爆"的"铜豌豆"。有的还说这是块不可雕琢的"朽木"。果然，我第一次进课堂的时候，这小家伙竟然在讲台前翻了两个跟头，显出了一副"英雄"的架势。我没有训斥，也没有批评，只是露出了不在意的笑容。这一下，他有点儿"毛了"。

12岁，本来是个天真、听话、可塑的年龄，可我们的小晋为什么失去了这种天性呢？善恶本非天生，都是受环境习染而成。在那个年代，小晋的父母长年忙于搞"运动"，从小就忽略了对孩子的教育。等到孩子成了天不怕、地不怕的小顽童，父母则又以打骂来矫正，结果适得其反，把孩子管"炸了"。

我带着一大堆问题去找家长共同寻求教育的办法，结果更糟：小晋的妈妈正要下放农村干校，爸爸又要到外地巡回演出。孩子呢？正商量着如何托邻居代管。这可真是屋漏偏又碰上了连夜雨。我不假思索地说："把孩子交给我，你们放心地走吧。"他妈妈难为情地说："不行，不行，我这个野孩子会给老师添乱的。"

"不会的。我相信小晋是个懂事的孩子，你们放心吧。"我说着，一手把孩子拉到怀里。孩子仰起头，眼睛里射出了疑惑、求助的光，好像在问："老师，我是好孩子吗？"

从此，在我上下班的自行车后座上便增加了一个12岁的小男孩。他比我的小女儿小三岁。我嘱咐孩子们要关心爱护这个小弟弟，就像关心被红卫兵打死的亲弟弟一样，谁也不许看不起他，更不许欺负他。小晋有遗尿的毛病，我几乎每天上班前都要为他把被褥晾出来。我更不让自己的孩子拿这件事"羞"他。男孩子爱吃肉，吃饭的时候，我就多做个肉菜。这样，不到一个星期，他就跟我的孩子混熟了。小晋来我家的时候，还带来了他爸爸报废的一把小提琴。每天放学回家，我的小女儿在屋里练钢琴，他就在院子里"吱吱"地拉小提琴，尽管无腔无调，但他拉得很开心。一天晚上，我的小女儿正在练琴，小晋问我："老师，我可以到姐姐屋里看她弹钢琴吗?"嚄，这小家伙，还有这雅兴呢。我大声说："去吧，还要向姐姐学习唱歌啊!"在这样一个摆满了图书，充满着琴声歌声的全新的环境里，孩子渐渐变得驯良了，规矩了。老师和同学们也好长时间不向我"告状"了。

忽然，有一天，班长对我说："霍老师，小晋又出洋相了，真给咱们班丢脸。"原来，在自然课上，当老师讲到"乔木""灌木"的时候，小晋大喊一声："乔老爷上轿了！乔老爷上轿了！"在同学们的哄笑声中，他又指手画脚地讲起了"乔老爷上轿"的故事。那天下午，在回家的路上，当我问起自然课上的情况时，你猜他说什么？"老师，同学说我让您打败了。我才不信呢！谁也打不败我！"好一个天真的孩子呀！可真让人哭笑不得。

对这样的反复，我并不觉得意外，反倒觉得他的"英雄"行为"英雄"得有点儿可爱。教育的路与生活的路一样，不可能是平坦的、直线的。遇到曲折和反复就灰心的态度不是我的作风。我绝不放弃一个学生。离六年级学生毕业只有一个多学期了，我不但要让他成为一个合格的毕业生，而且还要让他考上个好学校。

一天晚饭后，我跟小晋和小女儿坐在院里聊天儿，我问他们："你们长大了想做什么工作呀？"我女儿说，她要学好钢琴，将来当音乐家。小晋一听，也抢着说："我要跟姐姐学唱歌，还要学拉小提琴，长大了像爸爸那样，去演节目。"我想，时机到了。我必须用唱歌、弹琴来激励他努力学习。于是趁机说："小晋呀，你想学唱歌，学拉小提琴，长大了像你爸爸一样当演员，这很好。但是你现在必须好好学习，按照霍老师的要求写作业，复习功课，要不然，我不许姐姐弹钢琴，也不教你唱歌。"两个孩子伸手一拉钩，齐声说："我们同意！"

小晋找到了自己的兴趣爱好，我就因势利导，告诉他，要学习唱歌弹琴，首先要做一个像小姐姐那样的好孩子。不打架，不骂人，到学校好好上课，回家认真写作业。明年毕业的时候考个好成绩，上个好中学。我还告诉他，老师家里还有很多很多书，你都可以看，一个人看的书越多，就越聪明。如果你现在能做个好学生，长大了一定是个好演员。你敢跟小姐姐比赛吗？他听我说让他跟姐姐比赛，对着我的耳朵小声说：

"老师，你不要告诉姐姐，我要偷偷地跟她比赛。"

其实，"刀枪不入""软硬不吃"的孩子是没有的，即便是再"淘气"的孩子，也有理想，也有可爱的地方，他们都有着极大的可塑性。小晋真的变了，这个被他妈妈叫做"野孩子"的顽童一天天变得驯良了。每天早晨我骑车带他上学，白天，没有谁来"告状"，我的耳朵也清静了。下午，我又骑车带他回家，老师们说，我又有了一个儿子。晚上，他和小姐姐一样，可以安安静静地坐在灯下做作业、读书，或者听我讲故事了。当悠扬的琴声和稚嫩的歌声在夜空回荡的时候，我感到了无比的欣慰和幸福。

为了督促他自觉学习，为了巩固他的成绩，我还用一块小黑板写一些诗文短语，挂在院子的墙上让他和小姐姐识记背诵。例如：

玉不琢，不成器。人不学，不知义。
犬守夜，鸡司晨。苟不学，曷为人。
蚕吐丝，蜂酿蜜。人不学，不如物。

百川东到海，何时复西归。
少壮不努力，老大徒伤悲。

三更更鼓五更鸡，正是男儿立志时。

少年不知勤学早,到老方恨读书迟。

这种学习,虽然近于零敲碎打,但却很有效果。学了《三字经》的句子以后,小晋忽然问我:"老师,我要不好好学习,真的还不如鸡狗和蜜蜂吗?那我可要好好学习了。"

我爱每一个学生,对于那些淘气的、讨人嫌的学生投入的关心和爱护就更多。现在的父母几乎都只有一个孩子,这孩子是家庭的宝贝,是家庭的希望。如果老师放弃一个学生,家庭失去的就是百分之百啊!所以,再不好的学生,做老师的也不可放弃对他们的教育。就这样,经过两个学期的努力,我们的小晋以语文、数学各八十多分的成绩光荣地毕业了。他戴着红领巾升入了中学。后来他参了军,又考入了一个部队文工团,实现了他长大后"演节目"的理想。

在一个春节的前夕,我收到了小晋的一封信。信上说,他们文工团要来北京演出,到时候一定接老师和小姐姐去看他的节目。还说小姐姐是他进入音乐殿堂的引路人呢。

好像是正月初三的傍晚吧,小晋用吉普车把我和女儿接到了北京民族文化宫剧场,并将我们安排在特殊的贵宾座位上。当小晋穿着崭新的军人演出服坐在首席小提琴手的座椅上向我投来微笑的目光时,一股热浪涌上心头,我泪水盈眶了。"这就是我的淘气的小晋吗?"那一夜,我感受到了做教师的又一种说不出的幸福。

(选自梁星乔编著《没有教不好的学生——一代名师霍懋征爱的教育艺术》,中国大百科全书出版社2003年版)

没有不可救药的学生

一位年轻教师在给霍老师的信中，这样介绍他的学生：

我们班的这个学生叫大亮（恕我不报他的真名），是个全校有名的"闹将"。四年级第一学期校长调我当他们的班主任，说我是男的，又有教学经验，只有我能"治住"大亮，能"挽救"这个班。我满怀信心地接受了这个任务。可是万没想到，第一天上课，他就给了我个"下马威"。课刚讲到一半，大亮突然叫道："我的大熊猫呢？"全班同学顿时大笑起来。半天，我才从同学们的眼神和表情中醒过味来：原来这小东西是在拿我的圆脸和黑边眼镜恶作剧呢。

他在课堂上的表现简直像在做即兴表演。教学中出现了狗，他就"汪汪"；出现了猫，他就"喵喵"。讲到"桥"，他就嚷：乔老爷上轿喽！讲到"河"，他就大叫：何仙姑拜寿了……至于课下跟同学们蛮不讲理的事，那就更不必提了，反正是淘气的孩子能有的行为他几乎占全了……您说，对于这样一个不可救药的学生该怎么办呢？

霍老师在回信中这样写道:

　　首先,我们当老师的不要怕学生淘气,不要怕学生不听话、不守纪律。淘气的学生你们学校有,我们学校也有;中国的学校有,外国的学校也有。不同的家庭教养,不同的生活环境,可以造就不同的人,不同的老师也可以造就不同的学生。倘若学生都是惟教师之命是从,都是一样的"驯服""顺从",那我们还要什么家规、校规,乃至国法呢!俗话说:"七岁八岁讨人嫌。"小学阶段的孩子正处在说他明白,他还糊涂,说他糊涂吧,他又很会挑剔的阶段,甚至还想拿自己的认识和理解来改造环境、改变别人呢。他们的行为之所以常令家长和老师生气,就是因为他们的不成熟的小脑袋里的想法与大人们的想法发生着矛盾和冲突的缘故。人的行为都是受大脑支配的,孩子们对与错的举动也都是受大脑支配的,所以对他们的行为必须进行分析。他们也有是非观,他们也会判断,甚至反抗。

　　我看你们的大亮不像个糊涂的淘气包,倒像个心中有数的"聪明淘""成心淘"。校长调你当他们的班主任,同学们知道,大亮更知道你是来"治"他们班的,你是来"治"他的。这就自然会使他产生"对抗"心理,要跟你"对着干""恶作剧",看你这个班主任能把他怎么样?另外,你对大亮又先入为主,是抱定"治"他的想法走进这个班的,这不就成了针尖对麦芒了吗?这是不利于工作的。所以我倒觉得你应该静下心来,放弃"治"的念头,去关心他,去真诚地爱他,去了解他的家庭,了解他的朋友,争取走进他的内心世界,做他的朋友。更要去发现他的优点,并引导他发扬优点,而不必"筑堤、建坝"去"堵"他的缺点。那样做反而会"决口"、会

"爆炸"的。你的大亮是不会没有优点的。比如，他学猫叫、学狗叫，这说明他有模仿的本领。他还知道"乔老爷""何仙姑"，可见他并不无知，或许还有爱看书的特点。你何不引导一下试试呢？

至于"不可救药"这四个字，那是不该出自教师之口的。老师对于他的学生是永远不能下"不可救药"的断语的。学生进学校是来求学的后生晚辈，我们只有教育的任务而没有"摒弃"的权力。尤其是在现在的中国，孩子们多是"独生"，家长们都是"仅此一个"。如果你放弃一个大亮，就全班而言是几十分之一，就全校而言更是千百分之一，但是对于家庭，你放弃的却是百分之百啊！如果你自己有这样一个孩子，舍得放弃吗？

孺子都是可教的，"不可救药"的孩子是没有的。老师的任务是教，教的基础是爱。再淘气的学生也有他可爱的地方，只要你在大亮身上找到了爱的亮点，就会找到他转变的契机了。试一试吧，你一定会成功的。

我们学校曾经有过这样一个学生，他叫小永，是个男孩子。说起"淘气"，大亮在他面前简直是小巫见大巫，逊色多了。上课的时候，随便说笑喊叫是家常便饭，只要老师叫他回答问题，他不是扮鬼脸儿出洋相，就是说："小永没来！"逗得同学哈哈大笑，把老师弄得哭笑不得。课下，开口就骂女同学，挥手就打男孩子，同学们没有不怕他的。班干部的话那是耳旁风，他根本不放在心上。就是班主任，也拿他没办法。为了不让他损害学校的荣誉，每当同学们欢迎外宾来校参观的时候，老师都把他藏起来。有一段时间，为了不让他影响同学们上课，只好在校长办公室加了一套课桌椅，对他进行单兵教练。

有一天，当我得知学校要把他送往工读学校的时候，我找校长说："校长，您把这个孩子交给我吧。"校长说："这可不行，我不能让这匹害群之马影响你们的优秀班集体。"但我终于说服了校长，领回了这匹"害群之马"。

在小永进班之前，我把这件事告诉了班干部和同学们。经过讨论，大家统一了认识，觉得我们有责任帮助他，绝不能让他去工读学校。于是同学们来了个"约法三章"：不许给小永脸色看，不许提他过去的事，不许揭他的短处。每个同学都要帮助他，做他的朋友。

星期一的早上，当小永走进我们这个优秀班教室的时候，迎接他的是友好的目光，是几十张笑脸和热烈的掌声。小永羞答答地坐在了自己的座位上。他开始了新的生活。

环境是人创造的，反过来，良好的环境又可以制约人的行为。当一个人走在不整洁的小胡同的时候，他常常可以随手将烟头、纸屑丢弃在路上，可是当他走进宾馆大厅的时候，他还好意思随便吐痰和丢弃废物吗？在新的优秀的集体氛围中，我们的小永是不可能再"顽"下去的。

比如，课堂上，他也叫嚷过两次，但是同学们既不看他，也不笑他，于是他只好灰溜溜地收场。课下，他也跳上桌椅跑过几步，但是面对看书写字的同学，慢慢地他也就不好意思地收敛了。他在新的集体里得到的是：男同学带他去踢足球，打乒乓球；女同学常常主动帮他做作业和复习功课。集体给他的是关怀和温暖，慢慢地我们的小永就像在"笼子里"学话的小鹦鹉，变得乖多了，似乎已经忘记了毫无目的地横冲直撞的日子了。

在帮助小永的那段日子里，我做了三件事。

第一，用其所长。这个孩子，因为两次留级，所以比其他同学都大，他身高，体壮，有力气。一天，我对他说："小永，你当个组长吧，你挑上三个同学，再加上老师，咱们五个人负责打扫咱们班的卫生区怎么样?"他一听我给他封了"官",先是一愣,然后大声回答说:"行!"

从第二天早上开始,他每天总是第一个到校给大家准备好笤帚簸箕,干得非常认真。有一天早上,他扛着一把长把儿笤帚兴冲冲地走到我身边说:

"老师,您用这把笤帚扫吧。"

"为什么?"我有点茫然地问。

他仰起小脸,一板一眼地说:"霍老师,我发现您的腰有毛病,您用这把笤帚扫地就不用弯腰了。"然后他又小声而神秘地补充道:

"老师,这是我从家拿来的,您用完了,我再把它藏起来。"

顿时,我心中涌起一股热浪。啊,多好的孩子啊!站在我眼前的小永分明是一个又会观察又会关心人的、热心肠的孩子,怎么是"害群之马"呢?

第二,助其困。就在他热心为集体做事的时候,忽然有一天他没来上学。中午放学以后,我没来得及吃饭,就径直去了他家。那是个大杂院,他家住的是又矮又暗的一间南房。我推门进屋,只见孩子一个人躺在床上——孩子发烧了,还没有吃饭。我赶快回到学校,给他买了一份饭,带着校医一起来到他家,让他吃了饭,给他看了病、吃了药。那天晚上我又去了小永家,对他妈妈说:"同学们都在学校食堂包饭,您中午又不在家,能不能让小永也在学校包一顿饭呢?"只见他妈妈为难地说:"不行啊,老师,我跟他爸都是街道工厂的工人,家里没那个力量呀。"

我环视了一下这个冷锅冷灶,没什么家具摆设的小屋,然后说:"你别管了,从明天起,我给孩子包饭吧。"从此,小永就跟同学们一起在学校吃午饭了。我看他身强力壮,后来就选他当了"饭长"。由他和两个同学每天中午把饭从食堂端回教室,再由他负责分菜分饭。他公平、正直,不怕累,干得可认真了。对他来说,这份工作不仅是能力和品德的锻炼,而且也大大拉近了他与同学的关系。

与此同时，我又嘱咐班干部主动接近他，帮助他，不让一个同学歧视他。时间在前进，小永在进步，他终于成了先进班集体的合格成员了。课上不随便说话了，课下也不胡闹了，上课的老师们都说："小永真的变了。"

第三，励其志。看到小永的进步，同学们高兴，老师们和校领导也很高兴。那年六一儿童节前夕，我把他拉到身边亲切地说："小永啊，你想不想去景山少年之家参加儿童节的活动？"

"想，可……可我还不是少先队员呀。"他怯生生地说。

"你可以努力呀。"我用期待的目光看着他，他没有说话，只是点了点头。

少先队大队辅导员接受了我的建议，让小永背起大鼓，参加了节日的队列训练。

儿童节那天，我给小永买了白衬衫、蓝短裤，他背着一面大鼓雄赳赳地走在队伍前边。在庄严热烈的鼓号声中，在鲜红的队旗下，我们的小永挺着胸膛，迈着大步，好不威风！这一天，他玩得特别开心；这一天，他特别遵守纪律；这一天，他第一次在全校同学面前受到了大队辅导员的表扬。

节日过后，他抱着白衬衫、蓝裤子来到我身边："霍老师，谢谢您。"说着便把衣服递了过来。我抚摸着他的小手，亲切地说：

"小永啊，这衣服是老师给你买的，拿回家去吧，只是你胸前还缺少一样东西呀。"

还没有等我说完，他便仰起小脸说："老师，我知道，我还没有红领巾呢！"停了一会儿，他小声说："老师，我想入队。"

不久，我们的小永便加入了中国少年先锋队，戴上了鲜艳的红领巾。

六年级的时候，"文化大革命"开始了。他出身好，是红五类，当上了学校红卫兵的头头。而校领导和我们几个老师却成了"黑帮"和"反动权威"。我当然也是被侮辱被批斗的对象。说来奇怪，每次开批斗会的时候，小永总是站在我的身边暗中保护着我，使我免受了许多推、打、辱骂之苦。特别是在一次地区的大型批斗会之前，小永小声对我说："霍老师，待会儿开会的时候，您听我的，我让您干什么，您就干什么。"

会场上黑压压的人群，高喊着"打倒"的口号。我们这些"黑帮""权威"低头站在台上。正当红卫兵们拿起几十斤重的"黑帮"牌子要往我们脖子上挂的时候，小永气呼呼地走了过来大声说：

"霍懋征，跟我来，你还有问题没交待，你没权利站在这儿！"说着便拉着我走下台去，一直把我送到学校，让我坐在一间教室里休息。临走的时候，孩子说：

"霍老师，我知道，您是好人。"

更令我感动的是十年之后，唐山大地震的第二天下午，我正在屋里收拾东西，忽然，一个男人的声音叫我："霍老师，我来给您搭防震棚来了！"我出门一看，原来是三个二十多岁的小伙子站在当院。见我走出屋门，一个身材高大的小伙子扔下手中的铁锹，大步向前，一把握住我的手说：

"霍老师，您家没有事吧。我叫了两个朋友来给您搭防震棚来了……"

"小……永！"也许是这幸福来得太突然了吧，我只叫出了他的名字，声音就哽咽了……

小永仍然握着我的手，我看见孩子的眼睛里也闪动着泪花。

（选自梁星乔编著《没有教不好的学生——一代名师霍懋征爱的教育艺术》，中国大百科全书出版社 2003 年版）

精诚所至,金石为开

一个朋友给我讲了一个酷似笑话的真实故事:

他的儿子上小学二年级。一天下午放学回家,蹦蹦跳跳地来到爸爸面前,大声说:"爸爸,老师说我朽木不可雕也!真逗!什么叫'雕也'呀?"爸爸问:"你今天上课是不是睡觉来着?"

孩子一乐,不以为然地说:"下午上课的时候,我跟旁边的同学都睡着了。"

爸爸无奈地摇了摇头,没有再说什么。

我们的学生虽然是个孩子,但他们也有人格,也有尊严,老师和家长是不可以用有辱人格的话来对待孩子的。宰予因为白天睡觉就被孔子骂为不可雕的"朽木",这本身就是不对的。孔子是讲究"有教无类"和"循循善诱"的,但是只因为"宰予昼寝",就说他是"朽木不可雕",这是孔子教育思想中最不可取的一条。孩子上课睡觉,为什么?是困了,还是病了?还是因为老师讲课没有趣味?老师应该提醒他、关心他才对。随便用有辱人格的话来嘲笑，只能对孩子造成伤害。老师对学生首先要有爱心，要一视同仁地爱每一个学生。老师对孩子还要有信心，要相信每个学生都是好孩子，都想学好，都能学好。存心学坏的孩子是没有的。教育孩子有如春雨润物，急风暴雨只能水过地皮湿，不但滋养不了"根"，而且还容易伤损"苗"。古人说："精诚所至，金石为开。"又说："锲而不舍，金石可镂。"这应该是教师和家长教育孩子的座右铭。有了这种至诚的爱，有了这种坚持不懈的精神，我们的教育就会成功。有了这种爱心和毅力，脑瘫儿可以上大学，可以被邀出国留学；有了这种爱心和毅力，弱智儿可以培养成音乐指挥家；有了这种爱心和毅力，装有假肢的残疾人可以翻跟头、叠罗汉，可以成为杂技明星。这些虽然是个别的，但却证明了爱的力量和锲而不舍的价值。残疾儿童尚可成才，我们怎么能轻言这个孩子"笨死了"，那个孩子"不可救药"呢？我们怎么可以随便说这个学生"朽木不可雕"，那个学生"不是读书的料"呢？饭不熟是因为火候不到，树不直是因为管理不善。不是孩子学不好，而是我们的功夫没有做到家啊。

有一年春天，我们班来了个插班生，叫明明，是个白胖小子，老实厚道，很爱劳动。值日扫除、植树浇花，他都走在前头。他喜欢数学，也爱唱歌、踢足球，就是语文不好。书面作业写得倒很工整，但是，只要让他口头回答，就颠三倒四说不清楚了。他的背书作业也总是完不成任务。我觉得很奇怪，按照他的智力，不至于这样呀？于是我把跟他住在同院儿的一个女孩子找来，了解明明在家的情况。那个女孩说："明明的爸爸可凶了，老骂明明是笨蛋。他在家里像个小耗子，都不敢大声说话。"

知道了这种情况以后，我就赶快去家访。我告诉他爸爸妈妈，孩子在学校爱学习，爱劳动，守纪律，只是胆子小，口头表达能力差点儿。希望家长能配合老师的工作，让孩子在家多读书，多背书，多跟大人说话、交流。但是，得到了家长的支持，并不等于解决了问题。

有一次，我让同学们背诵老舍先生的散文《草原》的第三段。我想，明明肯定又背不下来。放学的时候，我走到他跟前小声说："你知道老师今天留的什么作业吗？"

他说："知道，老师让我们把《草原》的第三段背下来。"

我马上肯定地说："你记得很清楚，今天回家好好地读读课文，明天我请你在班上背书。"他笑着点了点头。

第二天一到校，我看他在整理书包，就问："你会背了吗？"他摇摇头，没说话。

这是我意料中的事。我没有生气，亲切地问："你昨天回家念书了没有？"

"念了。我念了好几遍了，还背不下来呢。"他小声说。

"好吧，今天先不叫你背。上课的时候，你先听听同学们背得怎么样，好吗？"他轻轻地"嗯"了一声。

上课的时候，我先让全体同学齐声背一遍。这是一种预习，也给下面背书的同学先创造个轻松的气氛，壮一壮胆子。然后是点名背诵。当同学背得好时，我就注视一下明明，意思是说："你听听同学们背得多好，你要努力呀！"等他的目光与我的连在一起的时候，我便给他一个鼓励式的微笑。

下课以后，他在院里玩儿，我问他："你听同学们背书，觉得怎么样？"

他不好意思地说了句："我比不上他们。"

下午放学的时候，我把他叫到办公室请他念书，给他分析课文的意思，再次告诉他背书的方法。临走的时候，我又说："今天回家后，再好好读读书，我相信你一定会背得跟他们一样好的。"

第三天早上，我又找他，他还是不会背，我压着"气"，告诫自己现在绝不能生气，更不能批评，要设法调动他的积极性。于是我心平气和地说："你现在给老师念念好吗？"他念得虽然比较熟练，但离背诵显然还有距离。

第四天一早我又问他："今天可以背了吗？"

他说："会背两句。"

"那你先背给老师听听好吗？"

他把"小羊上了山丘"这两句背了一遍。我立刻用赞赏的口气说："今天很有进步。待会儿上课的时候你就背这两句。"

上课了，为了鼓励同学们重视口头作业，我向全班同学说："咱们先集体背一下《草原》第三段，要有感情。"集体背完以后，我说："谁能再把第三段的前两句背一背？"很多同学都"唰"地举起了小手。这时，我定睛看了看明明，意思说："做好准备，下面该你背了。"然后我说：

"现在我们请明明同学来背，好吗？"

在同学们欢迎的掌声之后，他很有感情地背了起来。

下课后，他兴奋地在操场上奔跑，还大嚷："我会背了，我会背了！"我见他这样高兴，又对他说：

"今天你背得真不错。同学们给你鼓掌，你觉得怎么样？"

他仰起小脸儿兴奋地说：

"老师，明天我一定都背下来，我保证。"

果然，到了第五天，他把整段课文都背下来了。这是一次艰难的训练，也是一次漫长的等待。但是孩子成功了，我也成功了。真是"精诚所至，金石为开"啊！从那次以后，我再也没有为他的背诵作业着过急，而且他还常常追着我问："老师，今天的课文背不背呀？"

其实，孩子们学习不好，或是思想和习惯上出了毛病，常常不是孩子们自己的过错，在很多情况下是我们老师或是家长工作中的失误造成的。明明的转变告诉我们,对于孩子,即便是问题再多的孩子,老师和家长都只能扶持和鼓励,只能给他们喊"加油",任何有损孩子人格尊严的举止言行都是错误的。

有一年,领导让我接了一个四年级班。交接工作的时候,原班主任告诉我,班里有四个与众不同的女孩子。她们上课经常窃窃私语,传递纸条,从不主动发言;下课后不跟同学来往,只她们四个在一起。作业也潦潦草草,考试常常不及格。班主任还特意加一句:"我对她们已经失去信心了。"

开学后,我有意地观察她们。的确,她们上学一块儿来,放学一块儿走,课间只她们四人一起玩儿,是有点儿不合群。上课的时候,虽然没有传递纸条一类的表现,但却总是低头不语,好像有什么心事似的。正在我纳闷儿的时候,忽然有一天放学以后她们来找我了。

"你们有什么事吗?"我亲切地问。

她们神情有点儿紧张,像要说什么话,可又犹豫不决。沉默了一会儿,一个梳着两个小辫儿的比较胖的姑娘说:

"老师,您知道我的名字吗?"

好机灵的姑娘,她要考我了,我立即回答:

"你不是叫李小红吗?"我又把其他三个人的名字也一股脑儿说了出来。这时候她们的脸上出现了笑容,神情也不那么紧张了。还是小红先说了:"霍老师,您觉得我们讨厌吗?"

"你说什么?我讨厌你们?这话从哪儿说起呀?"我顿时觉察到了什么,心想问题来了。

"×老师就讨厌我们呢。"还是胖姑娘小红先开了口。

"她说我们是家庭妇女,永远好不了。"

"她还说我们是小圈子'四人帮'。"

"班干部也这么说我们。"

"干嘛说我们好不了？我们怎么了？"

她们的声音充满了委屈，说着说着便抹起了眼泪，好像要从我这儿得到同情和理解。

我连哄带劝，待她们止住眼泪后，我说：

"放心吧，老师是不会讨厌自己的学生的，就像妈妈不讨厌自己的孩子一样，只要你们好好学习就是好学生。"

孩子们走了以后，我心中七上八下的好不是滋味。我想，孩子也好，学生也好，不可能让人事事满意，总会有一些惹人生气的行为表现。这种现象在一个人成长过程中是毫不奇怪的。我们当老师的，难道从小就是人之师表吗？一个老师，如果因为学生有点令人"讨厌"的毛病就放弃了她们，这对于学校可能只是放弃了千分之一，对于国家就更微小得无法用比例计算，但是对一个家庭，我们放弃了一个，就等于放弃了百分之百呀！从四个孩子的天真坦诚中，我再一次感到雕琢灵魂的工作应该特别的谨慎。

也许是孩子们想在新的班主任面前重新开始吧，从那以后，她们在课堂上的精神状态好多了，科任老师也没有反映过什么问题。但是在一些同学的眼中，尤其是在几个班干部的脑子里，却还保留着过去的"成见"。怎样才能改变这种"成见"呢？我一方面做干部们的工作，一方面努力寻找着改变她们"形象"的契机，用现在的话说，就是要寻找一个"切入点"。

一天下午，当同学们都在操场玩儿的时候，我走进了教室。无意中发现，小红她们四个人正坐在教室后边的角落处编织着什么。发现我以后，她们急忙把手中的东西藏到了身后，眼睛里带着一种警惕的神情。我问："你们在做什么呢？"她们谁也不回答，但却都站了起来，把小手背在了身后，尽力地隐藏着什么——我心中暗笑，她们毕竟还是孩子啊！等了片刻，见老师没有批评的意思，便小声说："我们织手套儿呢。"

"给谁织啊?"我亲切地带着欣赏的口气问。

"给妈妈织的,天气要冷了。"

"我妈妈上班太远太忙……"

"我妈妈的手受冻。"

我一边听她们申诉自己的理由,一边用手抚摸着她们的肩膀,让她们坐下。我从小红手中接过红红的毛线球和那半尺多长的毛衣针织了起来。她们惊讶地问:

"老师,您也会织呀?"

我笑着说:"当然会了!我孩子的毛衣毛裤都是我自己织的。不过老师是在家里织,不在学校织。"

从此以后,再也没有看见她们在学校织过什么。

当时我想,这四个小姑娘并不笨,她们手巧,爱劳动,而且很有爱心,何不从这儿开始?

过了两天,趁同学们不在教室的时候,我对她们说:"你们看,咱们教室后墙上的挂衣服钩,断的断,掉的掉。现在天气凉了,同学们的衣服都没地方挂,就是挂上去几件也不整齐。你们能修理修理吗?"还没有等我说完,她们便抢着说:

"老师,我家有钉子、杆锥。"

"我家有锤子。"

"我家还有挂衣钩呢。"

"老师,我爸爸是工人,什么都有。"

于是我们约好,明天下午放学以后,趁同学们不在的时候,一定把挂衣钩修好。

第三天早上晨检的时候,我问大家:"同学们看看,咱们教室里有什么变化吗?"

"挂衣服钩修理好了。"

"我们的衣服挂得整齐了。"同学们大声回答。

"你们知道这是谁做的好事吗?"当我点到四个人名字的时候,教室里响起了热烈的掌声。

抓住这个机会,我赶快进行表扬。我说,小红她们四个人善于观察,善于发现问题,她们爱动脑筋,也爱干活。她们关心集体,热爱集体,愿意为集体、为同学们做好事,我们应该向她们学习。

从那天起,她们有了新的变化:跟老师说话多了,跟她们一起玩儿的同学多了,她们四个人的"小圈子"扩大了,她们也变得开朗了。趁热打铁,我又让她们帮助班干部在教室里建起了"自然角",鼓励她们为集体工作。老师的赏识和引导激活了她们的自信和自尊,她们真的变了,变成懂事的好学生了。在第一学期结束的时候,她们在交给爸爸妈妈的成绩册上,第一次消灭了"不及格"三个字。

转眼间三年过去了,她们要上中学了。那天,毕业典礼结束后,我回到了备课室,发现自己的桌子上放着一个精致的信封,上面写着"霍老师收"。这是谁写的呢?我猜测着,小心翼翼地把信拆开,只见在一张作文纸上写着这样的话:

"亲爱的霍老师,谢谢您对我们的帮助。我们虽然毕业了,但是我们永远不会忘记您,希望您也永远不要忘记我们!您的四个女儿。"

信的下面还贴着四张小照片。

那天,我下班比较晚。当我走出校门的时候,这四个姑娘一下子扑到我的身上。"老师,您看到我们的信了吗?"我笑着,双手抚摸着她们仰起的小脸儿,大声说:"看到了,看到了。放心吧,老师永远都会把你们记在心尖儿上的。"

看着她们蹦蹦跳跳远去的身影,我心中充满了幸福:哎,多好的孩子呀!老师怎么能忘记你们呢。

(选自梁星乔编著《没有教不好的学生——一代名师霍懋征爱的教育艺术》,中国大百科全书出版社2003年版)

霍懋征著述年表

1952 年

1.《五年一贯制二年级语文教学过程一例》,《小学教师》第 1 期。

2.《我们怎样迎接和指导一年级儿童》,《苏南教育》第 15 期,署名霍懋征、马英贞。

3.《五年制实验班〈中国需要我就去〉一课的教学计划》,《苏南教育》第 18 期。

4.《我们怎样进行注音符号教学》,《安徽教育》第 1 期,署名霍懋征、马英贞、关敏卿。

5.《我在一年级班里实验了"小值日生"的办法》,《教师月报》第 4 期。

1953 年

6.《我们对于通过语文教学进行思想教育的几点意见》,《小学教师》第 9 期,署名霍懋征、陆静山。

1954 年

7.《一篇文艺性课文的教案》,《小学教师》第 3 期,署名吕敬先、霍懋征。

8.《一篇常识性课文的教案》,《小学教师》第 5 期,署名吕敬先、霍懋征。

1959 年

9.《改进语文教学,提高教学质量》,《教育通讯(中学版历史)》第 3 期。

1960 年

10.《小学里可以教代数,小学生能够学代数》,《人民教育》第 4 期。

11.《在小学试教代数》,《数学通报》第 4 期,署名霍懋征、张同春、刘静和。

1979 年

12.《谈谈小学教育工作中的问题和意见》,《教育研究》第 1 期。

13.《尊重规律 事半功倍》,《人民教育》第 3 期。

14.《小学语文教学改革上的一点探讨》,《人民教育》第 7 期。

15.《小学语文教学改革的尝试》,《浙江教育》第 7 期。

1980 年

16. 霍懋征著:《班主任工作札记》,北京:人民教育出版社。

17.《大力开展语文教学研究——本刊编辑部召开的语文教学座谈会发言摘要》,《教育研究》第 3 期,署名叶圣陶、吕叔湘、霍懋征等。

18.《他是个好家长——回忆刘少奇同志教育孩子的二三事》,《辅导员》第 4 期。

19.《改革小学语文教学,提高教学质量》,《青海教育》第 5、6 期。

20.《谈语言形式和思想内容的关系》，《山西教育》第 11 期。

21.《我怎样在一学期教九十五篇课文》，《光明日报》8 月 25 日。

1981 年

22.《怎样针对独生子女的特点进行教育》，《家庭教育》第 1 期。

23.《谈谈语文教学中语言形式和思想内容的关系》，《河南教育（小学版）》第 1 期。

24.《培养学生学习语文的兴趣》，《吉林教育》第 2 期。

25.《要研究解决学生作业负担过重的问题》，《吉林教育》第 3 期。

26.《改进阅读教学 培养思维能力》，《北京教育》第 6 期。

27.《〈月光曲〉教案（节选）》，《电化教育杂志》第 6 期。

28.《语文教学要重在能力培养》，《上海教育》第 7 期。

1982 年

29.《要课堂上多练》，《福建教育》第 3 期。

30.《小学教师要学一点儿童心理学》，《湖北教育》第 4 期。

31.《对小学毕业、升学考试语文命题的看法》，《湖南教育》第 5 期。

32.《充分发挥教师的主导作用》，《小学教学》第 11 期。

1983 年

33.霍懋征著，高惠莹、潘自由、梁慧颜编：《霍懋征语文教学经验选编》，北京：人民教育出版社。

34.《怎样指导学生列提纲》，《作文》第 4 期。

1984 年

35.《〈马〉的教学设想》，《小学教学研究》第 1 期。

36.《积极利用电教手段，提高语文教学质量》，《电化教育杂志》

第 1 期。

37.《学习要得法》,《北方少年》第 4 期。

38.《〈妈妈生病之后〉评改》,《东方少年》第 4 期。

39.《观察和选材（征文辅导之二）》,《东方少年》第 11 期。

40.《怎样提高学生的计算能力》,《小学教学（郑州）》第 10 期。

41.《向着新的调度》,《红旗》第 23 期。

1985 年

42. 霍懋征编著:《霍懋征语文教学经验谈》,上海：上海教育出版社。

43. 霍懋征编著:《小学语文教学经验谈》,上海：上海教育出版社。

1986 年

44.《〈冀中的地道战〉设计评介》,《湖南教育》第 3 期,署名霍懋征、黄舟中。

45.《谈谈语文教学中的思想教育问题》,《小学教学》第 9 期。

46.《来自中小学教师的声音——庆祝第二届教师节》,《群言》第 9 期,署名陶大镛、丁洁、霍懋征等。

1991 年

47.《减轻学生课业负担 全面提高教育质量》,《民主》第 7 期,署名梅向明、霍懋征、张光瑛。

1992 年

48.《坚决贯彻国家语言文字政策 加快语言文字规范化步伐——部分全国人大代表、全国政协委员座谈语言文字工作》,《语文建设》第 5 期,署名霍懋征、马大猷、张志公等。

49.《着眼于提高民族素质的好教材——对人教版义务教育小学语

文教材的几点看法》，《人民教育》第 10 期。

1995 年

50.《教育的出路何在》，《群言》第 2 期，署名朱尔澄、张厚粲、霍懋征等。

1996 年

51.《语文教育就是塑造人的教育》，收录于杨再隋主编：《中国著名特级教师教学思想录 小学语文卷》，南京：江苏教育出版社。

1997 年

52.《我乐意终生做打基础的工作》，《小学教学》第 1 期。

53.《〈陶罐和铁罐〉教学设想》，《小学教学》第 12 期。

54.《充分发挥老教授老专家的专长和作用》，《诤友》第 8 期。

2000 年

55.《在全国小语会成立二十周年大会上的讲话》，《小学语文教学》第 11 期。

2001 年

56.《我一生的追求》，收录于林蔚编：《一代师表——纪念霍懋征从教 60 周年》，北京：知识出版社。

57.《课外阅读指导经验谈》，《小学语文教师》第 7 期。

2003 年

58.《献身教育，终生无悔》，收录于崔峦、陈先云主编：《斯霞、霍懋征、袁瑢语文教育思想与实践》，北京：人民教育出版社。

59.《培养学生学习语文的兴趣》，收录于崔峦、陈先云主编：《斯霞、霍懋征、袁瑢语文教育思想与实践》，北京：人民教育出版社。

60.《掌握学生心理特征上好每一堂课》，收录于崔峦、陈先云主编：《斯霞、霍懋征、袁瑢语文教育思想与实践》，北京：人民教育出版社。

61.《阅读教学要贯彻启发式原则》，收录于崔峦、陈先云主编：《斯霞、霍懋征、袁瑢语文教育思想与实践》，北京：人民教育出版社。

62.《阅读教学要做到读写结合》，收录于崔峦、陈先云主编：《斯霞、霍懋征、袁瑢语文教育思想与实践》，北京：人民教育出版社。

63.《提高学生分析概括能力》，收录于崔峦、陈先云主编：《斯霞、霍懋征、袁瑢语文教育思想与实践》，北京：人民教育出版社。

64.《谈课堂提问》，收录于崔峦、陈先云主编：《斯霞、霍懋征、袁瑢语文教育思想与实践》，北京：人民教育出版社。

65.《谈小小组的"议论"》，收录于崔峦、陈先云主编：《斯霞、霍懋征、袁瑢语文教育思想与实践》，北京：人民教育出版社。

66.《要在备课上下功夫》，收录于崔峦、陈先云主编：《斯霞、霍懋征、袁瑢语文教育思想与实践》，北京：人民教育出版社。

67.《写好备课笔记和课后笔记》，收录于崔峦、陈先云主编：《斯霞、霍懋征、袁瑢语文教育思想与实践》，北京：人民教育出版社。

68.《〈骆驼〉〈找骆驼〉〈蜜蜂引路〉教案》，收录于崔峦、陈先云主编：《斯霞、霍懋征、袁瑢语文教育思想与实践》，北京：人民教育出版社。

69.《〈月光曲〉教案》，收录于崔峦、陈先云主编：《斯霞、霍懋征、袁瑢语文教育思想与实践》，北京：人民教育出版社。

70.《〈月光曲〉课堂纪实》，收录于崔峦、陈先云主编：《斯霞、霍懋征、袁瑢语文教育思想与实践》，北京：人民教育出版社。

71.《〈桂林山水〉课堂纪实》，收录于崔峦、陈先云主编：《斯霞、霍懋征、袁瑢语文教育思想与实践》，北京：人民教育出版社。

72.《让孩子们聪明起来》，收录于梁星乔编：《没有教不好的学生——一代名师霍懋征爱的教育艺术》，北京：中国大百科全书出版社。

73.《没有不可救药的学生》，收录于梁星乔编：《没有教不好的学生——一代名师霍懋征爱的教育艺术》，北京：中国大百科全书出版社。

74.《不会坐的孩子》，收录于梁星乔编：《没有教不好的学生——一代名师霍懋征爱的教育艺术》，北京：中国大百科全书出版社。

75.《淘气未必不成才》，收录于梁星乔编：《没有教不好的学生——一代名师霍懋征爱的教育艺术》，北京：中国大百科全书出版社。

76.《学生至上》，收录于梁星乔编：《没有教不好的学生——一代名师霍懋征爱的教育艺术》，北京：中国大百科全书出版社。

77.《精诚所至，金石为开》，收录于梁星乔编：《没有教不好的学生——一代名师霍懋征爱的教育艺术》，北京：中国大百科全书出版社。

78.《这不是奇迹》，收录于梁星乔编：《没有教不好的学生——一代名师霍懋征爱的教育艺术》，北京：中国大百科全书出版社。

79.《素质教育与"十学会"》，收录于梁星乔编：《没有教不好的学生——一代名师霍懋征爱的教育艺术》，北京：中国大百科全书出版社。

80.《善教者，课外也生辉》，收录于梁星乔编：《没有教不好的学生——一代名师霍懋征爱的教育艺术》，北京：中国大百科全书出版社。

81.《素质教育的金砖玉瓦（一）——成语典故也育人》，收录于梁星乔编：《没有教不好的学生——一代名师霍懋征爱的教育艺术》，北京：中国大百科全书出版社。

82.《素质教育的金砖玉瓦（二）——诗文箴言见精神》，收录于梁星乔编：《没有教不好的学生——一代名师霍懋征爱的教育艺术》，北京：中国大百科全书出版社。

83.《〈少年闰土〉教学纪实》，收录于权伟太、蒋旭东编：《真善美的丰碑——霍懋征语文教学思想论》，北京：中华书局。

2004 年

84.《光荣、艰巨、幸福》,《民主》第 9 期。

2005 年

85.《没有爱就没有教育》,《教育文汇》第 4 期。

86.《留住幸福》,《湖南教育》第 6 期。

87.《教师节寄语青年教师》,《江西教育》第 17 期。

2007 年

88.《〈月光曲〉课堂实录及点评(一)》,《小学语文》第 1 期,署名霍懋征、沈大安。

89.《成功的教育在于爱》,《中国图书商报》5 月 11 日。

2010 年

90.《师生之间应情同母子》,《辽宁教育》第 2 期。

91.《我与民进的不解之缘》,《民主》第 2 期。

92.《〈望庐山瀑布〉教学实录》,《素质教育潮》第 2 期。

93.《永远的纪念:一代师表霍懋征:掌握学生心理特征上好每一堂课》,《小学语文》第 3 期,署名霍懋征、潘自由。

94.《我的教育故事》,《教师月刊》第 4 期。

95.《错误之后的教育更为现实有效》,《辽宁教育》第 5 期。

96.《班主任工作的几点体会》,收录于赵萱、张小武编:《每一个孩子都是我的骄傲——霍懋征和她的学生们》,北京:语文出版社。

2020 年

97.《"一篇带多篇",培养学生独立阅读能力——〈骆驼〉〈找骆驼〉〈蜜蜂引路〉教学设计及评析》,《小学教学(语文版)》第 9 期,署名霍懋征、吴忠豪。

98.《一堂好课的标准》,《语文教学通讯》第 32 期。

2021 年

99.《没有爱就没有教育》,《新课程教学(电子版)》第 10 期（上半月）。

2024 年

100.《掌握学生心理特征上好每一堂课》,《小学语文》第 4 期。

后　记

霍懋征老师是一名普通的人民教师，也是一位卓越的当代教育名家；是一位普通的民进会员，也是一位杰出的社会活动家。

编选"开明教育书系"时，霍懋征老师的教育文选在第一批的计划中就已经被列入，由于诸种原因，原来邀请的作者一直没有完成。于是，我向开明出版社推荐了李怀源老师，并且开玩笑地自告奋勇表示愿意协助他做一些工作。

怀源现任职于北京教育学院，与霍老师一样，是小学教师出身，是特级教师，也是一位民进会员。接到这个任务之后，怀源非常重视，全力以赴，用半年多的时间通读了霍懋征先生的全部文稿与相关研究文献，和他带的研究生赵伟宏一起整理出一个初稿。我对初稿的结构和内容提出了修订意见后，在2024年春节期间，我们对全书再次进行了修改。在书稿撰写的过程中，怀源老师认真敬业的精神给我留下了深刻印象。后来经过交谈，才得知怀源2008年7月在首都师范大学读硕士期间，曾到霍老师家中拜访，霍老师跟他合影，并且题写了"教书育人"四字赠予他。在霍老师家一个小时左右的时间里，他聆听霍老师讲述如何用爱的方式教育学生。这次经历，也给怀源种下了深耕教育的种子，霍老师的精神一直鼓励怀源在教育教学领域的探索。这本书的编选也很好地体现了教育中的薪火相传。

霍老师一生不断进行实践总结，发表过很多文章和课堂实录，选取哪些文章能让当下的读者受益更多，我们经过了几次调整。最终按照"论教师素养""论语文教学""论班主任工作"三个部分组织安排。教师素养是为师为学的根本，选取了既能立足当下，又能面向未来的文稿；教学是教师专业性的集中体现，选取了对语文教学基本问题思考的，又有教学的策略与技能指引的文稿；班主任工作体现教育的情怀与艺术，选取了既有"学生至上"的素质教育理念，又有"精诚所至，金石为开"的期待与改变的文稿。希望这样的安排能够给读者以真实的情境感。读霍老师的文章，既能了解霍老师是怎样想的，怎样做的，又能理解她为什么这样想，为什么这样做，还能激发读者的想象：在此情此景之下，我们该怎样想，怎样做。如果能够帮助读者搭建起一座与霍老师互动的桥梁，我们的编写目的就真的达到了。

感谢霍懋征先生为我们留下了如此丰厚的教育遗产和精神财富。

感谢霍懋征先生的女儿赵萱老师，同意将她回忆母亲的部分文字作为我们全书的前言的一部分内容，并且作为前言的共同作者。

感谢怀源老师和开明出版社责任编辑卓玥卓有成效的工作。

朱永新

2024 年 2 月 20 日晨写于北京滴石斋

开明教育书系（第一辑）

不安故常
——俞子夷教育文选
俞子夷著　丁道勇选编
定价：85.00元

新人的产生
——周建人教育文选
周建人著　朱永新 周慧梅选编
定价：75.00元

造就女界领袖
——吴贻芳教育文选
吴贻芳著　吴贤友选编
定价：50.00元

教是为了不需要教
——叶圣陶教育文选
叶圣陶著　朱永新选编
定价：130.00元（全二册）

教育要配合实践
——车向忱教育文选
车向忱著　车红选编
定价：70.00元

谋求适合中国国情的教育
——杨东莼教育文选
杨东莼著　周洪宇选编
定价：65.00元

改造我们的教育
——董纯才教育文选
董纯才著　姚宏杰 王玲选编
定价：85.00元

教学是最渊博最复杂的艺术
——傅任敢教育文选
傅任敢著　李燕选编
定价：65.00元

教育必须是科学的
——陈一百教育文选
陈一百著　裴云选编
定价：60.00元

生命·生活·生态
——顾黄初教育文选
顾黄初著　梁好选编
定价：75.00元

开明教育书系（第二辑）

办教育要有精神
　　——吴研因教育文选
　　　　吴研因著　刘立德选编
　　　　定价：78.00元

教育的任务是人的全面发展
　　——许崇清教育文选
　　　　许崇清著　周济光选编
　　　　定价：65.00元

把儿童看作儿童
　　——沈百英教育文选
　　　　沈百英著　吴贤友选编
　　　　定价：88.00元

向传统教育挑战
　　——林汉达教育文选
　　　　林汉达著　朱永新选编
　　　　定价：65.00元

做学习的主人
　　——辛安亭教育文选
　　　　辛安亭著　刘立德 刘畅选编
　　　　定价：85.00元

教育发展的希望在教师
　　——雷洁琼教育文选
　　　　雷洁琼著　朱永新 吴宏英选编
　　　　定价：98.00元

有领导的"茶馆"式教学
　　——段力佩教育文选
　　　　段力佩著　李元选编
　　　　定价：60.00元

创造适合学生发展的活教育
　　——方明教育文选
　　　　方明著　储朝晖选编
　　　　定价：65.00元

教育的民族化和科学化
　　——张志公教育文选
　　　　张志公著　王本华 李嘉哲选编
　　　　定价：85.00元

小学生语文能力整体发展
　　——吕敬先教育文集
　　　　吕敬先著　王晓霞选编
　　　　定价：58.00元

图书在版编目(CIP)数据

学生至上：霍懋征教育文选/霍懋征著；朱永新，李怀源选编. --北京：开明出版社，2025.4. --（开明教育书系/蔡达峰主编）. --ISBN 978-7-5131-9445-7

Ⅰ．G62-53

中国国家版本馆 CIP 数据核字第 202574A86T 号

出 版 人：沈　伟
责任编辑：卓　玥　程　刚

学生至上：霍懋征教育文选
XUESHENGZHISHANG：HUOMAOZHENGJIAOYUWENXUAN

出　　版：	开明出版社
	（北京海淀区西三环北路 25 号　邮编 100089）
印　　刷：	保定市中画美凯印刷有限公司
开　　本：	710 mm×1000 mm　1/16
成品尺寸：	170 mm×240 mm
印　　张：	21
字　　数：	262 千字
版　　次：	2025 年 4 月第 1 版
印　　次：	2025 年 4 月第 1 次印刷
定　　价：	66.00 元

印刷、装订质量问题，出版社负责调换。联系电话：(010) 88817647